Viola Ulke

Krippenfiguren

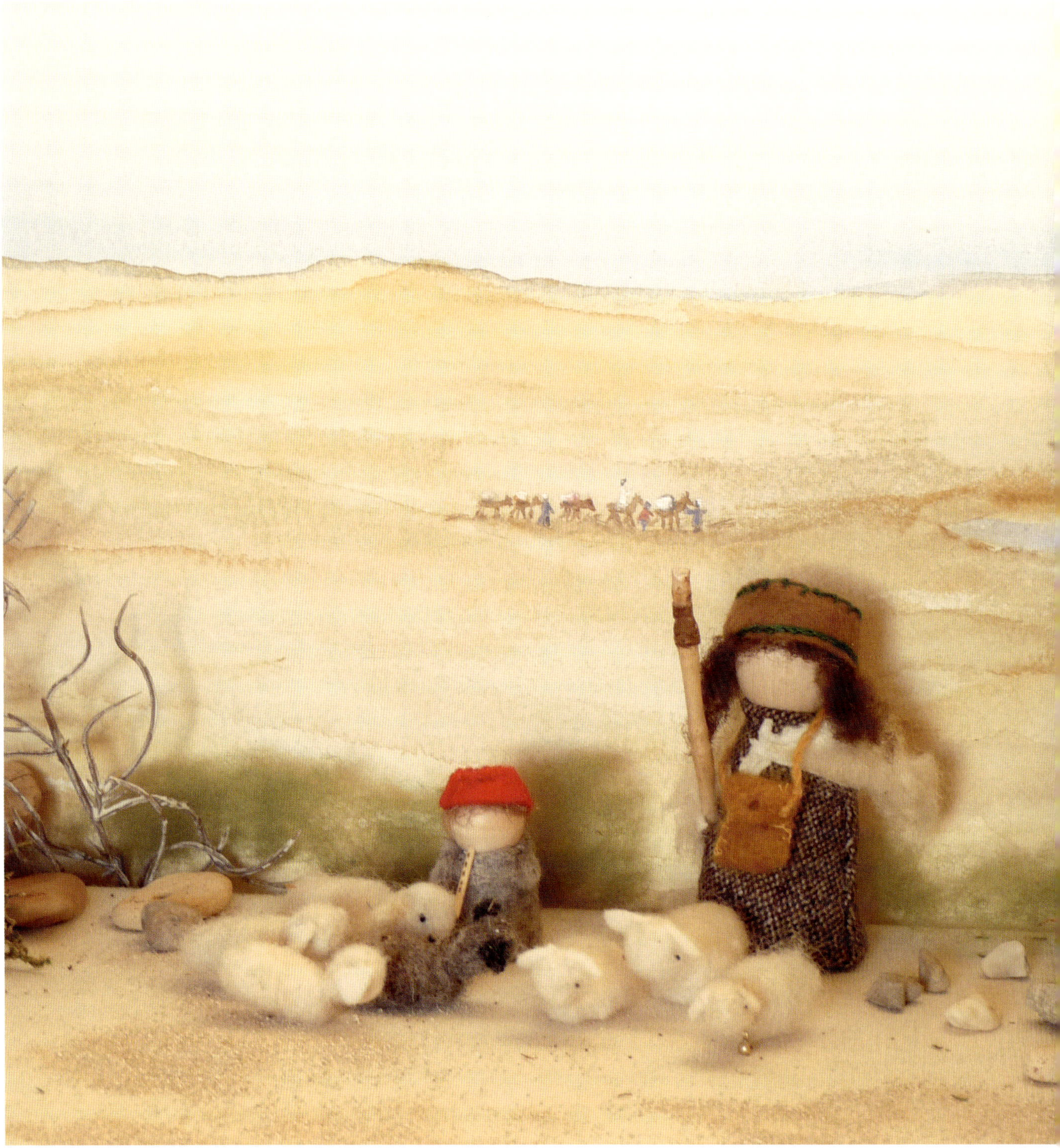

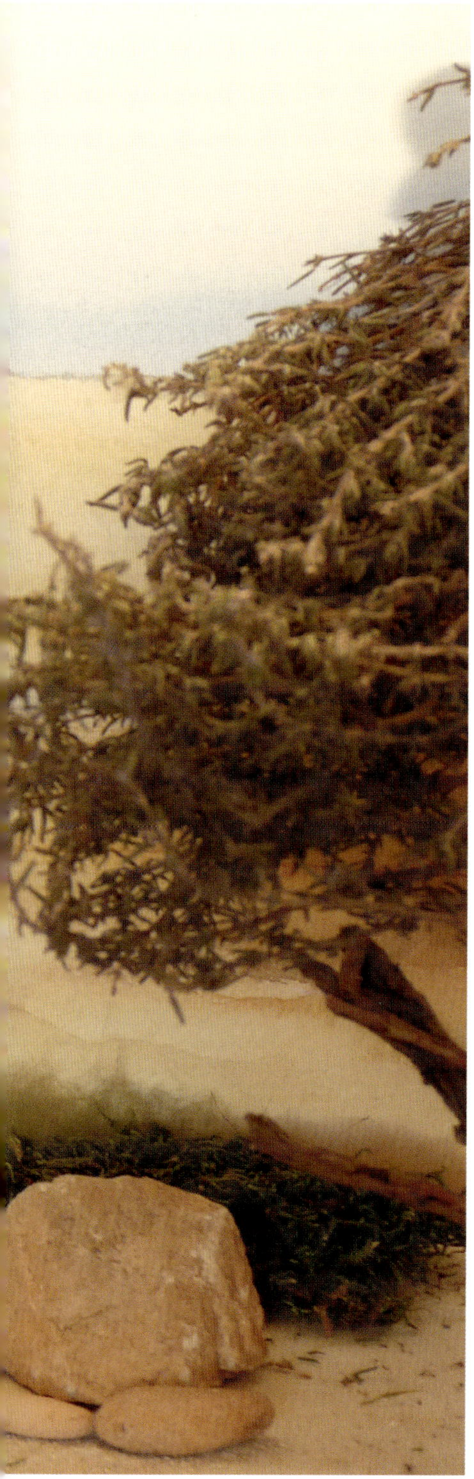

Viola Ulke

Krippenfiguren

Anregungen für ein besinnliches Weihnachtsfest

Verlag Freies Geistesleben

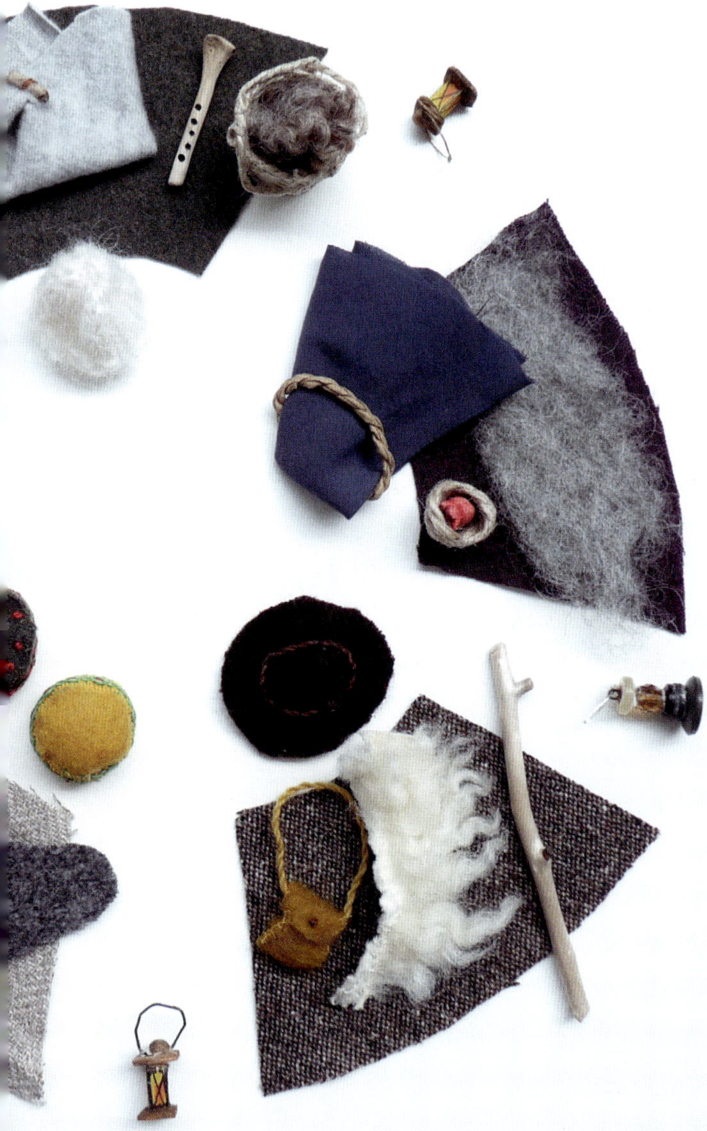

Inhalt

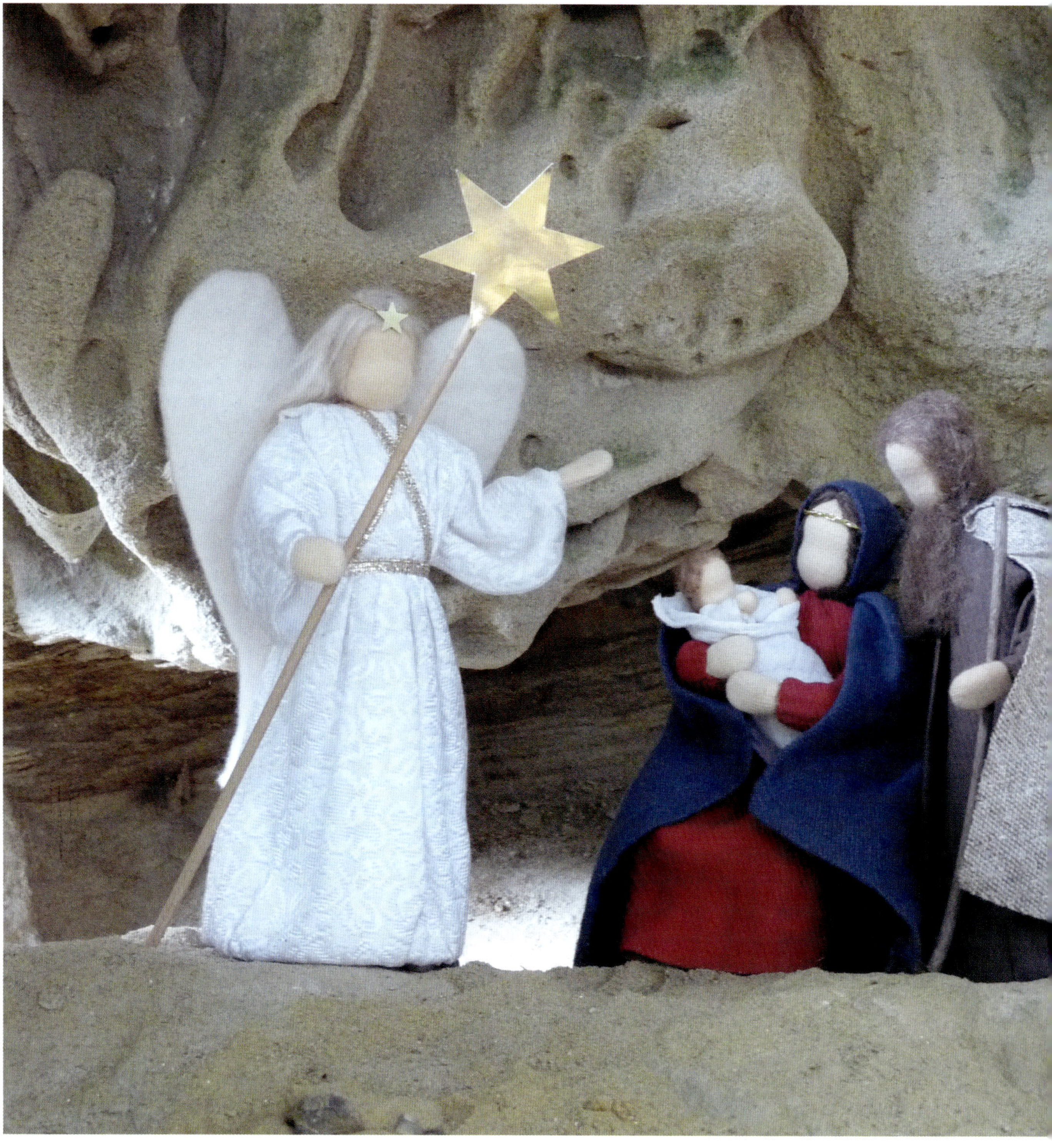

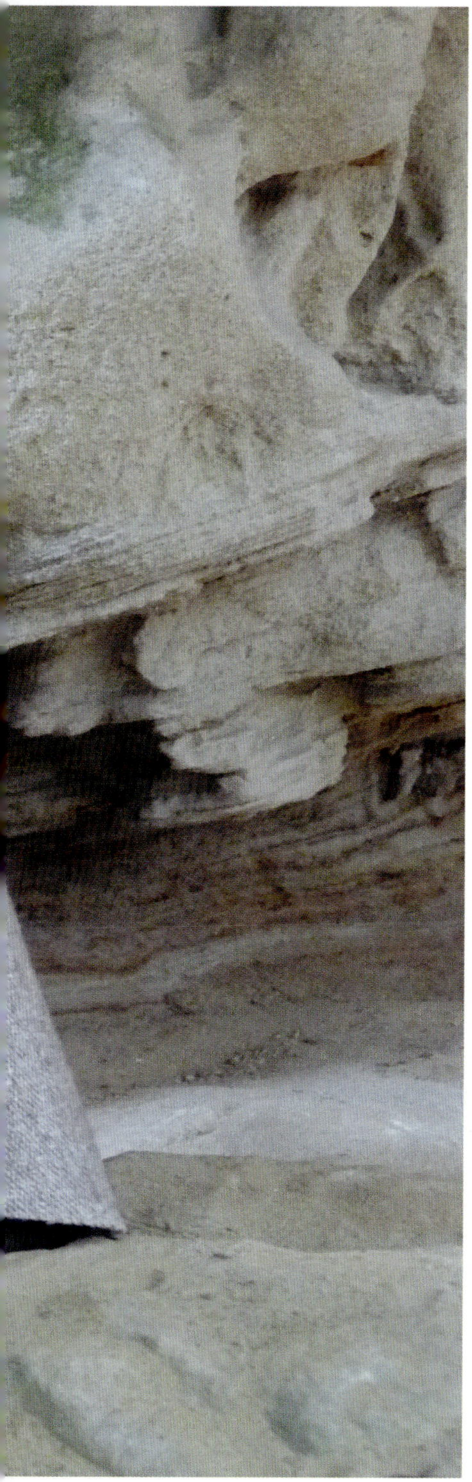

Einleitung

Wenn die Tage kürzer werden und in der guten Stube die Kerzen brennen, vielleicht das Räuchermännchen vor sich hin raucht und die Pyramide ihre Runden dreht, ist die Zeit der Besinnung gekommen. Der Herbst mit seinen Stürmen und kräftigen Farben hat die Menschen begleitet. Alle Arbeiten im Garten und auf dem Feld sind zu Ende gebracht worden, und jeder zieht sich gerne wieder in die häusliche Umgebung zurück.
Das Licht der Sonne nimmt ab, und wir sehnen uns nach innerem Licht und innerer Wärme. Schon das Licht der Kerze auf dem Tisch gibt uns das Gefühl von Geborgenheit und Ruhe.
Gerade in dieser Jahreszeit begleiten uns viele Feste, die Hoffnung in die Dunkelheit bringen: An Sankt Martin ziehen die Kinder mit den Laternen durch die Straßen, die Schwibbögen werden angezündet, die Pyramide läuft, der Nikolaus kommt als Bote des Christkindes zu den Kindern, und das Adventsgärtchen, das am ersten Adventssonntag gefeiert wird, leitet den Beginn einer besonderen Zeit ein. Es wird gebacken, gesungen und gebastelt. Je nach Tradition und Brauchtum wird die Adventszeit ganz unterschiedlich und individuell gefeiert.
So ist es auch mit der Gestaltung einer Krippe und ihren Figuren. Bei manchen wird sie am Heiligen Abend unter dem geschmückten Tannenbaum aufgebaut. Andere verwandeln ihr Zimmer in eine Weihnachtsstube, in der eine große Landschaft gestaltet wird und Maria und Josef zum Stall nach Bethlehem einen langen Weg wandern, um schließlich am Heiligen Abend anzukommen. Vielleicht tauchen bei Ihnen die Krippenfiguren als Überraschung in der Nacht auf. Oder Ihre Krippe hat auf dem Jahreszeitentisch seinen Platz gefunden. Wo auch immer Ihr Stall von Bethlehem

stehen mag und wie Sie den Umgang mit Ihren Krippenfiguren gestalten, der Brauch ist auf jeden Fall eine Bereicherung für Ihre Kinder.
Für viele ist es ein Bedürfnis geworden, wieder einen Bezug zum Weihnachtsfest zu bekommen. Denn in zahlreichen Familien ist Weihnachten heute zu einem bloßen Geschenkeritual geworden. Die Menschen sind durch die Reizüberflutung rund um Heiligabend gestresst. Und sie erleben nicht mehr das, was Weihnachten eigentlich ausmacht: Ruhe und Miteinander, die Gelegenheit, sich aufeinander einzustellen und sich Zeit zu nehmen für den anderen. Vor allem sollte es darum gehen, sich gedanklich und erlebnismäßig mit dem Weihnachtsgeschehen zu beschäftigen und zu verbinden.
Wenn Sie mit Ihren Kindern, Enkelkindern oder Freunden gemeinsam Krippenfiguren herstellen, können Sie erleben, wie es sich anfühlt, mit den Händen zu formen und zu gestalten. Sie spüren, wie etwas wächst und schließlich etwas Neues vor Ihnen steht. Und Sie erleben, was Weihnachten wirklich bedeutet, wenn Sie gemeinsam etwas tun. Es gibt Ihnen das Gefühl von Glück und Freude und innerer Zufriedenheit. Durch die Arbeit mit den Händen entstehen schöne Gespräche und ein fröhliches Miteinander. Mit Liebe und Ausdauer können Sie Ihre eigenen Krippenfiguren herstellen.
Die Neuausgabe dieses Buches (die 1. Auflage erschien 2008) stellt Ihnen zwei unterschiedliche Arten der Krippenfiguren vor. Im ersten Teil werden größere Figuren aus Stoff, mit inwendigem Drahtgestell, beschrieben. Damit sie charakteristische Gesten zum Ausdruck bringen können, lassen sie sich leicht biegen. Die Ausgestaltung der Köpfe mit Trikot gibt den Figuren eine gemütvolle und weiche Ausstrahlung. Aufgrund ihrer größeren Höhe werden sie in stimmungsvollen Arrangements gerne im Wohnzimmer, in Kindergärten und Schulklassen, Altersheimen, Krankenhäusern oder Kirchen aufgebaut. Zunehmend kam jedoch der Wunsch auf, aus Platzgründen auch kleinere Figuren zu haben. Daher stelle ich im zweiten Teil eine orientalische Variante von Krippenfiguren als Holzkegelfiguren vor.
Unabhängig von der Größe können beide Figurengestaltungen uns die biblische Geschichte erzählen und unser Herz berühren. Diese Botschaft zeigt bis heute: Liebe ist nicht nur ein Wort – Liebe, das sind Worte und Taten über alle Zeiten und Grenzen hinweg.

Ich möchte mich für die Möglichkeit der Neugestaltung dieses Buches bei dem Lektor Martin Lintz sowie bei Bianca Bonfert für das tolle Layout bedanken. Auch die tatkräftige Unterstützung durch meinen Sohn Jonas-Pascal, meine Geschwister Ramona und Andreas sowie durch Dorle und Heinz Börner hat mich sehr gefreut. Ein großer Dank geht auch an die Gärtnerei Olivia Gürtler und an meine liebe Freundin Cristina Cevales-Labonde.
Bleiben Sie kreativ und schöpferisch. Und genießen Sie diese besinnliche Zeit.

Viola Ulke

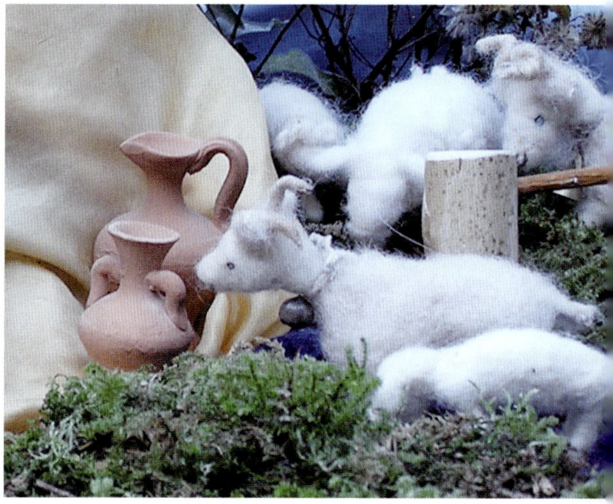

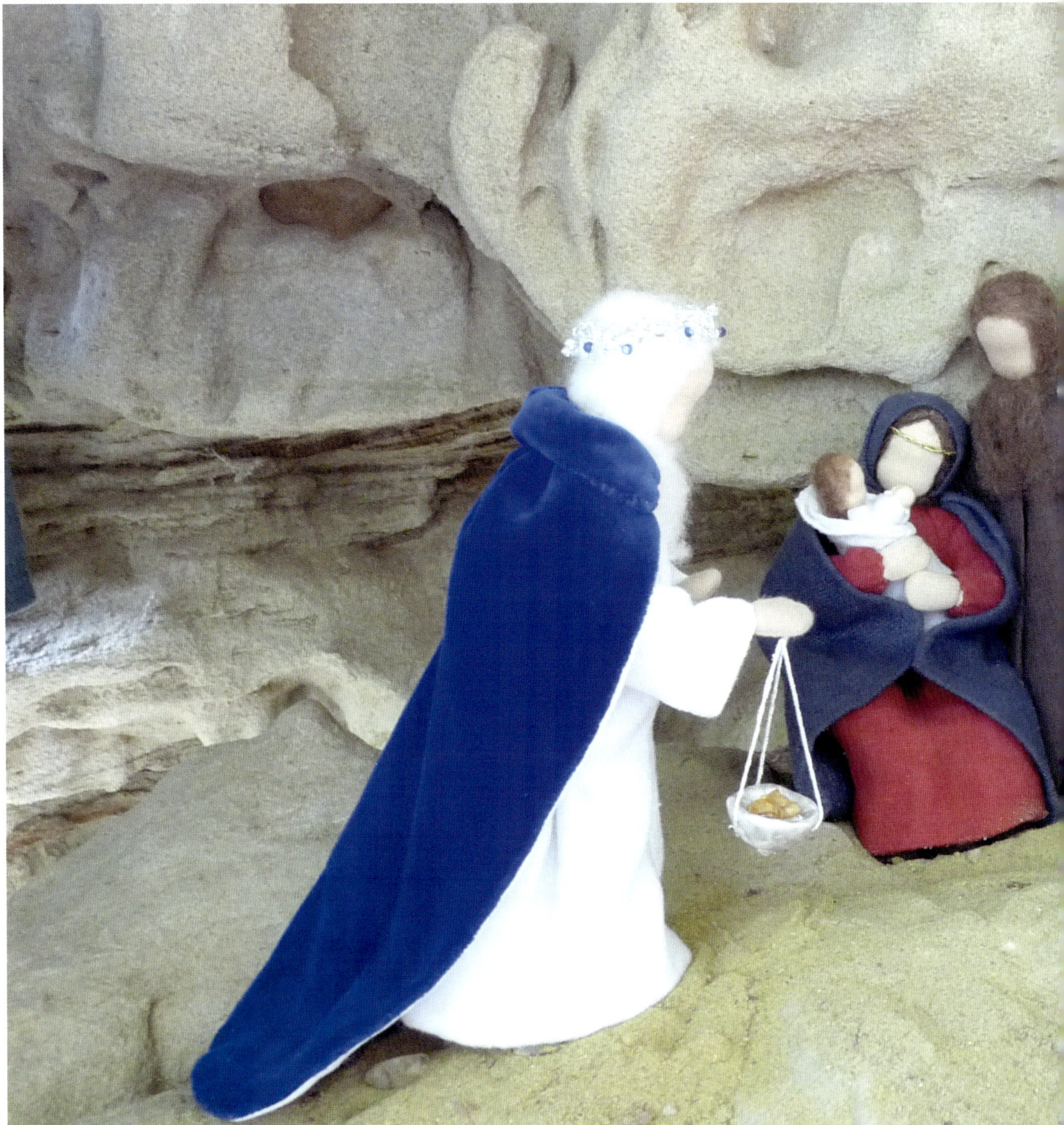

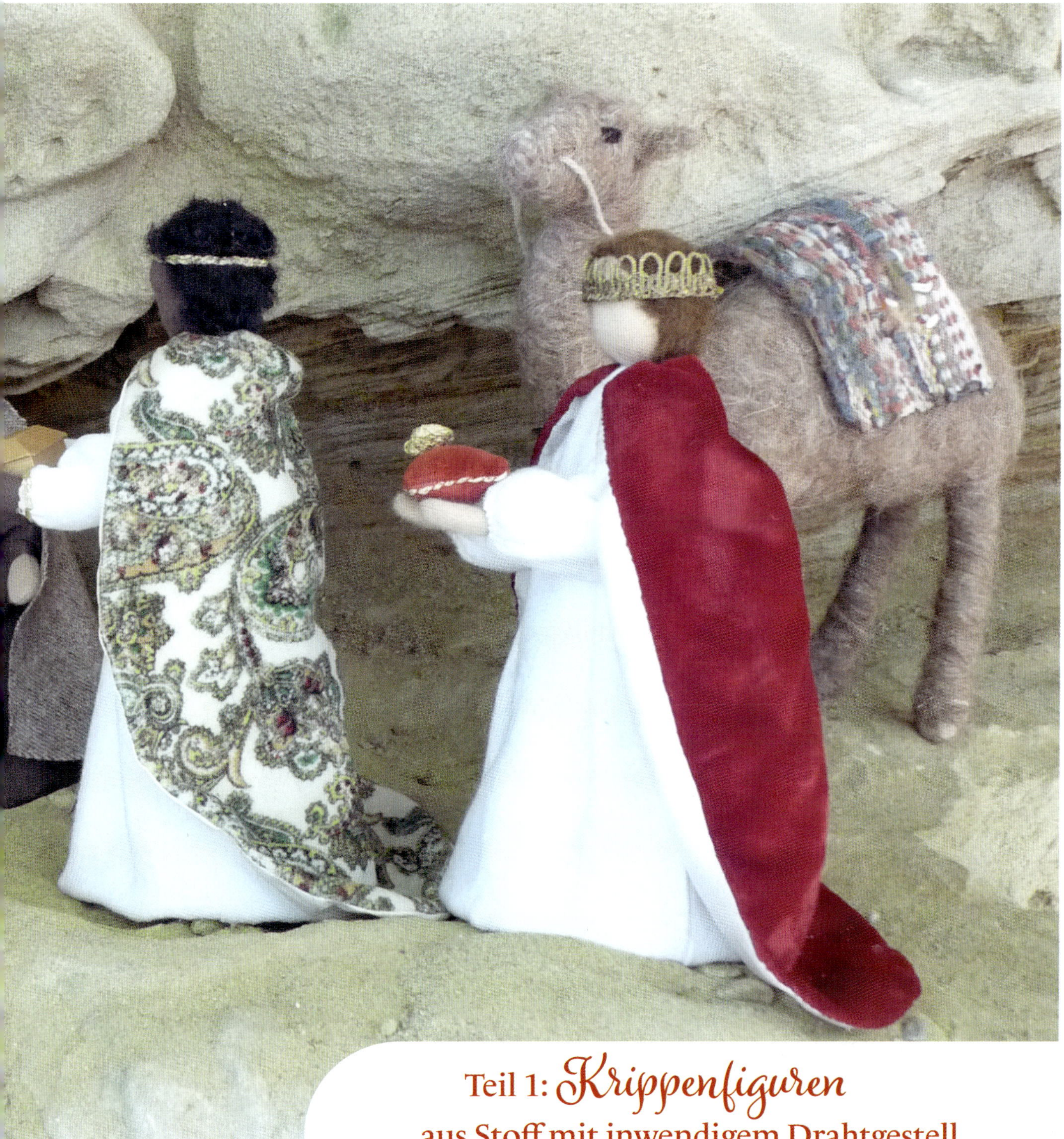

Teil 1: Krippenfiguren
aus Stoff mit inwendigem Drahtgestell

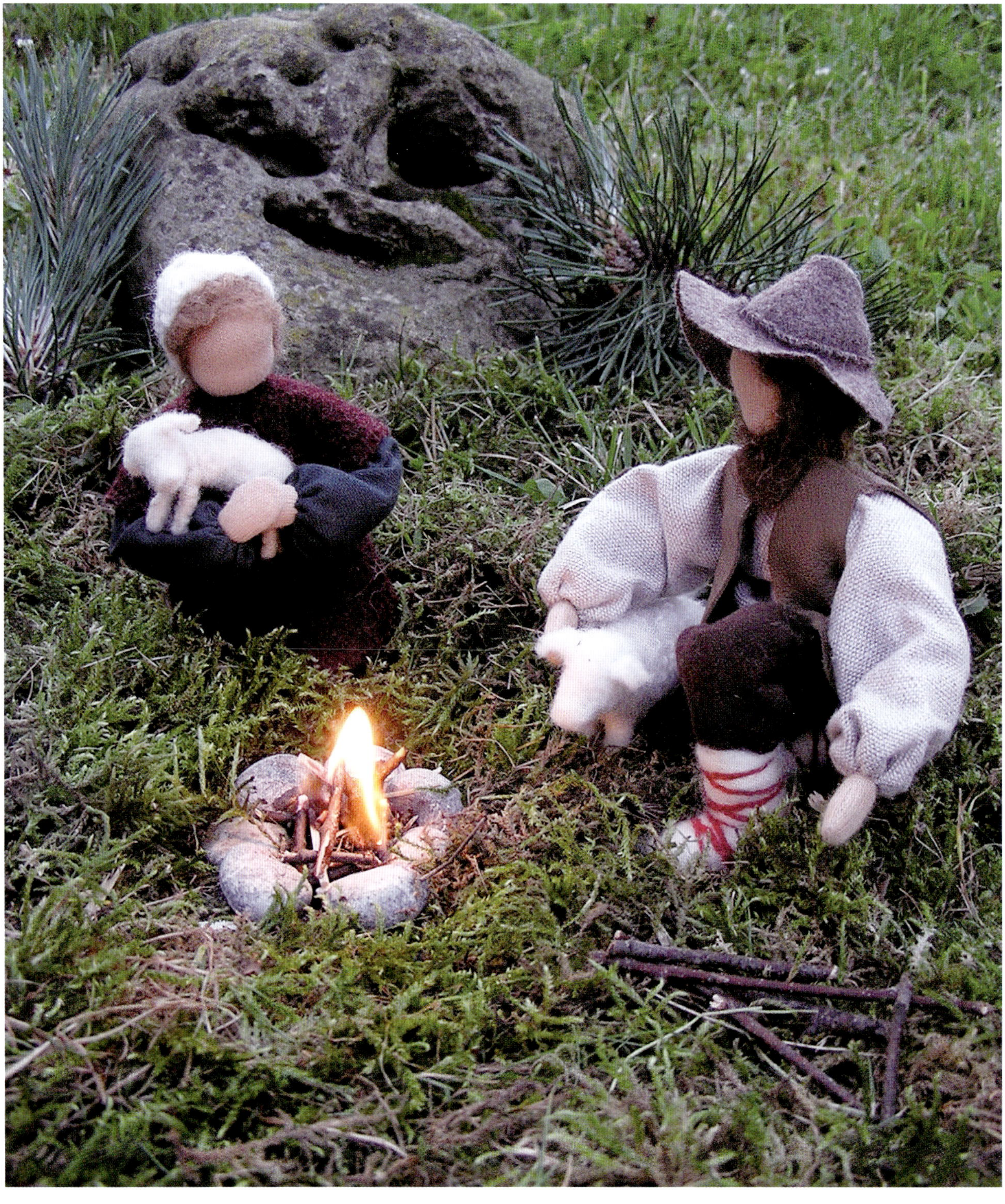

Am Anfang steht das Drahtgestell

Für die Figuren verwendet man einen 1,2 mm starken, verzinkten Bindedraht. Er lässt sich trotz seiner Stärke noch gut mit der Zange und vor allem mit den Händen formen. Blumendraht wäre für die großen Figuren (ca. 20 cm Länge) nicht geeignet, weil sie durch den dünnen Draht nicht die nötige Standfestigkeit bekämen.
Wichtig für alle Grundformen ist, dass Sie sehr genau arbeiten, damit die Proportionen zueinander passen.
Es gibt zwei verschiedene Grundformen: zum einen die Standfigur, die, wie der Name sagt, steht und die Haltung durch das Verbiegen im Oberkörper bekommt, zum anderen die Drahtfigur mit Beinen. Diese Figur kann man auch an den Beinen verbiegen und so zum Beispiel eine kniende oder sitzende Figur formen.
Standfiguren sind: Engel, Josef, alter Hirte und die drei Könige; Drahtfiguren mit Beinen sind die drei Hirten und Maria.

Die Grundformen der Standfigur (Engel, Josef, Könige)

Die Figuren werden aus einem langen Stück Draht hergestellt. Für die Standfigur benötigen Sie eine Drahtlänge von 2,50 m.
Beginnen Sie mit der Kopfschlaufe; sie liegt in der Mitte des Drahtes. Halten Sie mit der linken Hand den Draht unten bündig, und fahren Sie mit der rechten Hand, in der Sie beide Drähte haben, nach oben. So wird der Draht etwas geglättet, und gleichzeitig können Sie die breite Schlaufe sehen.

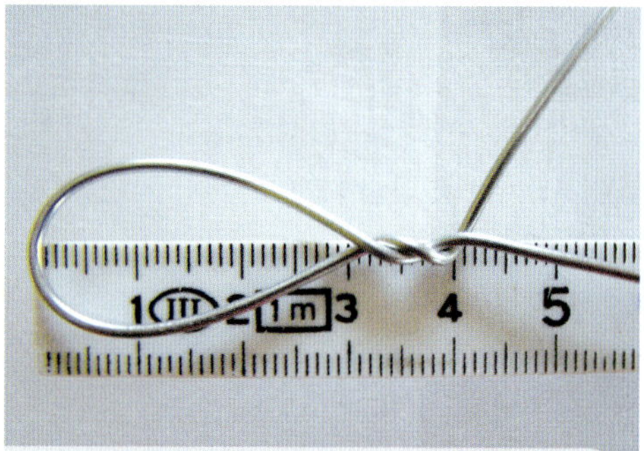

1: Die Kopfschlaufe sollte 4 cm lang sein.

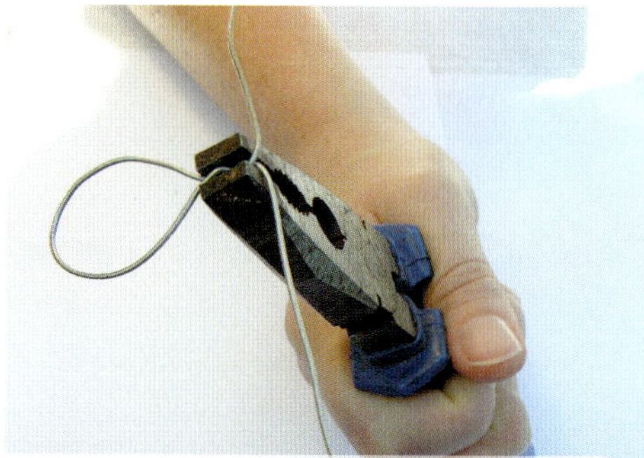

2: Entstehen der Arme

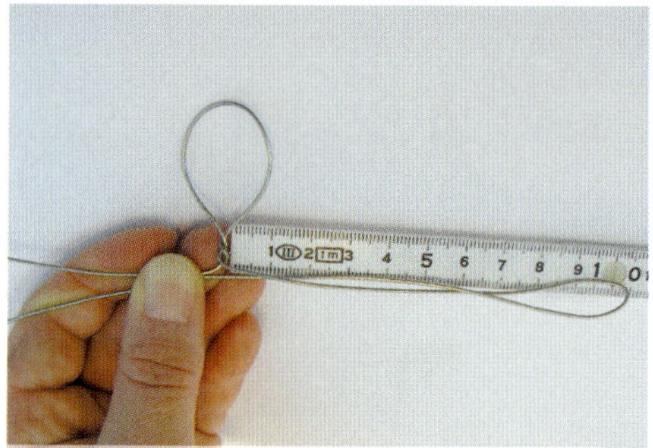

3: Die Armlänge abmessen

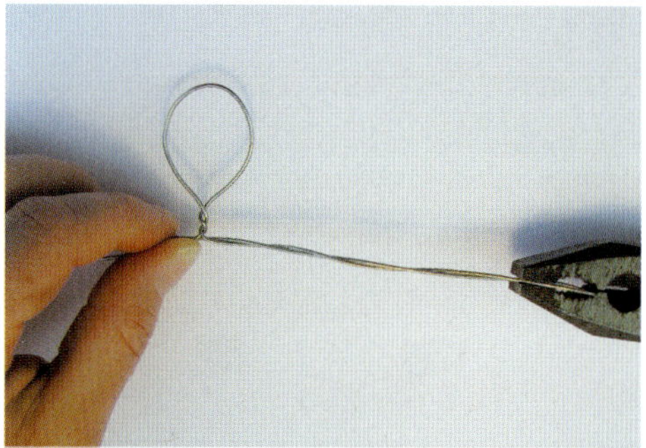

4: Die Arme werden verdreht

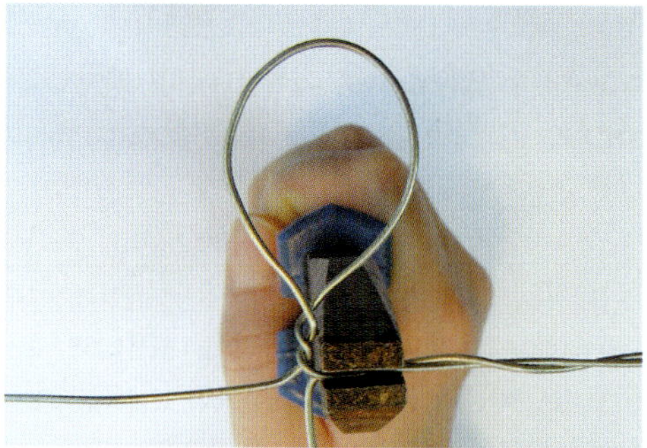

5: Abbiegen des Drahtes zum Oberkörper

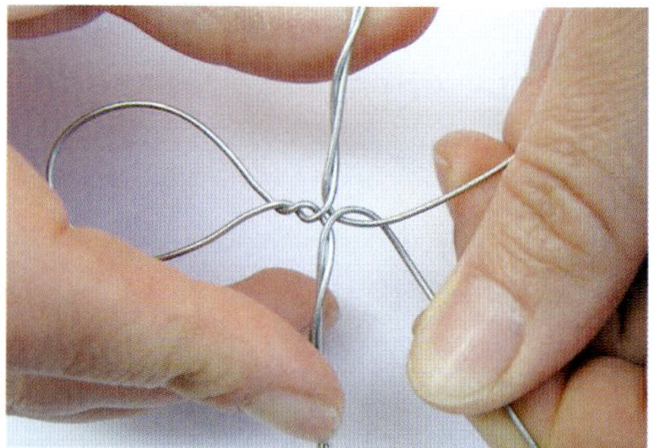

6: Der Ansatz für den Oberkörper

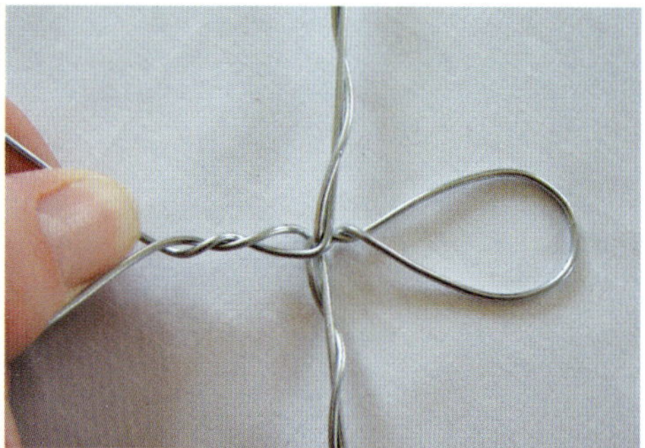

7: Entstehen des Oberkörpers

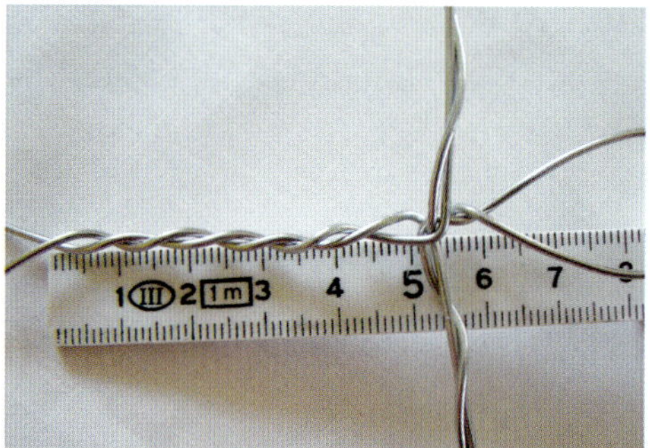

8: Den Oberkörper abmessen

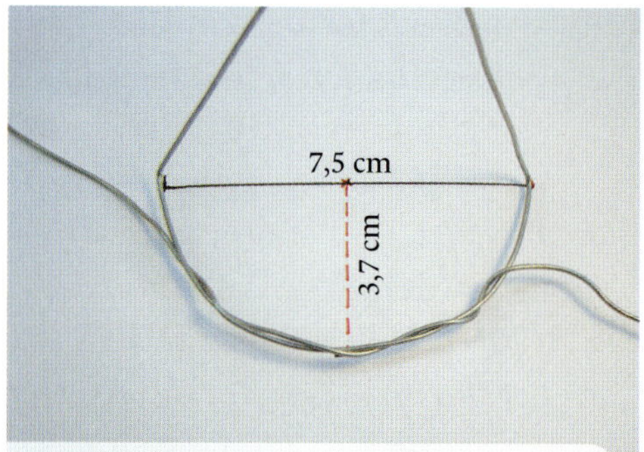

9: Das Entstehen des ersten Halbkreises

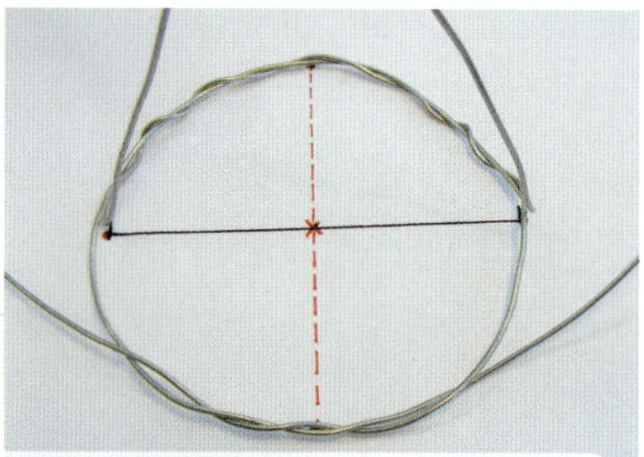

10: Das Entstehen des zweiten Halbkreises

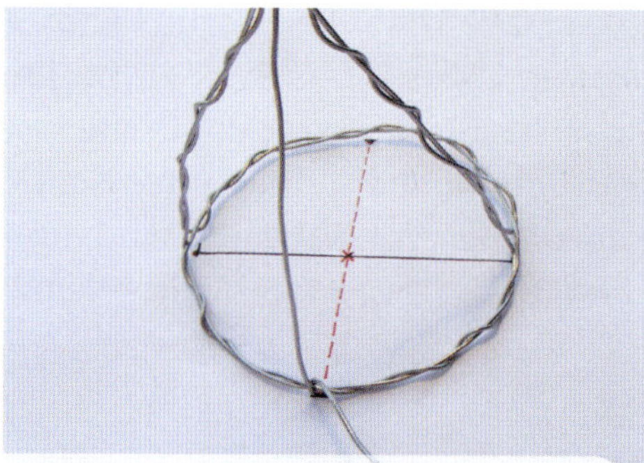

11: Die umwickelten Seitennähte

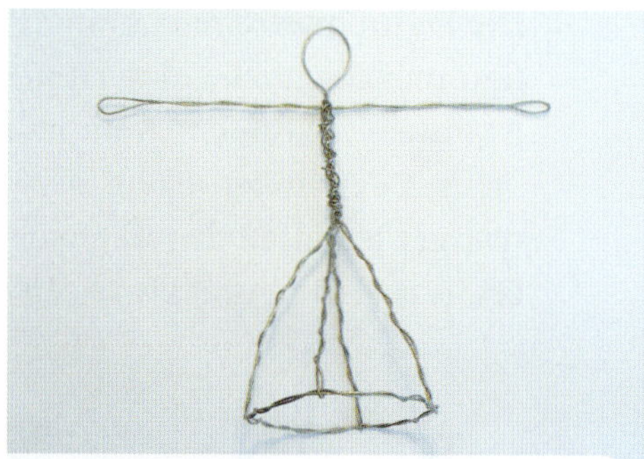

12: Das Drahtgestell einer Standfigur

Kreuzen Sie den Draht nach 3,5 cm, halten mit der linken Hand das entstandene Kreuz fest und verdrehen die zwei Drahtenden für den Hals zweimal. Die Kopfschlaufe mit Hals hat eine Länge von 4,0 cm (Abb. 1).

Falls die Schlaufe einmal ein paar Millimeter zu lang sein sollte, kann man sie vorsichtig in die Breite arbeiten, aber nicht zu viel, denn der Draht wäre sonst im Gesicht der Figur sichtbar.

Als Nächstes nehmen Sie wieder die Zange zur Hand und klemmen den «Hals» so zwischen die Zange, dass die Kopfschlaufe auf der rechten Seite und die zwei Drahtenden auf der linken Seite herausschauen. Durch das Auseinanderbiegen der zwei Drähte im rechten Winkel entstehen die Arme. Abb. 2 verdeutlicht diesen Arbeitsschritt.

Die fertige Länge der Arme beträgt 10,5 cm. Gemessen wird die Armlänge vom Hals aus. Fertigen Sie erst den einen Arm und dann den anderen. Dafür biegen Sie den Draht nach 10,5 cm um den Daumen zu einer Schlaufe (Abb. 3).

Den Draht hinter die Kopfschlaufe legen und mit der Flachzange eine kleine Handschlaufe von 2 cm zusammenfassen. Achten Sie dabei auf die kleine Handschlaufe; sie darf nicht verbogen werden, da sie die Grundlage für eine schön geformte Hand ist.

Mit der linken Hand halten Sie das Halskreuz fest, und mit der rechten Hand drehen Sie den Draht viermal nach vorn (gegen den Uhrzeigersinn) um (Abb. 4).

Messen Sie zwischendurch immer wieder die Länge des Armes nach. Sollte er zu kurz sein, ziehen Sie vorsichtig am Handgelenk an einem Draht; auf diese Weise können Sie die Länge regulieren. Wenn der Arm zu lang geworden ist, ziehen Sie am Hals an einem Draht; der Arm wird dann kürzer.

Wenn die Arme geformt sind, müssen die kleinen Schlaufen zu Ihnen schauen, als würde die Figur Sie mit offenen Armen empfangen. Mit der Zange fassen Sie beide Drähte neben dem Hals und biegen den kürzeren im rechten Winkel nach unten ab. Das Gleiche gilt auch für den anderen Arm (Abb. 5).

Jetzt befinden sich beide Drähte wieder in der Mitte. Für den Oberkörper verdrehen Sie die Drähte zu einer Länge von 5,5 cm (Abb. 6 – 8).

Jetzt wird die spätere Körperlänge der Figur festgelegt. Das heißt: Für den Josef, den alten Hirten sowie die drei Könige benötigen wir eine Länge von 19,0 cm. Für den Engel werden 20,0 cm abgemessen.

Das Abmessen geschieht folgendermaßen: Sie messen vom Scheitel bis zur gewünschten Länge und setzen die Zange so an, dass Sie beide Drähte gleichzeitig nach hinten umbiegen können. Dadurch wird gewährleistet, dass die Figur gerade steht.

Jetzt wird es etwas kniffliger: Der runde Boden der Figur soll nun entstehen; er gewährleistet eine gute und stabile Standfestigkeit. Biegen Sie dazu die Drähte am unteren Ende der Figur (dort, wo wir den Draht nach hinten umgebogen haben) etwa 7,5 cm auseinander (Abb. 9). Dieses Maß ist gleichzeitig der Durchmesser für den Boden.

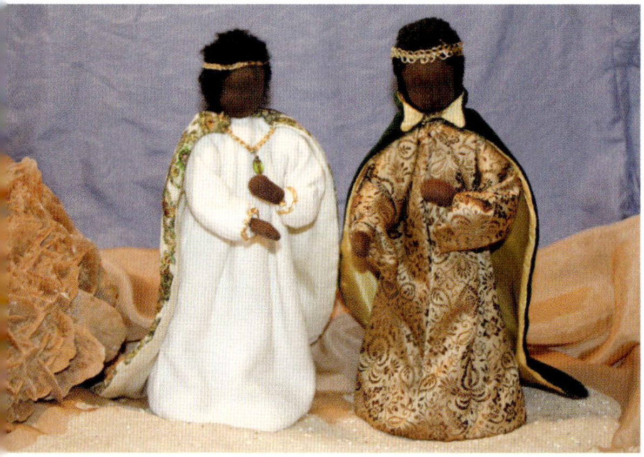

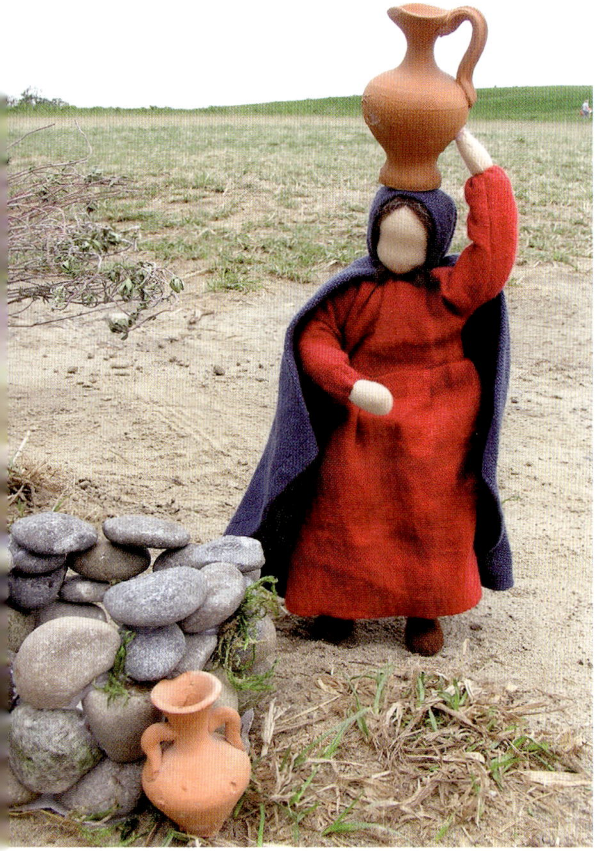

Durch den Knick gehen die Drähte nach hinten weg. Fahren Sie mit dem Daumen am Draht entlang, so bekommt dieser eine leichte Wölbung.
Beide Drähte werden über Kreuz gelegt, sodass ein Halbkreis entstehen kann. Der Kreuzungspunkt liegt 3,7 cm von der Mittellinie aus entfernt.
Den Draht jeweils nach rechts und links bis zur Seitennaht winden und die zwei Drähte zum zweiten Halbkreis formen (Abb. 10).
Ihr Standring ist nun geschlossen, und Sie sind jeweils mit einem Draht an der Seitennaht angekommen. Winden Sie jetzt diese Drähte an der Seitennaht entlang nach oben zum Oberkörper. Den Draht einmal um den Oberkörper wickeln und wieder nach unten führen. Der Draht wird noch einmal um den Standring gebogen, dadurch wird der Halbkreis geviertelt. Gehen Sie jetzt mit dem Draht wieder nach oben. Der andere Halbkreis bekommt auf die gleiche Weise eine Verstärkung (Abb. 11).
Die Drahtenden um den ganzen Oberkörper wickeln und jeweils einmal um die Schulter biegen.
Zum Schluss wird die Kopfschlaufe noch mit dem Daumen leicht gewölbt, damit der Kopf sich später besser in die Schlaufe legen kann. Jetzt ist das Drahtgestell einer Standfigur (Josef, Engel, alter Hirte oder Könige) fertig (Abb. 12).

Grundform für die knienden Hirten und die Maria

Die Grundform mit Beinen soll die Figur beweglicher machen und ihr mehr Ausdruck verleihen. Denn wenn Maria sich sitzend auf dem Esel bewegt und die Hirten vor dem Kind niederknien, kann die Drahtfigur mit Beinen in diese typischen Positionen gebogen werden, die mit einer Standfigur nicht zu erreichen wären.

Auch hier wird die Figur aus einem langen Stück Draht gefertigt. Die Drahtlänge für den Hirten beträgt 1,50 m. Für die Maria benötigen Sie einen 2,20 m langen Draht.
Die Arbeitsschritte werden in vier Etappen ausgeführt:

1. der Kopf und der Hals
2. die Arme
3. der Rumpf
4. die Beine.

Die knienden Hirte und die Maria werden bis zu den Armen genauso wie die Standfigur gearbeitet. Der Rumpf wird 4,5 cm lang. Für den Hirten messen Sie vom Scheitel bis zu den Füßen 20,5 cm ab. Lassen Sie sich nicht täuschen, denn bei dieser Länge sind die Füße von 2,0 cm mit eingerechnet, sie werden bei der späteren Verarbeitung umgebogen.
Jedes Bein entsteht durch eine Schlaufe am Ende des Drahtes. Überkreuzen Sie den Draht nach 2,0 cm, halten Sie die Drähte am Rumpf mit der linken Hand fest, und verdrehen Sie dann mit der Zange wie bei den Armen die Drähte miteinander (Abb. 13). Achten Sie darauf, dass beide Beine gleich lang sind. Winden Sie den restlichen Draht nochmals um den Rumpf und die Schulter. Zuletzt mit dem Daumen leicht die Kopfschlaufe wölben.

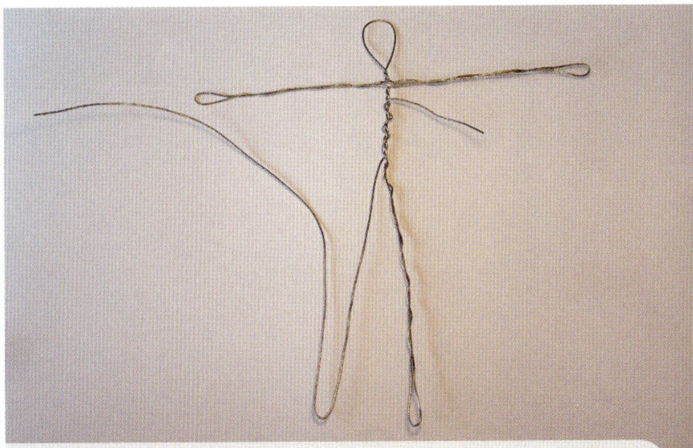

13: Das Entstehen der Drahtbeine

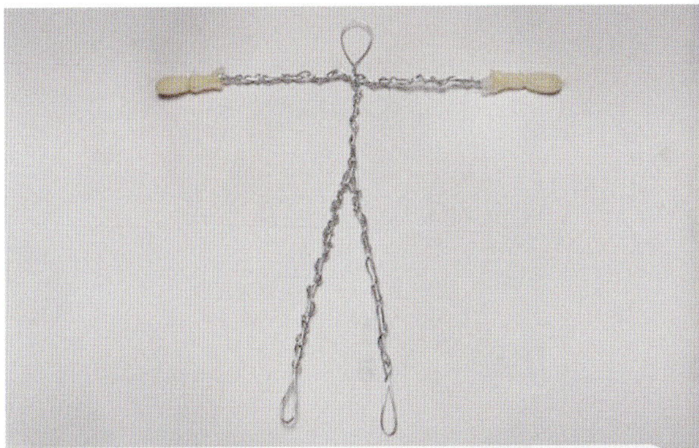

14: Grundform der Maria

Die Grundform für die Maria

Das Gestell für die Maria wird wie das der Hirten gefertigt. Der Unterschied besteht darin, dass Sie den Draht zweimal um Arme und Beine wickeln müssen (Abb. 14).
Dies ist bei der Figur der Maria nötig, da sie ihre Haltung öfters wechselt, wohingegen die Hirten nur einmal in ihre Position gebogen werden müssen.

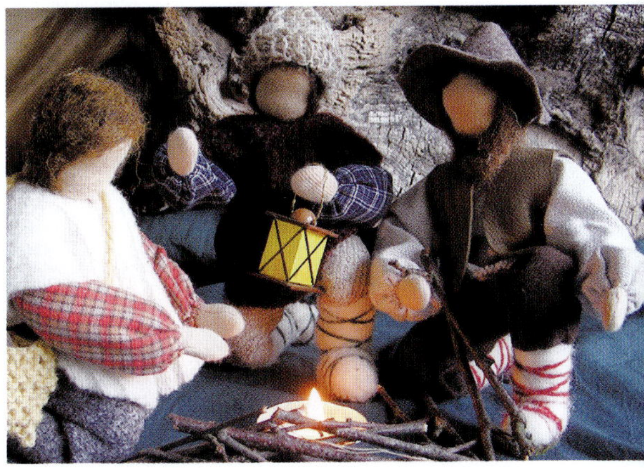

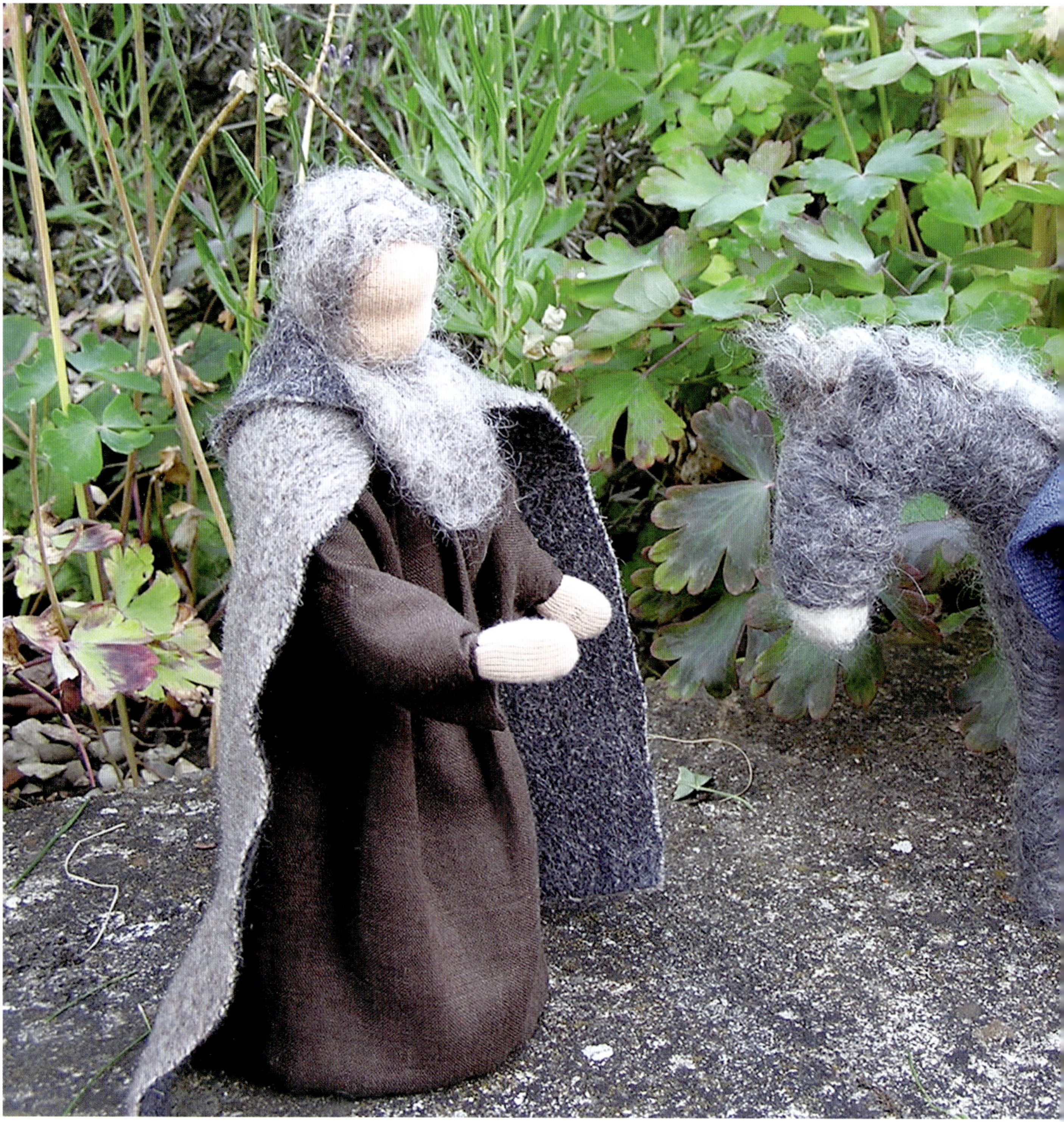

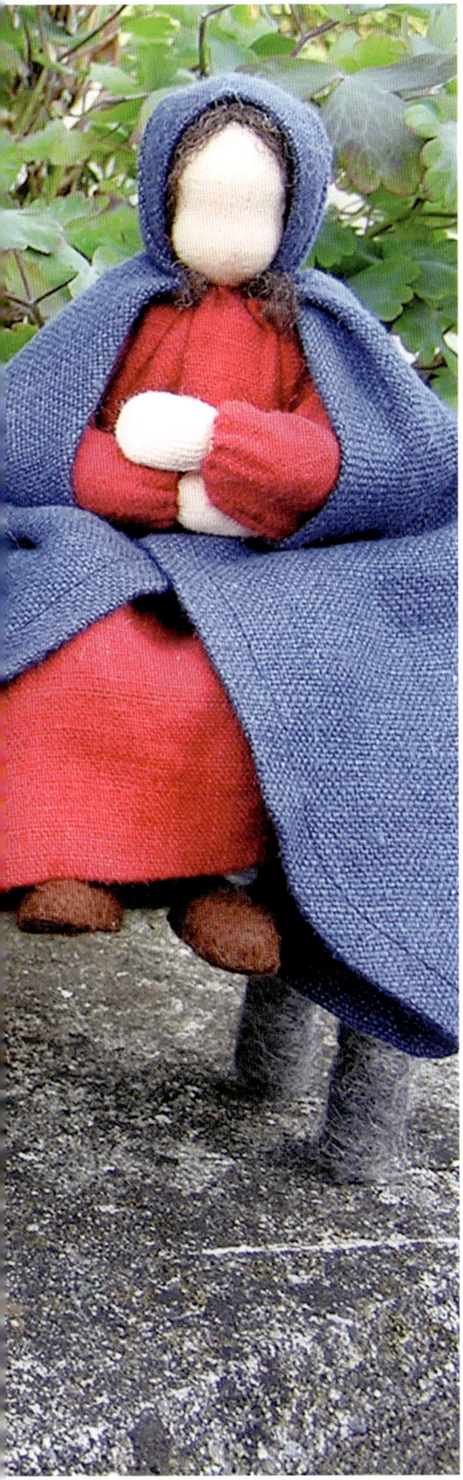

Kopf, Hände, Oberkörper und Beine

Für die Herstellung der Figuren ist es wichtig zu wissen, dass Kopf, Hände, Oberkörper und Beine für die Standfiguren in gleicher Art und Weise gearbeitet werden. Deshalb möchte ich die Arbeitsschritte bereits hier beschreiben; bei der später folgenden Anleitung zu den jeweiligen Figuren wird dann auf die Darstellung der allgemeinen Arbeitsschritte verwiesen.
Legen Sie sich folgende Materialien und Werkzeuge bereit:

Material
- Fingerstülpa TG 1 (man nennt diesen Stülpa auch Schlauchverband, er ist in der Apotheke erhältlich)
- weißes, hautfarbenes und braunes Nähgarn
- helle Wolle
- reißfestes Garn zum Abbinden der Augenlinie
- weiße Stopfwolle
- Trikot in folgenden Farben: weiß für das Unterkleid; rosé für die Maria und den Engel; dunklere Hautfarbe für den Josef, die Hirten und die Könige; braun für den König Caspar

Werkzeuge
- Essstäbchen zum Stopfen
- Nähmaschine
- Nähnadeln, Stecknadel, Schneiderkreide
- Schere, Lineal und ein Maßband

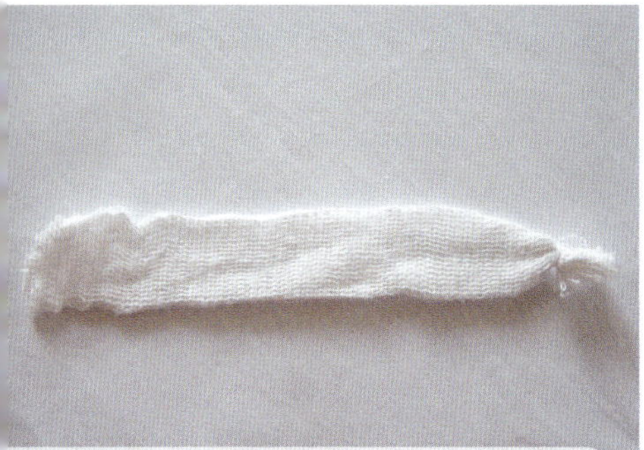

15: Schlauch nähen

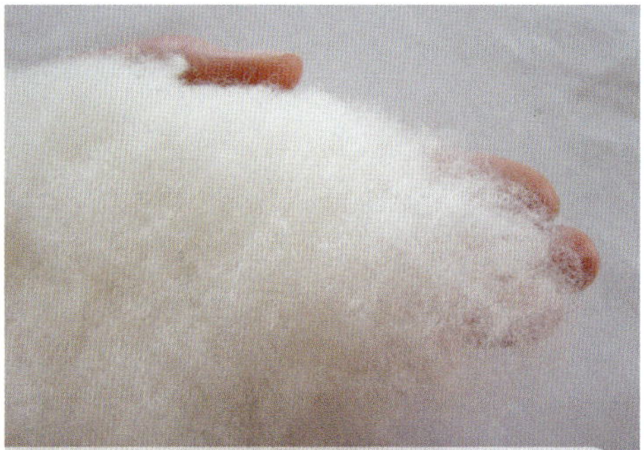

16: Handgroße Schafwollflocke

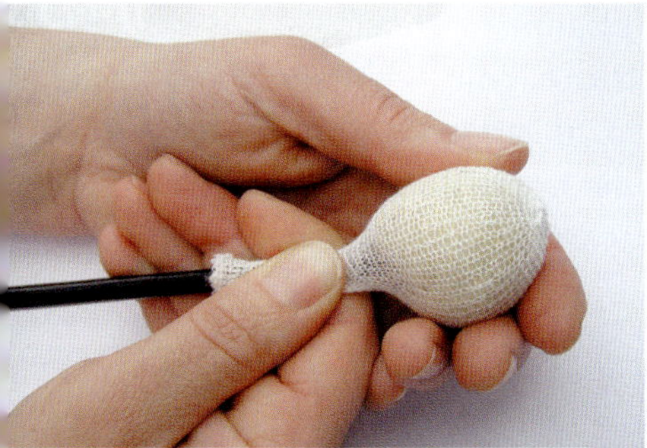

17: Stopfen und Formen des Kopfes

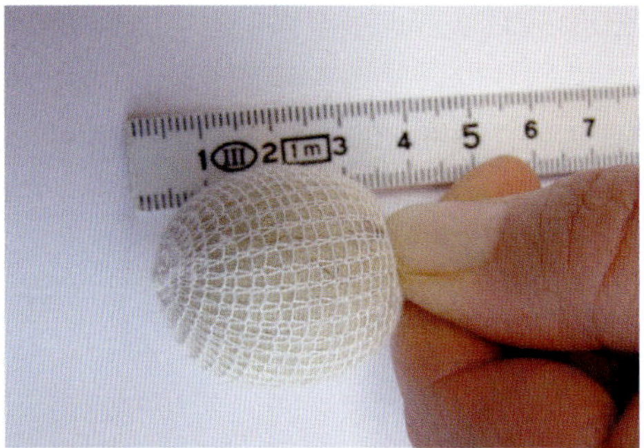

18: Kopflänge abmessen

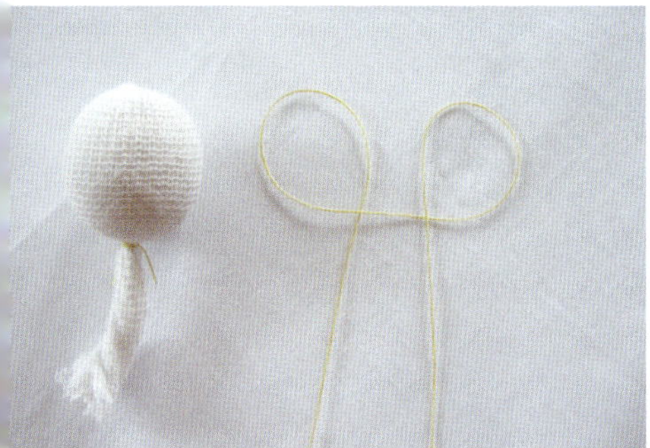

19: Die Schlaufentechnik zum Abbinden

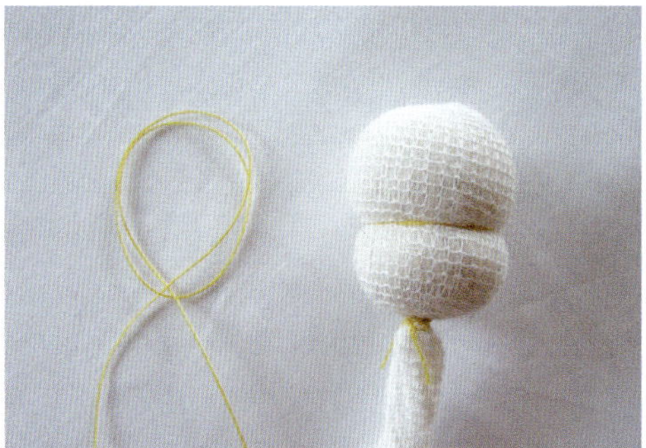

20: Die Schlaufen zusammenlegen

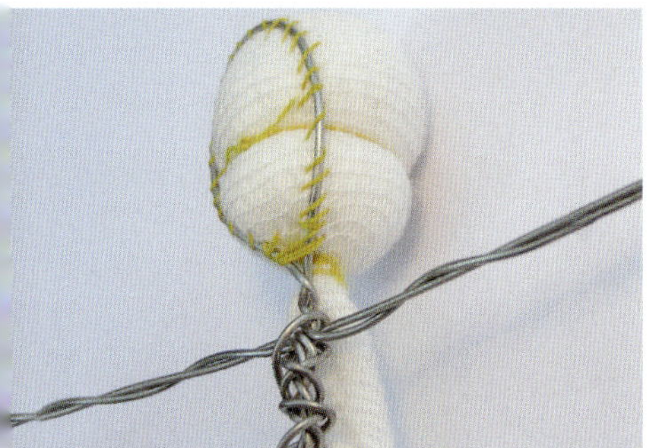

21: Den Kopf an die Kopfschlaufe nähen

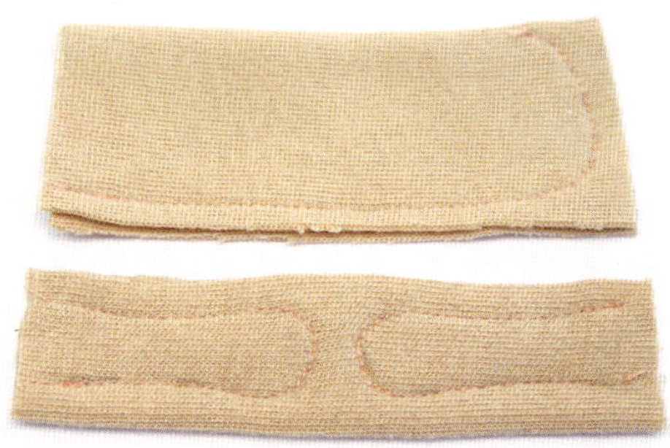

22: Kopfhaut und Hände nähen

Die Herstellung des Kopfes

Schneiden Sie vom Schlauchverband TG 1 eine Länge von 14 cm ab, und nähen Sie mit der Hand eine Seite mit kleinen Heftstichen von rechts nach links zu. Kräuseln Sie dieses Ende ein und umwickeln es zwei- bis dreimal (Abb. 15). Vernähen Sie anschließend den Faden. Wenden Sie den Schlauch um und stopfen ihn mit einer ca. handgroßen Schafwollflocke (Abb. 16). Während des Stopfens mit dem Essstäbchen ziehen Sie den Schlauchverband nach unten und formen gleichzeitig mit der anderen Hand den Kopf (Abb. 17).

Achten Sie darauf, dass keine Maschen am Schlauchverband laufen, denn sie wären später im Gesicht zu sehen.

Der Kopf sollte so fest gestopft sein, dass er sich wie eine reife Pflaume anfühlt; also nicht zu fest und nicht zu locker stopfen. Der Kopf wird später durch das Abbinden der Augenlinie noch fester.

Das Essstäbchen entfernen und mit der linken Hand den Kopf festhalten. Mit der rechten Hand drehen Sie den Kopf zweimal zu.

Mit einem reißfesten Garn den Kopf abbinden, aber noch nicht verknoten. So haben Sie noch die Möglichkeit zur Korrektur. Der Kopf sollte eine Länge von 3,5 cm und eine Breite von 2,8 bis 3,0 cm haben (Abb. 18).

Wenn Sie mit Ihrer Arbeit zufrieden sind und die angegebenen Maße stimmen, können Sie den Kopf abbinden. Dies geht am einfachsten so: Daumen und Zeigefinger der linken Hand halten den Schlauchverband am Ende des Kopfes fest, das Garn wird in der linken Hand von Mittelfinger, Ringfinger und kleinem Finger gehalten. Mit der rechten Hand können Sie dann zwei- bis dreimal das Kopfende fest umwickeln. Die Fäden lassen sich jetzt gut verknoten.

Als Nächstes wird die Augenlinie abgebunden. Sie liegt knapp unter der Mittellinie des Kopfes. Dazu benötigen Sie wieder das reißfeste Garn. Legen Sie das Garn so hin, als wollten Sie zwei kleine «l» schreiben, eines davon spiegelverkehrt (Abb. 19). Legen Sie das erste «l» auf das zweite «l». Die Schlaufen zwischen Daumen und Zeigefinger spannen, unterhalb der Mitte des Kopfes platzieren und leicht festziehen.

Prüfen Sie nun, ob der Abbindefaden ringsherum unter der Mittellinie liegt. Falls dies mal nicht so sein sollte, können Sie den Knoten leicht lockern und korrigieren.

Wenn alles richtig sitzt, beide Fadenenden so festziehen, dass eine Einschnürung entsteht – aber bitte nicht zweiteilen (Abb. 20).

Der Kopf kann jetzt mit festem Garn an das Drahtgestell genäht werden. Der Knoten zeigt dabei nach hinten (Abb. 21).

Aus Trikot wird anschließend für den Kopf eine «Haut» genäht. Dazu schneiden Sie ein Rechteck von 6 x 7,5 cm zu. Auf den Fadenlauf achten: Er verläuft senkrecht.

Falten Sie das Rechteck der Länge nach zusammen. Beginnen Sie am Stoffbruch einen Bogen nach oben zu nähen, und führen Sie die Naht dann gerade nach unten (Abb. 22, oben).

Lassen Sie die Kopfhaut im Stoffbruch liegen, und schneiden Sie diese Kopfhaut 3 cm in der Mitte ein. So erhalten Sie ein Brustvorderteil und ein Rückenteil.

Schneiden Sie die Nahtzugabe zurück, und wenden Sie die Kopfhaut.

Die Hände

Bevor Sie die Hände nähen, empfehle ich Ihnen, sich dafür eine Schablone anzufertigen. Wenn Sie im Nähen geübt sind, können Sie sich sicher auf Ihr Augenmaß verlassen, aber für den Anfang ist eine Schablone einfacher zu handhaben (siehe Schnittmuster S. 136).

Legen Sie den Stoff doppelt vor sich hin, und achten Sie darauf, dass der Fadenlauf senkrecht ist. Zeichnen Sie sich nun die Hände mit Abstand zueinander auf den Stoff (Abb. 22, unten). Nähen Sie die Hände mit der Nähmaschine zusammen. Nahtzugabe zurückschneiden und die Hände wenden. Legen Sie dann die Hände zunächst noch einmal beiseite. Sie werden erst nach dem Ausweben der Hände gebraucht.

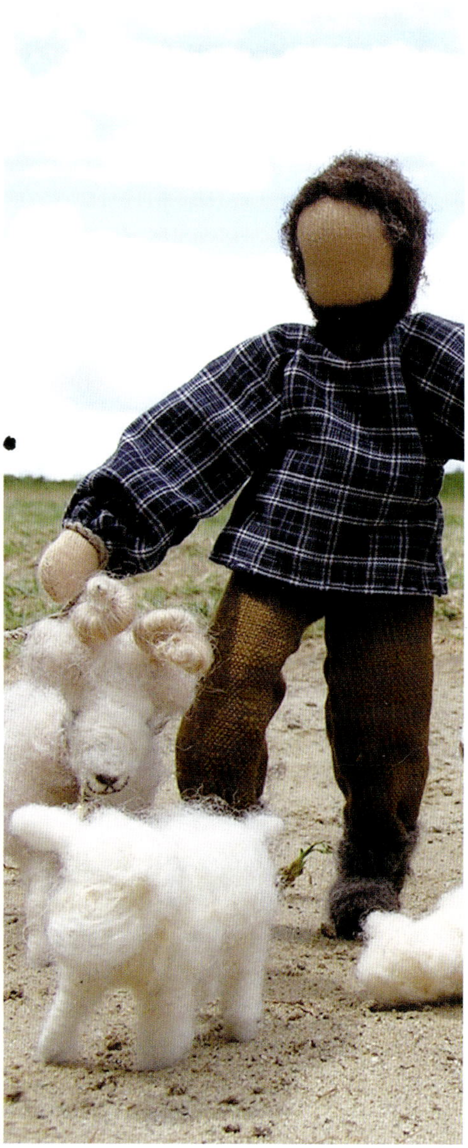

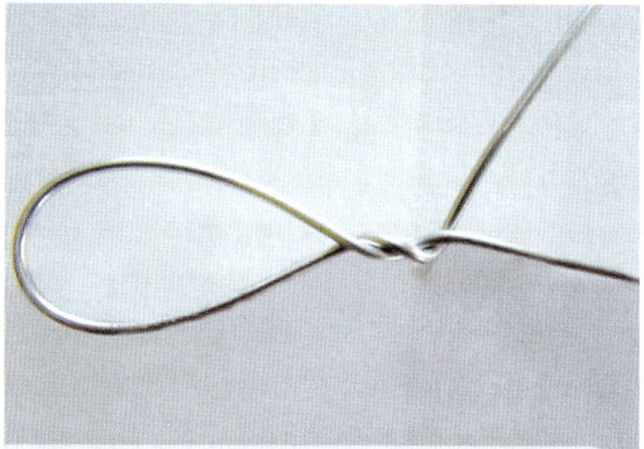

23: Die Handschlaufe

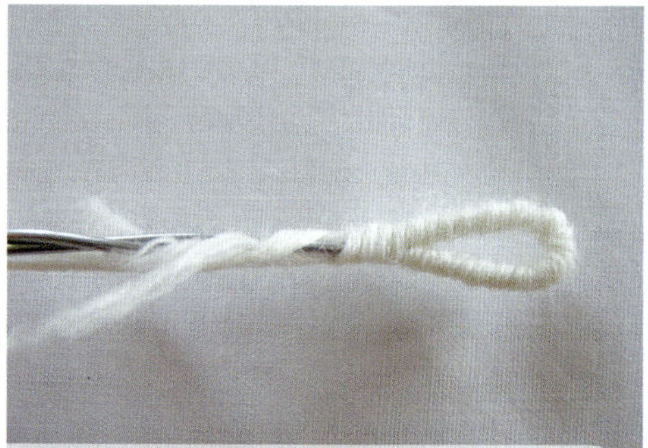

24: Das Umnähen der Handschlaufe

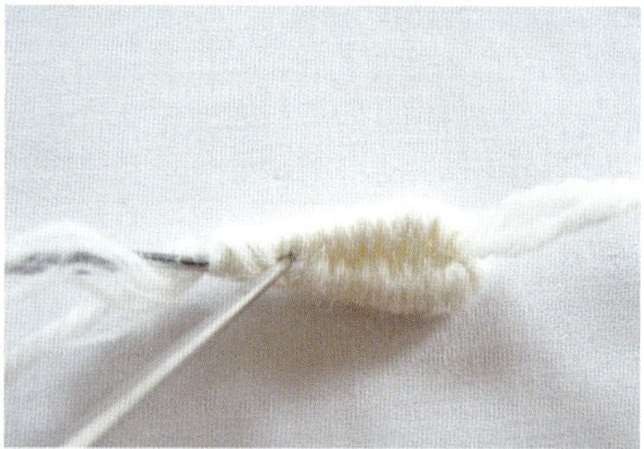

25: Die Hand ausweben

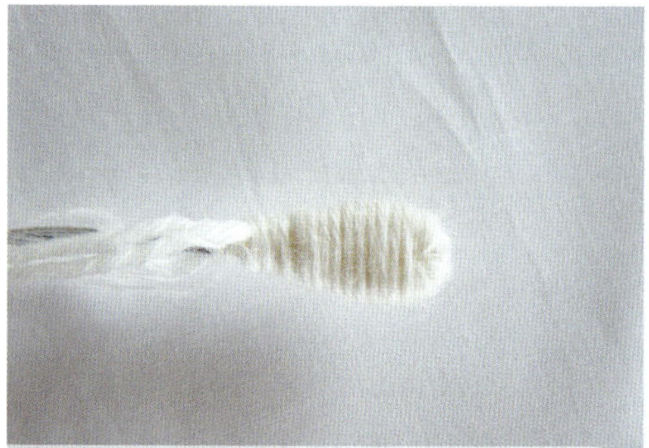

26: Die ausgewebte und umwickelte Hand

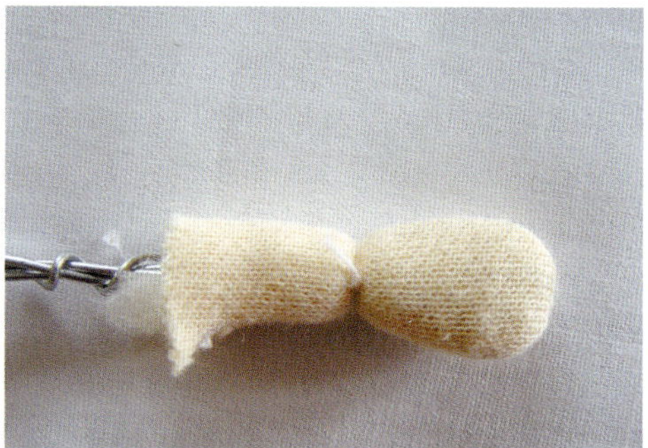

27: Die bezogene und abgebundene Hand

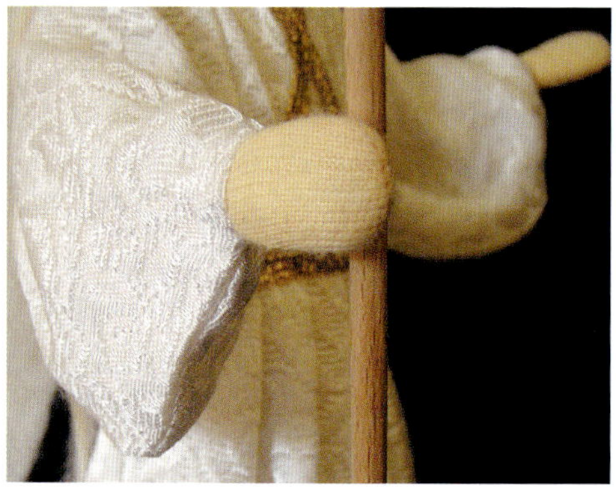

Das Ausweben der Hände

Dieser Arbeitsschritt ist für alle Figuren gleich. Zum Weben eignet sich am besten helle Wolle, so kann nichts durch den hellen Trikot schimmern. Gleichzeitig werden die Hände durch diesen Vorgang gepolstert.

Sie nehmen einen langen Wollfaden (ca. 1,50 m) doppelt, sodass Sie nicht ansetzen müssen, und fädeln ihn in eine Stopfnadel ein.

Beginnen Sie am Handgelenk die Handschlaufe (Abb. 23) zu umwickeln. Das heißt: Mit der Nadel immer in die Mitte stechen und um den Draht legen. Schieben Sie die Wolle immer wieder zusammen, sodass die Umwicklung sehr dicht wird (Abb. 24).

Wenn Sie wieder am Handgelenk angekommen sind, beginnt das eigentliche Ausweben. Der Wollfaden mit der Nadel wird dazu von links nach rechts einmal von außen über die Mitte nach innen zur gegenüberliegenden Seite gestochen. Stellen Sie sich vor, Sie wollen eine Acht schreiben (Abb. 25). Weben Sie die Hand bis zur Handspitze aus. Auch hier immer wieder etwas zusammenschieben, damit keine Lücken entstehen. Wenn Sie die Handspitze erreicht haben, stechen Sie die Nadel auf einer Handseite bis zum Handgelenk und auf der anderen Handseite zurück bis zur Handspitze. Wiederholen Sie diesen Vorgang noch einmal.

Mit dem restlichen Wollfaden die ganze Hand gleichmäßig umwickeln und zum Schluss den Faden vernähen (Abb. 26).

Jetzt nehmen Sie die aus Trikot genähte Hand und stülpen sie über die ausgewebte Hand. Zum Abbinden der Hand wird mit der gleichen Schlingentechnik wie beim Abbinden der Augenlinie gearbeitet. Legen Sie sich aus reißfestem Garn zwei klein geschriebene «l» zurecht, legen Sie die erste Schlaufe auf die zweite Schlaufe, und spannen Sie beide Schlaufen zwischen Daumen und Zeigefinger. Die Hände werden bei einer Länge von 2 cm abgebunden (Abb. 27). Prüfen Sie, ob die Nähte der Hand am Draht entlangführen.

Die Hände sind nun fertig, als Nächstes werden die Arme und der Rumpf umwickelt.

Das Umwickeln von Armen und Rumpf

Schneiden Sie sich aus alten Unterhemden lange Trikotstreifen zu. Der Fadenlauf ist senkrecht, damit die Streifen elastisch bleiben.

Für die Arme und später auch für die Beine benötigen Sie eine Breite von 2 cm. Je länger die Streifen zugeschnitten werden, umso weniger müssen Sie beim Umwickeln ansetzen.

Für den Rumpf schneiden Sie 5,5 cm breite Streifen aus alten Baumwollpullis zu. Die Länge sollte etwa 75 cm betragen. Wichtig: Für den Engel nur weiße Stoffe verwenden, da durch die helle Seide alles durchschimmert.

Sie beginnen jetzt mit dem plastischen Umwickeln der Arme. Der Trikotstreifen wird am Rumpf angesetzt und mit Daumen und Zeigefinger der linken Hand festgehalten. Spannen Sie

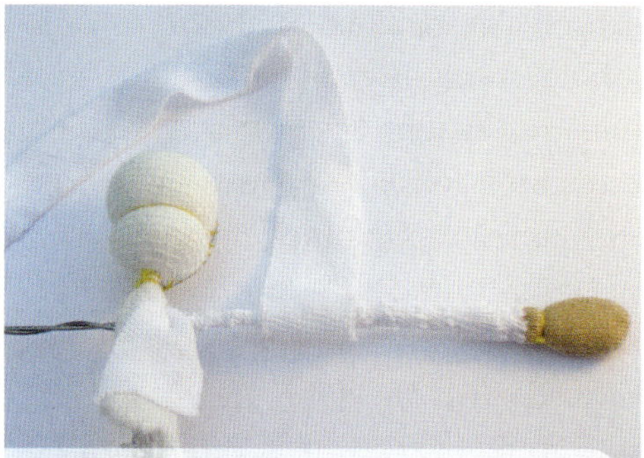
28: Mit Trikotstreifen umwickeln

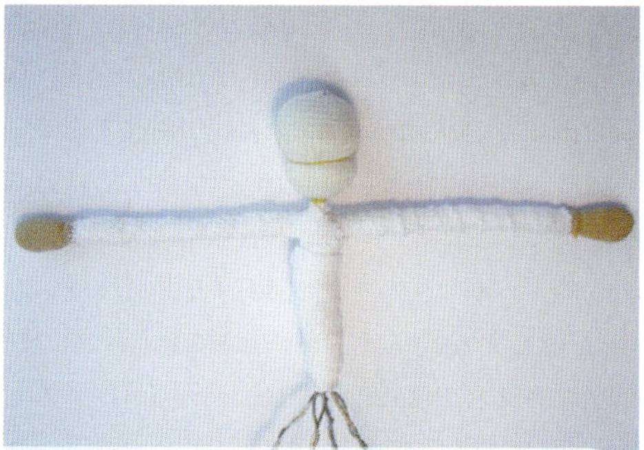
29: Fertig umwickelte Arme

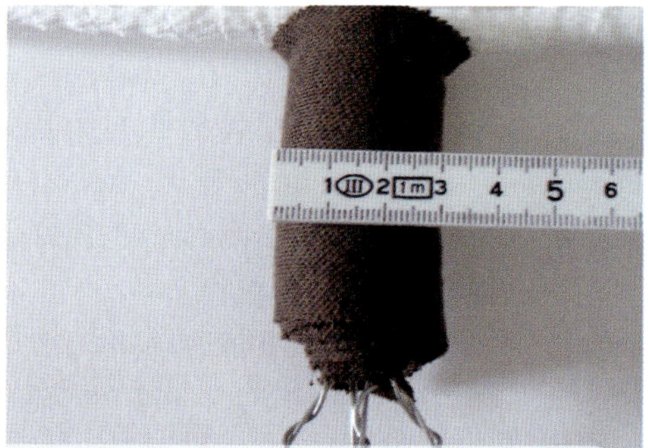
30: Rumpf umwickeln

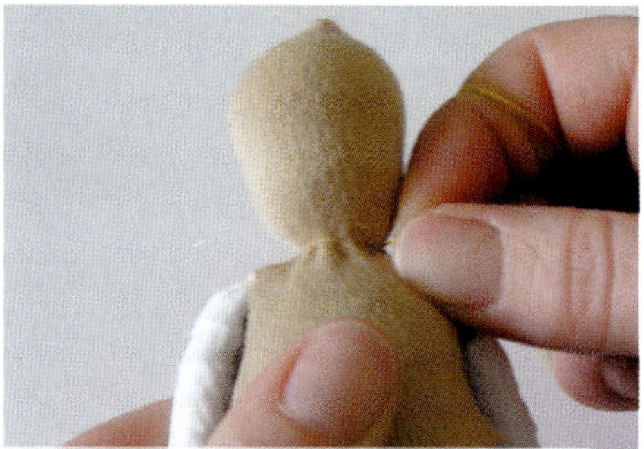
31: Den Kopf abbinden

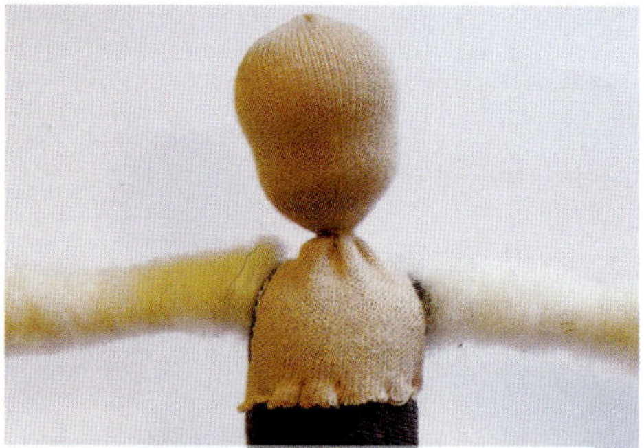
32: Kopfhaut am Rumpf annähen

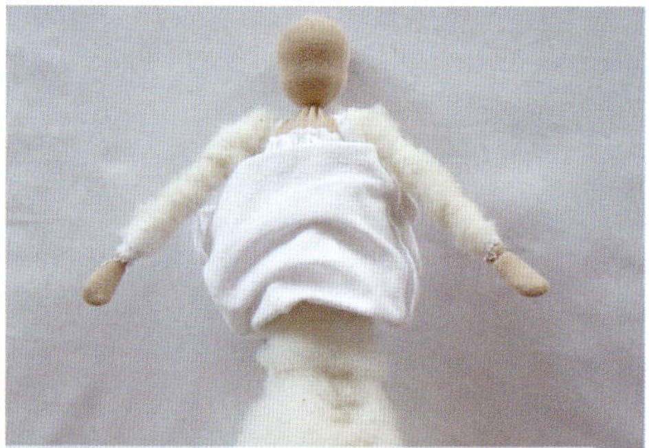
33: Arme mit Schafwolle umwickeln

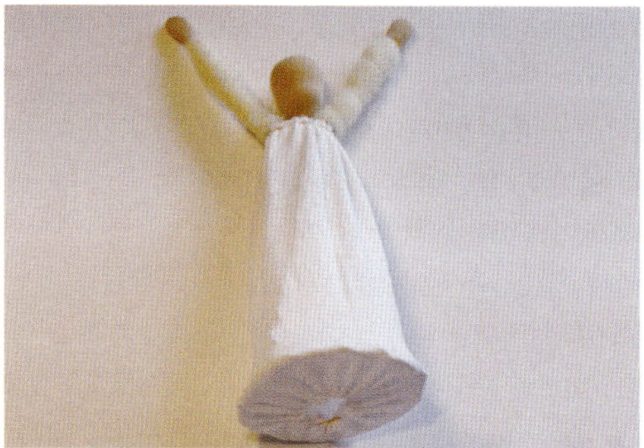
34: Standfigur mit Unterrock

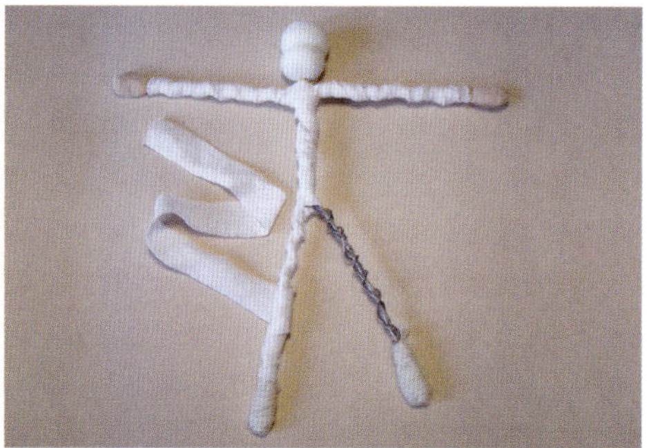
35: Arme und Beine umwickeln

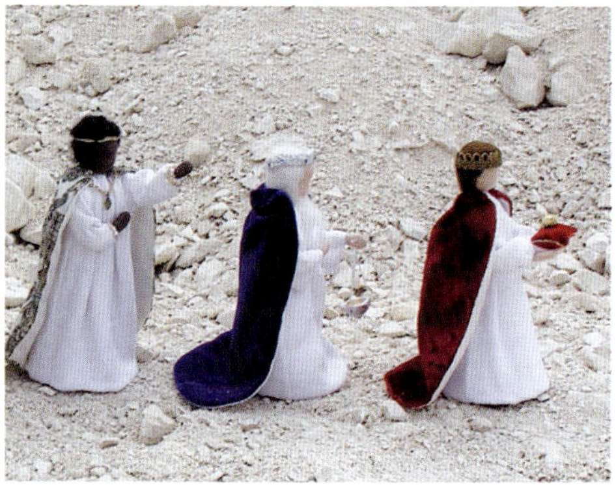

den Streifen fest um die Schulter des ersten Armes und wickeln Sie ihn schräg und straff nach vorn bis zur Abbindelinie der Hand (Abb. 28).
Der Trikot der Hand (Nahtzugabe) wird mit eingewickelt.
Wickeln Sie wieder mit Zug und straff zurück zum Hals, führen Sie den Streifen einmal über den Rücken und den Rumpf, um zum anderen Arm zu kommen. So wird der Anfang des Trikotstreifens mitbefestigt.
Wickeln Sie wieder bis zur Hand und zum Hals zurück.
Wenn der Trikotstoff, den Sie verwenden, nicht sehr dick ist, kann es sein, dass die Arme noch etwas zu dünn sind; wiederholen Sie den Vorgang dann noch einmal. Den Trikotstreifen in diesem Fall extrem schräg umwickeln, sonst werden die Arme zu dick; denn später werden die Arme noch mit Schafwolle umwickelt.
Der Rest des Trikotstreifens wird um den Rumpf gewickelt (Abb. 29).
Nehmen Sie anschließend den 5,5 cm breiten Trikotstreifen und wickeln Sie ihn straff um den Rumpf, bis dieser eine Breite von 3 cm hat (Abb. 30).
Versuchen Sie beim Umwickeln, den Trikotstreifen bei jeder Runde leicht nach oben zu legen, damit eine Brust und eine Schulterpartie entstehen.
Die Trikotstreifen mit reißfestem Garn zusammennähen. An den Schultern den Faden ganz durchstechen, damit die Streifen nicht mehr verrutschen können. Danach werden die Arme nach unten gebogen.
Die genähte Kopfhaut (s. S. 21) über den Kopf ziehen. Die Naht liegt hinten an der Kopfschlaufe. Durch das Einschneiden sind ein Vorder- und ein Rückenteil entstanden. Diese jetzt gut nach unten ziehen. Achten Sie darauf, dass der Nahtanfang der Kopfhaut nicht zu weit ins Gesicht ragt. Alles gut festhalten und mit reißfestem Garn am Hals abbinden (Abb. 31).
Wenn am Hals keine Falten mehr zu sehen sind, können Sie die Fadenenden verknoten. Jetzt werden Vorder- und Rückenteil der Kopfhaut am Rumpf festgenäht (Abb. 32).
Zum Schluss umwickeln Sie die Arme leicht mit Schafwolle (Abb. 33).
Bis hierher werden alle Figuren (die Standfiguren und die Figuren mit Beinen) gleich hergestellt.

Das Unterkleid für die Standfigur

Die Standfigur bekommt ein Unterkleid, das aus Trikot genäht wird. Legen Sie dazu den Trikotstoff doppelt, und schneiden Sie ein Rechteck von 10 cm Breite und 19 cm Länge zu. Nähen Sie die Längsseite zusammen, und wenden Sie den Unterrock um. Kräuseln Sie eine Seite ein.
Der Unterrock sitzt unter den Achseln und wird dort am Oberkörper angenäht. Stopfen Sie das Gestell mit Schafwolle aus, damit sich die Figur später nicht hohl anfühlt. Fixieren Sie die Schafwolle mit der Filznadel, und bedecken Sie gleichzeitig den Draht; auf diese Weise spürt man ihn später nicht. Die untere Seite erst jetzt ein-

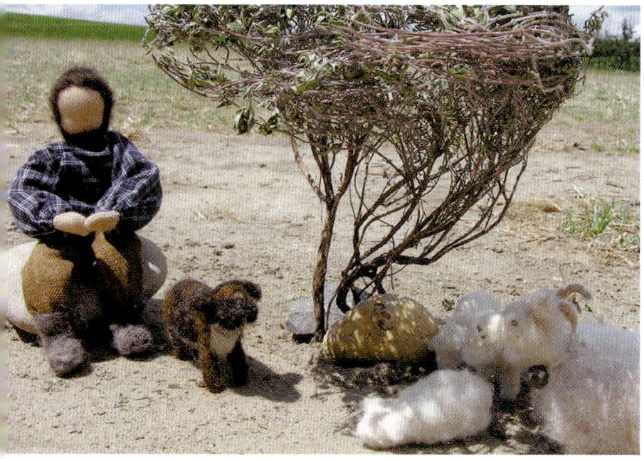

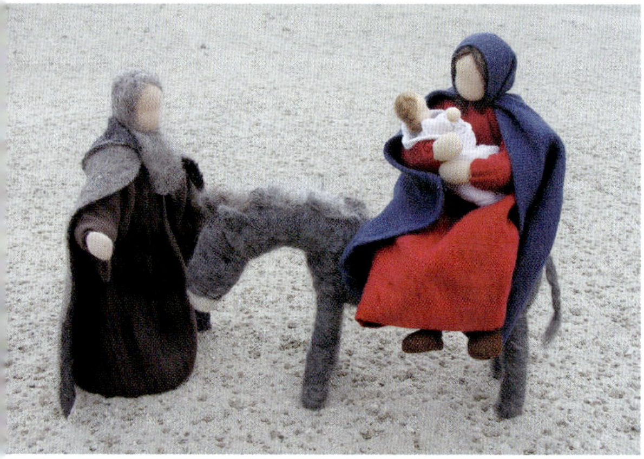

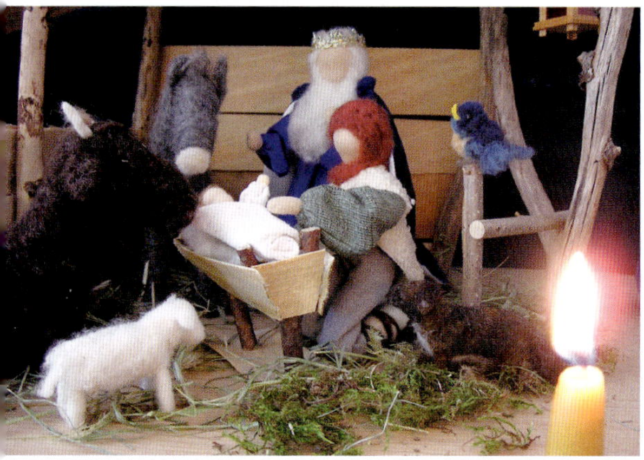

kräuseln und zusammenziehen, bis sich der Unterrock schön um den Standring legt und gespannt ist (Abb. 34).
Die Standfigur ist nun fertig und kann je nach Typ weiterverarbeitet werden (Josef, Engel, alter Hirte, Könige).

Das plastische Umwickeln der Figur mit Beinen

Für eine Figur mit Beinen werden wieder die 2 cm breiten Trikotstreifen verwendet.
Weben Sie die Hände und die Füße aus, wie es im Abschnitt «Das Ausweben der Hände» beschrieben wurde (S. 23). Es werden keine Trikotfüße genäht, da die Hirten später mit Wolle umwickelte Schuhe bekommen.
Die Beine werden mit den Trikotsteifen straff und fest umwickelt (Abb. 35). Auch hier darauf achten, dass die Beine nicht zu dick werden, da sie noch mit Schafwolle umwickelt werden.

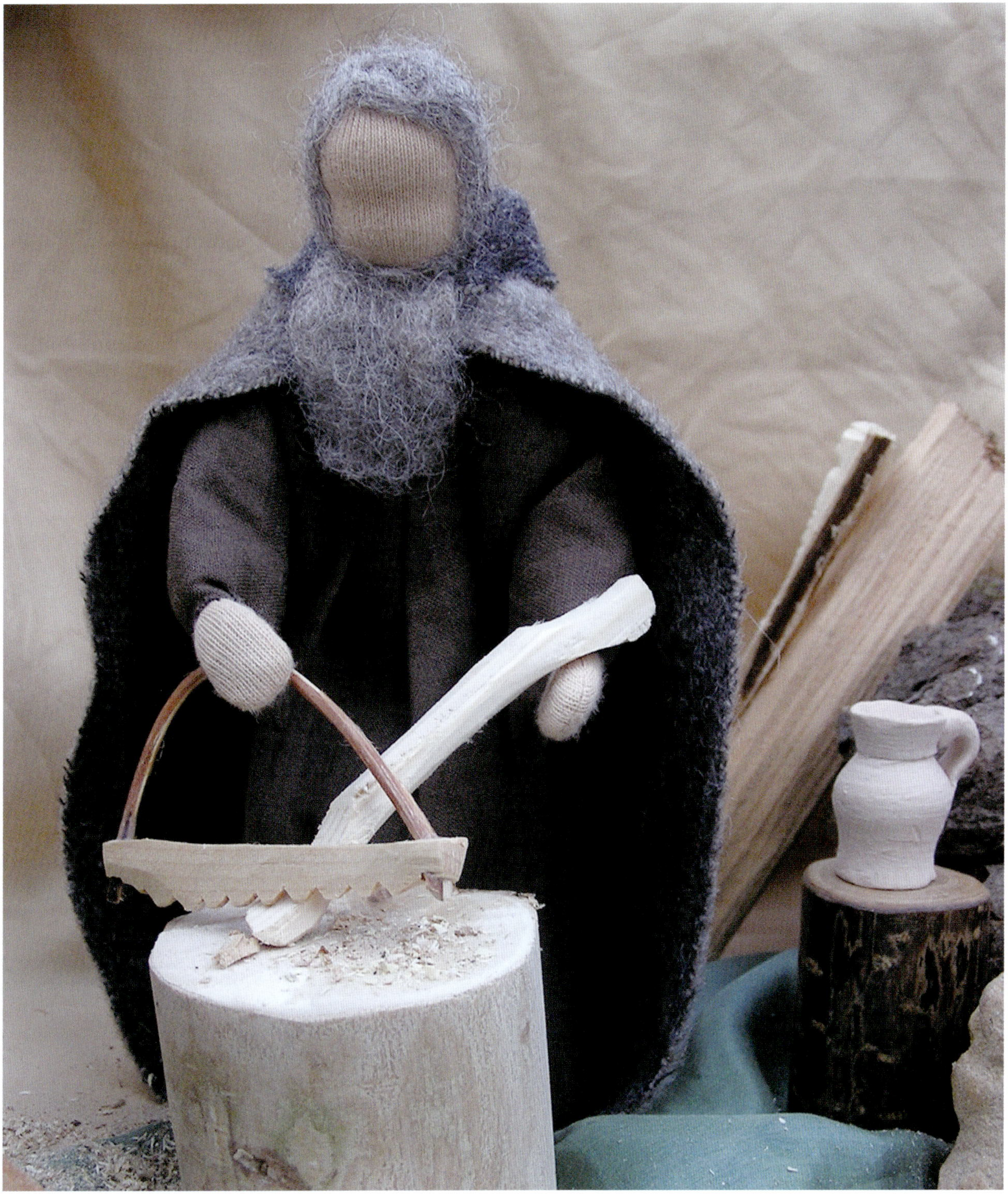

Die Bekleidung

Das Ankleiden der Figuren fängt mit dem Zusammenstellen der Stoffe an. Es ist eine sehr schöne Arbeit, da Sie viele alte Stoffe verwenden können. Sicher ist es notwendig, sich das eine oder andere Restchen Stoff zu kaufen, aber es macht viel mehr Freude, im eigenen Kleiderschrank zu stöbern.

Jeder von uns hat sicher einige Kleidungsstücke, von denen er sich nicht trennen kann, weil einige Erinnerungen daran hängen. So ist es vielleicht die von Oma gestrickte Lieblingssocke, die jetzt ein Poncho oder eine Mütze für einen Hirten werden könnte, oder ein altes Hemd mit kleinem Muster; oder es sind alte Hosen, Röcke und Futterstoffe. Sie können wirklich vieles verwenden.

Auch ich hatte einen solchen Stoff jahrelang im Schrank liegen. Ich bekam ihn, als ich mich entschloss, Schneiderin zu werden. Es war ein Rest vom Hochzeitskleid meiner verstorbenen Mutter. Es war nicht viel, was ich von ihr hatte, und deshalb wollte ich immer etwas Besonderes aus diesem Brokat machen. Ich überlegte oft und lange, aber erst als ich den grünen König Caspar zu nähen begann, wusste ich plötzlich, was aus dem Stoff werden könnte: Es wurde ein Kleid für den grünen König. Jedes Jahr strahlt mich jetzt dieser König an, und ich bin sehr glücklich, dass der Stoff nicht mehr im Schrank liegt, sondern eine ganz neue Bestimmung bekommen hat.

Ich werde im Folgenden bei jeder Figur einzeln auf die Stoffe und Farben eingehen. Achten Sie trotzdem darauf, dass sie als Ganzes harmonieren. Nehmen Sie sich Zeit zum Suchen, es lohnt sich.

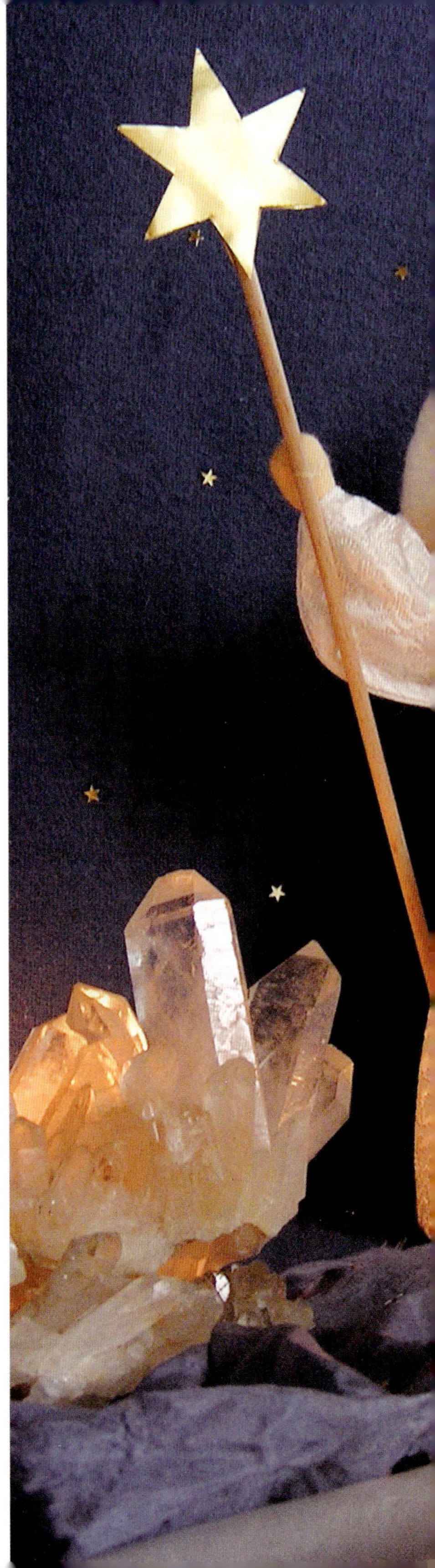

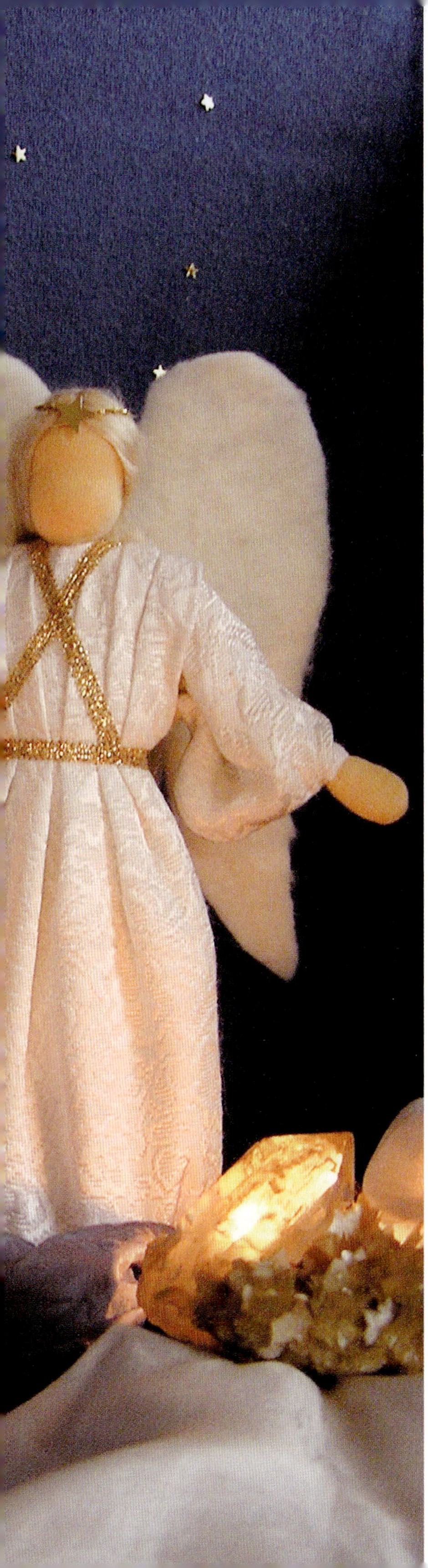

Engel

Der Engel Gabriel geht mit seinem Stern und dem inneren Licht voran. Er ist der Engel, der Maria erscheint und ihr die Botschaft der Geburt überbringt. Er beschützt und leitet das ganze Weihnachtsgeschehen – sichtbar und unsichtbar. So beginnt auch für uns die Krippenarbeit mit dem Engel.

Stellen Sie sich für den Engel eine Standfigur (Drahtgestell) mit einer Höhe von 20,0 cm her. Zum Umwickeln der Figur verwenden Sie ausschließlich weißen Trikot, da die Streifen sonst durch die Seide hindurchscheinen. Als Material für das Kleid sollten Sie eine gute reine Seide, glänzende Futterstoffe oder Reste eines Brautkleides verwenden. Auf jeden Fall sollte der Stoff edel sein und einen weich fließenden Charakter haben.

Das Gewand des Engels besteht aus einer Bluse und einem ärmellosen Kleid. Die Arme des Engels sind leicht angewinkelt und zeigen mit einer Geste nach oben, dabei ist die linke Handfläche nach oben gerichtet.

Kleidung

Die Bluse schneiden Sie sich nach der Mustervorlage zu (s. Schnittmuster S. 140) und nähen die Seitennähte bis auf die Handöffnung zu. Die Nahtzugabe wird in der Rundung eingeschnitten, damit die Naht nicht spannt und zieht (Abb. 36). Jetzt wird die Bluse nach rechts umgewendet und dem Engel angezogen. Die rückwärtige Naht wird mit kleinen Stichen geschlossen. Schließen Sie die Handöffnung gegebenenfalls mit ein paar Stichen.

Schneiden Sie für das ärmellose Kleid einen Streifen mit einer

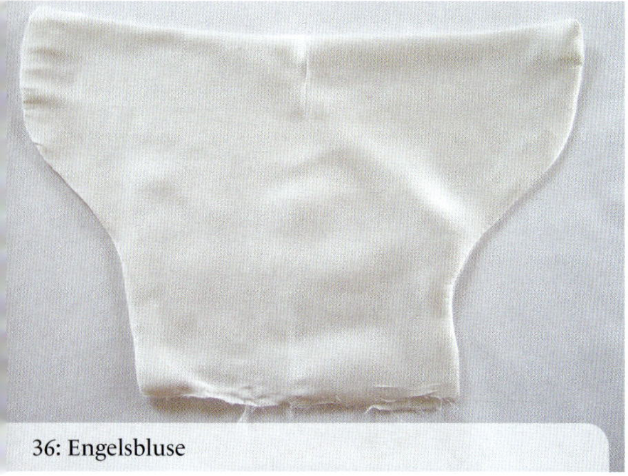
36: Engelsbluse

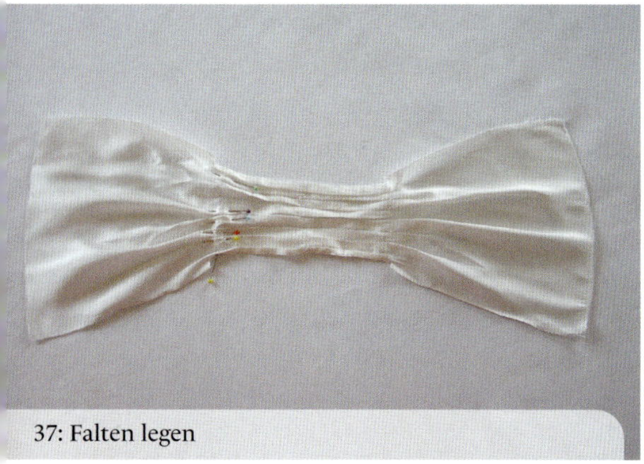
37: Falten legen

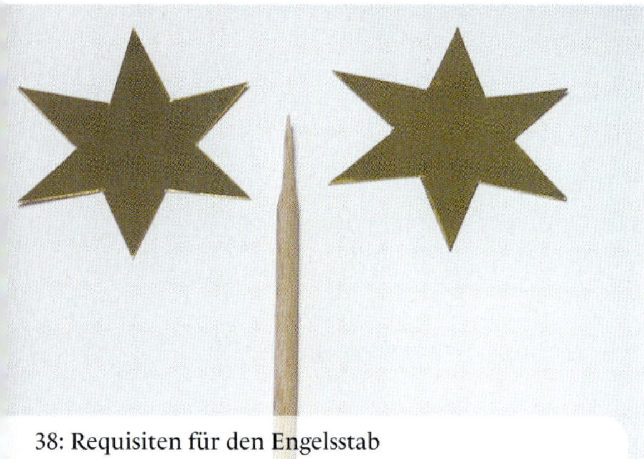
38: Requisiten für den Engelsstab

Länge von 40 cm und einer Breite von 16 cm zu. Falten Sie den Stoff so, dass eine Länge von 20 cm vor Ihnen liegt. Die Schulter des Kleides liegt jetzt im Stoffbruch.
Für die Halsöffnung schneiden Sie 3 cm in eine Längsrichtung ein. Die Stoffbreite wird auf jeder Schulter in drei bis vier gleichmäßig verteilte Falten gelegt. Der Faltenbruch zeigt immer nach innen. Die fertige Schulterbreite ist 6 cm. Auf den Schultern werden die Falten mit kleinen Stichen festgenäht. Nähen Sie auch die Falten auf dem Vorderteil und dem Rückenteil 6 cm von der Schulter aus nach unten gemessen waagerecht ab (Abb. 37). Schneiden Sie 0,5 cm auf dieser Höhe den Stoff rechts und links ein, und nähen Sie die Seitennähte von diesem Punkt aus nach unten zusammen. Bügeln Sie diese Nähte auseinander.
Der Armausschnitt kann durch den kleinen Schnitt gut eingeschlagen und in die Falte gelegt werden. Versäubern Sie den ganzen Armausschnitt mit kleinen Stichen. Wenden Sie das Kleid, ziehen es über die Bluse und schließen die rückwärtige Mitte.
Rund um den Standring wird die Stoffweite in kleine Falten gelegt und mit ein paar Stichen befestigt. Danach können Sie den runden Deckel zur Versäuberung aufnähen.

Weitere Requisiten

Der Engel bekommt eine Goldborte, die über der Brust gekreuzt wird, und einen Gürtel; er wird hinten zusammengenäht.
Das Engelshaar wird schulterlang aufgenäht; es ist zartgelb oder fast weiß. Es eignen sich selbstgefärbte Seidenfasern oder Haare der Kaschmirziege.
Für den Haarreif braucht man sternenförmige Schmucksteinchen in Gold oder goldfarbenen Reliefkarton mit Sternmotiv. Den Haarreif aus einer Goldschnur um den Kopf legen und in der Stirnmitte den Stern mit der Zacke nach oben aufkleben.

Für den Flügel benötigen Sie ganz weiße Schafwolle, aus der Sie eine Platte filzen. Zum Filzen legen Sie sich eine Noppenfolie auf den Tisch und zupfen die Wolle so zurecht, dass sie etwa die Größe eines A4-Blattes erreicht. Achtung: Die Wolle schrumpft durch das Filzen. Befeuchten Sie die Wolle mit lauwarmem Wasser und geben etwas flüssige Seife darüber. Fangen Sie vorsichtig an, das Ganze zu walken und in kreisförmigen Bewegungen zu verfilzen. Haben Sie das Gefühl, dass es sich gut verfilzt hat, drehen Sie die Platte und filzen auf der anderen Seite weiter. Sie können die Platte nun etwas grober anfassen und somit besser durchwalken. Ist die Filzplatte stabil, spülen Sie sie mit klarem Wasser aus, rollen sie in ein Handtuch und drücken sie aus. Wenn die Platte getrocknet ist, schneiden Sie sich einen Engelsflügel aus. Die Flügel verändern den Charakter des Engels enorm, deshalb probieren Sie vielleicht verschiedene Flügel aus (s. Schnittmuster S. 140 und 143) und halten sie an den Engel. Haben Sie sich entschieden, nähen Sie den Flügel am Rücken fest.

Für den Engelsstab benötigt man einen Rundholzstab mit einem Durchmesser von 2 mm und einer Länge von 25 cm sowie goldene Pappe oder Metallfolie. Aus der Pappe oder Folie schneiden Sie zwei große Sterne aus. Schrägen Sie dann das Rundholz auf beiden Seite flach ab. Zwischen die Sterne kleben Sie das Rundholz, dabei zeigt eine Spitze des Sterns nach unten (Abb. 38).

Der Engel trägt seinen Stab in der rechten Hand. Befestigen Sie ihn an der inneren Handfläche.

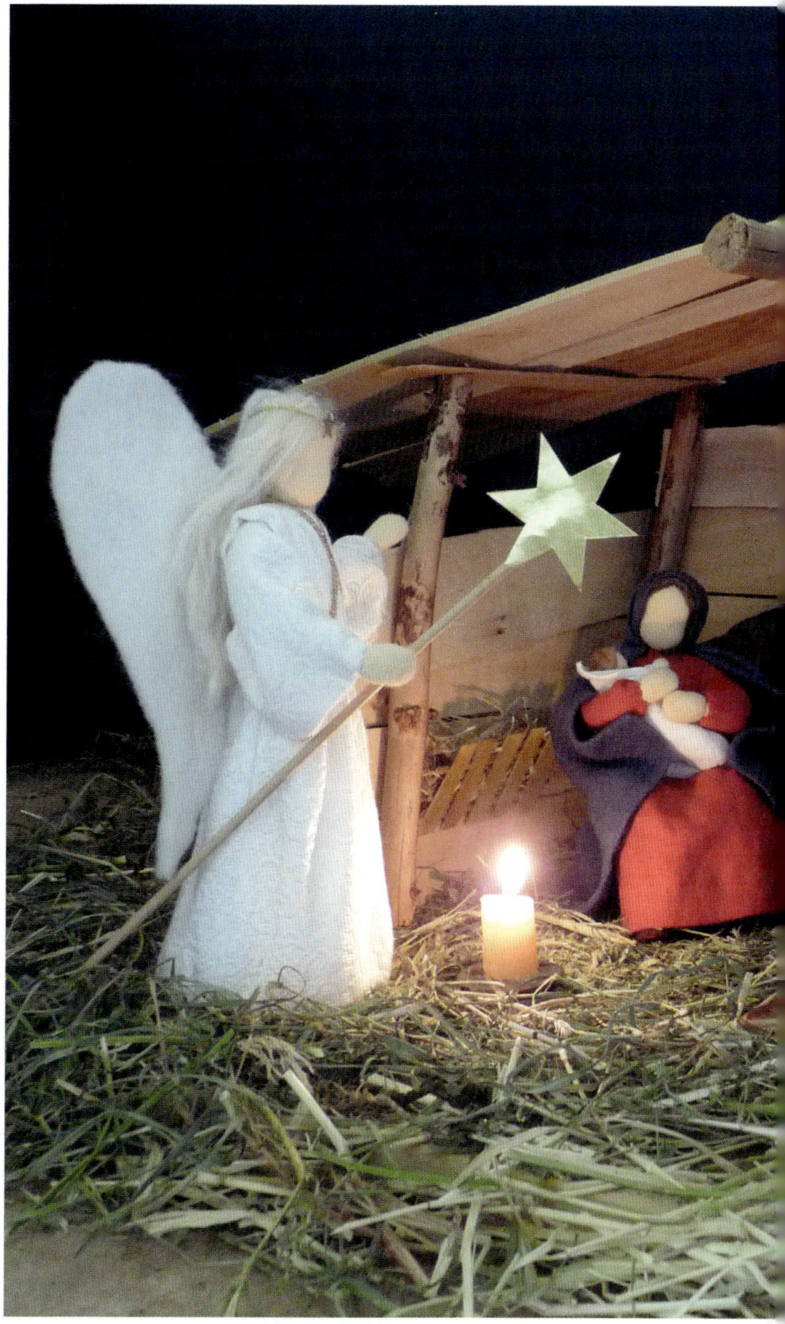

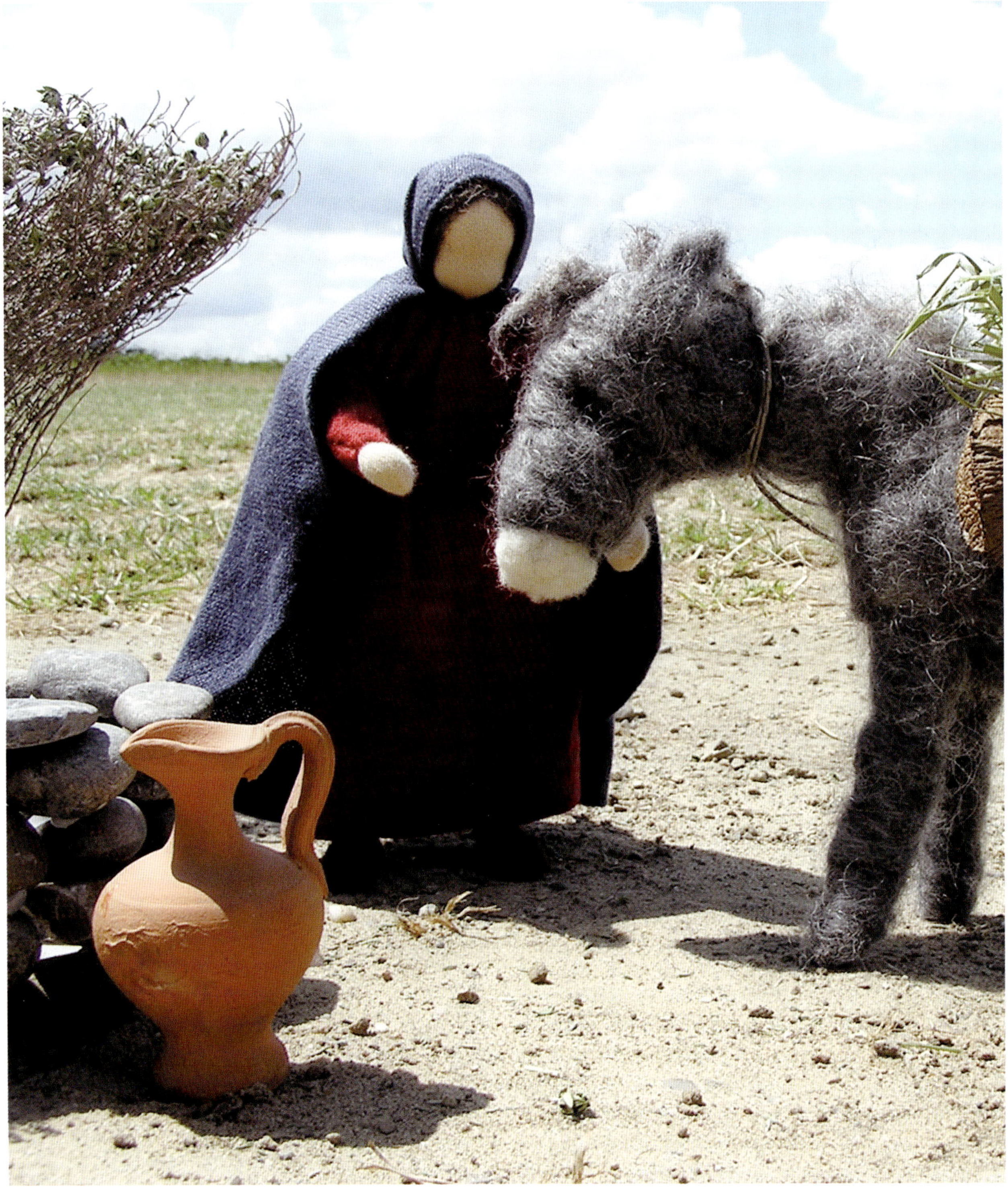

Maria

Die Jungfrau Maria wird mit einem roten Gewand bekleidet, das ihr reines Herz und ihre große Liebeskraft symbolisiert. Ein tiefblauer Mantel umhüllt sie; diese Farbe spiegelt die Himmelsnähe und die geistige Durchlässigkeit, also die geistige Offenheit, wieder.
Meine Maria möchte ich mit Beinen arbeiten, da sie auf ihrem langen und anstrengenden Weg nach Bethlehem oft auf ihrem Esel reitet und auch viele Pausen einlegt und somit ihre Position öfters ändern kann.
Sie können, wenn Sie möchten, diese kleinen Pausen als eine Art Adventsgeschichte gestalten. Auf dem Weg zum Stall, den Maria und Josef durch den Raum oder auf dem Jahreszeitentisch laufen, können sie jeden Tag einen kleinen Schritt verschoben werden.
Anregungen für die Adventszeit und damit für den Weg nach Bethlehem geben die Bücher von Gunhild Sehlin, *Marias kleiner Esel,* und von Georg Dreißig, *Das Licht in der Laterne* (beide Verlag Urachhaus, Stuttgart). Die zwei Bücher sind sehr hilfreich, weil sie das Geschehen in einer bildhaften und gemütvollen Sprache begleiten. Wir können erleben, dass überall, wo Maria und Josef hinkommen, die Menschen sich verändern und durch ihre innere Ausstrahlung ergriffen werden. Die Liebe wird weitergegeben und berührt jeden.

Material

- hellrosa Trikot
- Wolle für die Strumpfhose
- braunen Filz und Pappe für die Schuhe

Zunächst fertigen Sie sich ein Drahtgestell mit Beinen an (s. S. 16 f.). Wickeln Sie den Draht zweimal um die Arme, die Beine und den Rumpf.
Die Hände der Maria werden, wie bei allen Figuren, ausgewebt und mit hellrosa Trikot überzogen. Marias Füße werden erst beim Anfertigen der Strumpfhose ausgewebt. Umwickelt wird das ganze Gestell mit weißen Trikotstreifen.

Dann stellen Sie einen Kopf her und nähen ihn an der Kopfschlaufe an. Überziehen Sie ihn mit Trikot und befestigen Vorder- und Rückenteil am Rumpf.

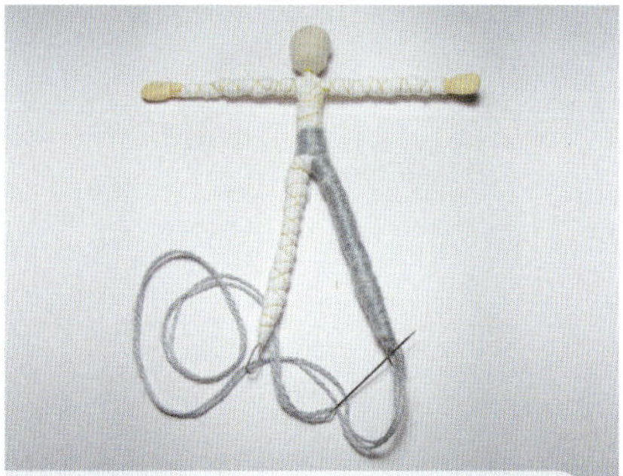
39: Strumpfhose für Figur mit Beinen

Kleidung

Die Strumpfhose

Für die Strumpfhose suchen Sie sich eine Wolle aus, die gut zum Gewand passt. Sie entsteht durch Umwickeln der Beine. Die Wolle wird ein paar Mal um den Bauch gewickelt und dann weiter straff nach unten zur Ferse geführt. Dabei ist es wichtig, dass Sie dreimal gerade wickeln und zweimal diagonal nach oben gehen, so kann ein Verrutschen der Wolle vermieden werden (Abb. 39).

Wenn Sie Unebenheiten festgestellt haben oder Ihnen die Beine zu dünn erscheinen, können Sie mit der Wolle nochmals nach oben gehen und diese Unebenheiten ausgleichen.

Gehen Sie wieder nach unten zur Ferse, schneiden ein langes Stück Wolle ab und weben jetzt den Fuß aus. Es ist so nochmals ein Halt der Strumpfhose gewährleistet (Abb. 40).

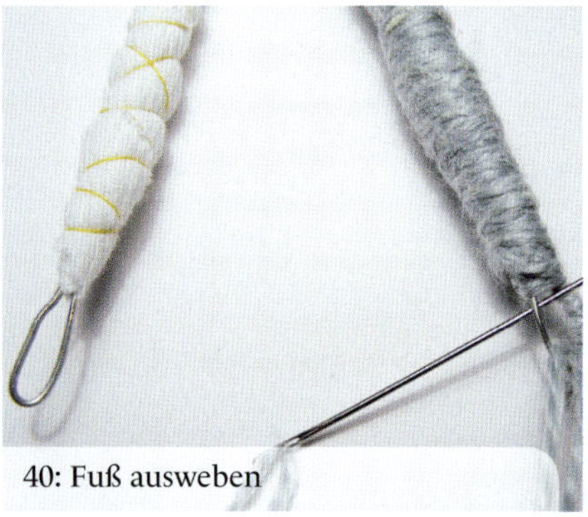
40: Fuß ausweben

Das andere Bein wird auf die gleiche Weise umwickelt und ausgewebt.

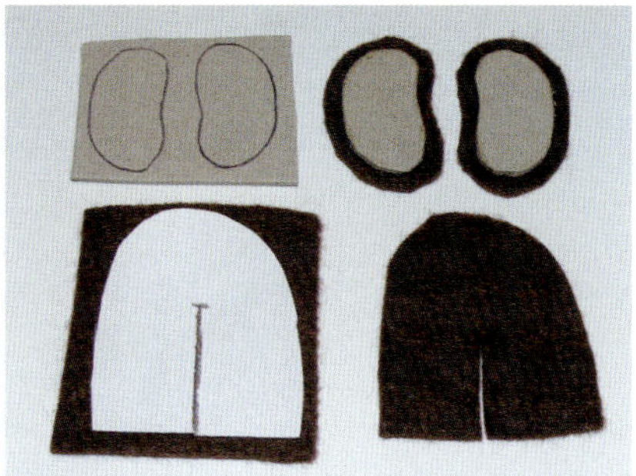
41: Schuhe für die Maria

Die Schuhe

Die Schuhe werden aus braunem Filz genäht. Die Sohle besteht aus einer Pappe (Abb. 41). Schneiden Sie sich nach dem Schnitt (s. S. 138) eine Sohle aus Pappe zu und kleben sie auf ein Stückchen Filz. Während das Ganze trocknet, können Sie sich das Schuhoberteil nach dem Schnittmuster (s. S. 138) zuschneiden. Schneiden Sie die Sohle mit einer Nahtzugabe von 3–4 mm aus.

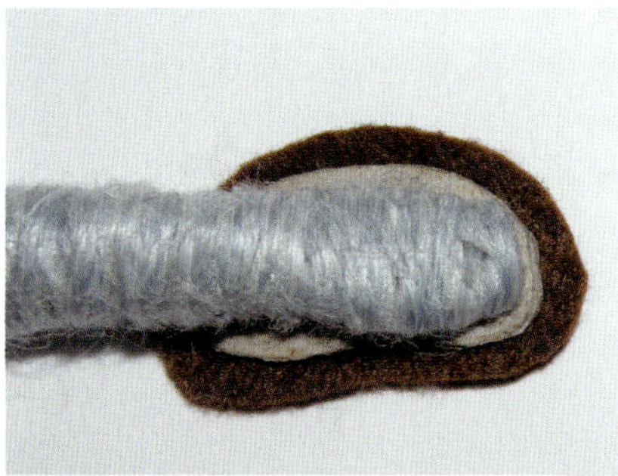
42: Aufkleben der Schuhsohle

Für den nächsten Arbeitsschritt legen Sie die Maria mit dem Gesicht auf den Tisch, so können Sie die Fußsohlen sehen. Kleben Sie die Soh-

le mit der Pappe bündig auf die ausgewebte Fußschlaufe auf (Abb. 42). Wenn beide Sohlen getrocknet sind, halten Sie die Füße mit zwei Fingern fest, und biegen Sie sie nach vorn um. Der Zwischenraum zwischen der Sohle und dem Drahtgestell wird mit Schafwolle ausgefüllt. Lassen Sie die Wolle nach vorn hin etwas auslaufen (Abb. 43).
Nähen Sie nun das Schuhoberteil auf. Dazu legen Sie die Rundung an die Fußspitze und beginnen mit «U»-Stichen an der Ferse zu nähen. Wenn Sie wieder am Anfang angekommen sind, nähen Sie den Schuh hinten zu und befestigen mit ein paar Stichen den Schuhrand (Abb. 44 und 45).

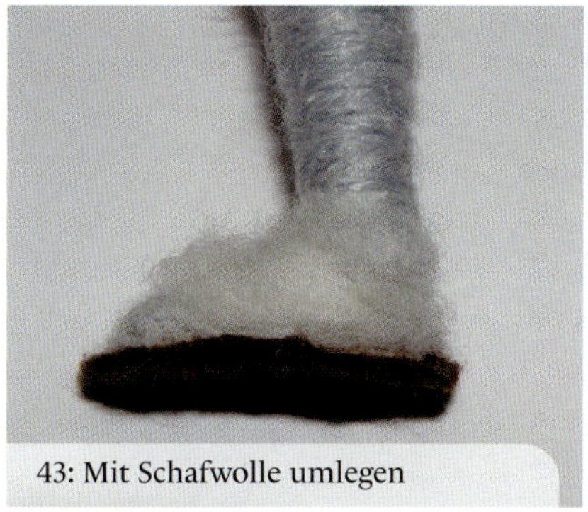
43: Mit Schafwolle umlegen

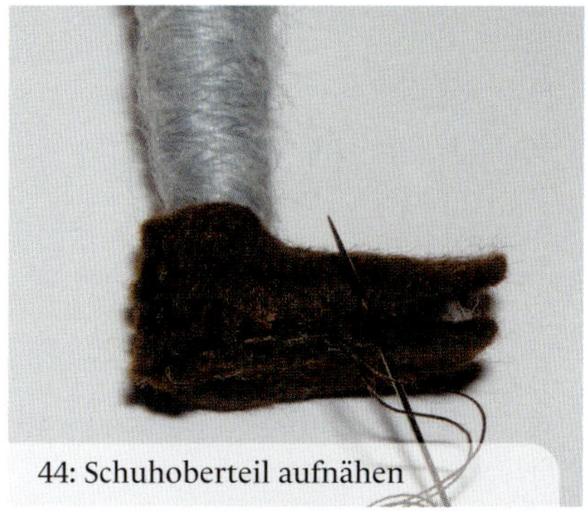
44: Schuhoberteil aufnähen

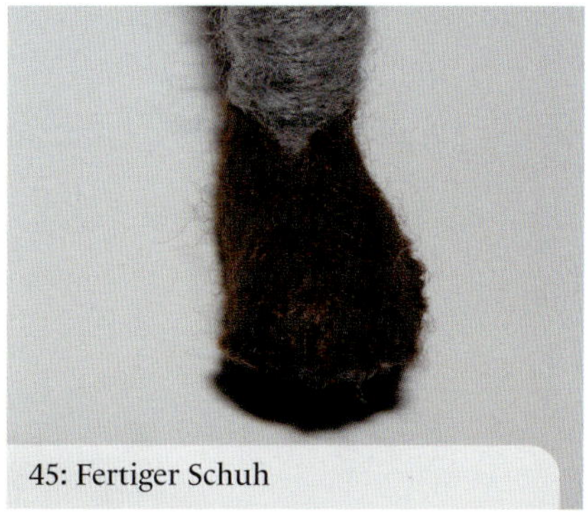
45: Fertiger Schuh

Unterwäsche für die Maria

Verwenden Sie für die Unterwäsche dünne Baumwollstoffe. Die Maria bekommt eine Unterhose und ein Unterhemd.
Für die Unterhose schneiden Sie ein Rechteck mit den Maßen 17 cm Breite und 12 cm Höhe zu. Nähen Sie zuerst die obere und die untere Schnittkante füßchenbreit um. Ermitteln Sie die Mitte durch Falten in der Breite des Rechteckes. Legen Sie nun jeweils die Außenkante zur Mitte, und fixieren Sie sie mit Nadeln.
Sie nähen auf folgende Weise: Fangen Sie an einer unteren Saumkante an, und führen Sie die Naht 6 cm bis zum Zwickel der Hose, lassen Sie die Nadel im Stoff stecken, drehen Sie die Hose um 90 Grad und nähen drei Querstiche. Drehen Sie die Hose jetzt nochmals um 90 Grad und nähen das zweite Hosenbein ab.
Danach die Hosenbeine entlang der Mittellinie bis 1 cm vor dem Zwickel einschneiden und jeweils in eine Ecke einschneiden.
Nach dem Einschneiden wird die hintere Hosennaht geschlossen. Dazu legen Sie die mittleren Schnittkanten aufeinander und gehen zwei Fingerbreit mit dem Beginn der Naht nach innen. Nähen Sie die Naht erst gerade, dann nähen Sie eine Rundung ab. Schneiden Sie die Nahtzugabe zurück (Abb. 46).
Dann wenden Sie die Hose, kräuseln die obere Schnittkante ein und ziehen die Hose der Maria an. Befestigen Sie sie am Körper.

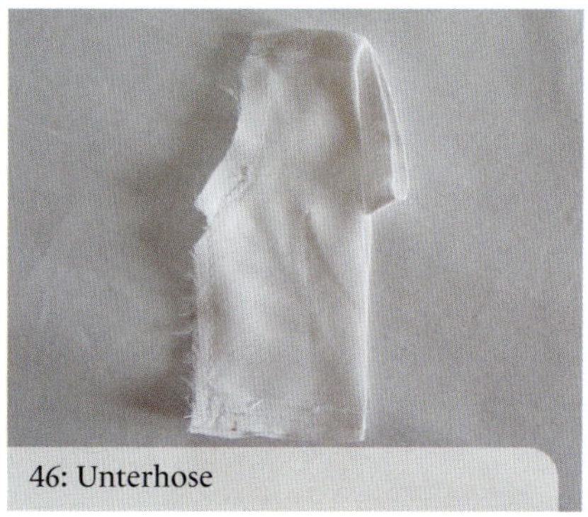
46: Unterhose

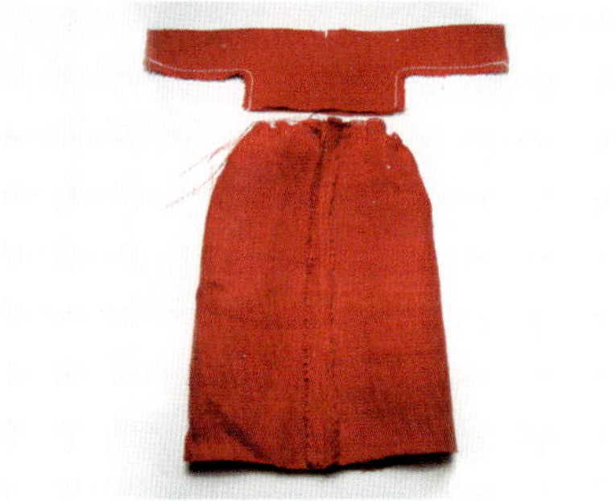

47: Rock und Oberteil

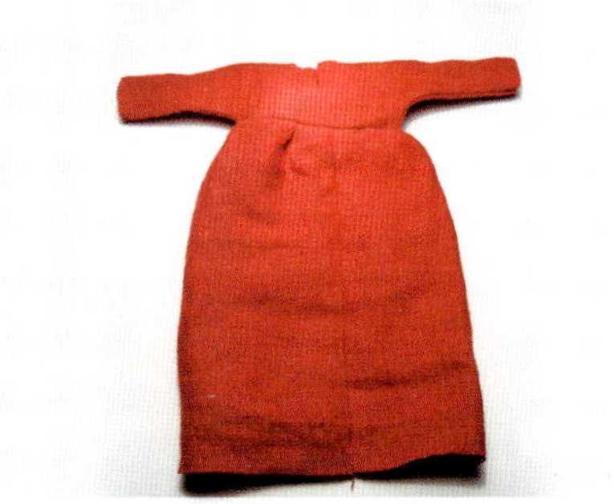

48: Das zusammengenähte Kleid

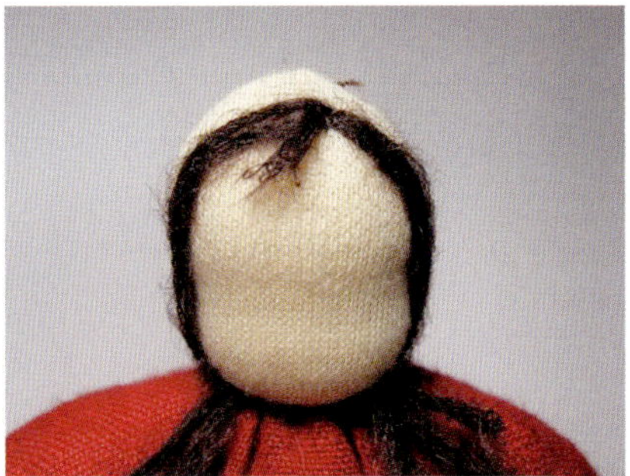

49: Haare der Maria

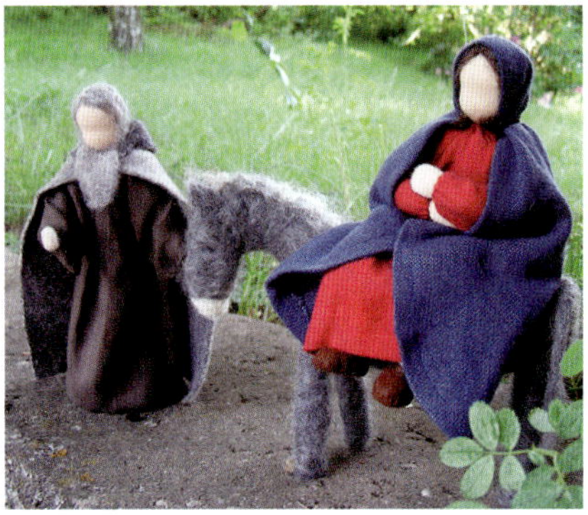

Für das Unterhemd schneiden Sie ein Rechteck von 13 cm Breite und 16 cm Länge zu. Legen Sie den Stoff aufeinander, sodass Sie eine Höhe von 8 cm erreichen. Nach der Mustervorlage (s. S. 138) schneiden Sie das Hemd zu und nähen die Seitennähte ab. Schneiden Sie in der Rundung die Nahtzugabe ein, so wird ein Spannen der Naht beim Wenden verhindert. Versäubern Sie vor dem Wenden alle Nähte. Nun können Sie der Maria das Hemd anziehen.

Kleid

Für das Kleid verwenden Sie nur rote Baumwollstoffe. Es besteht aus zwei Teilen. Sie benötigen einen Stoffstreifen für den Rock von 27 cm Breite und 16 cm Länge. Für das Oberteil brauchen Sie einen Stoff von 21 cm Breite und 24 cm Länge; er wird der Länge nach doppelt gelegt und nach der Mustervorlage zugeschnitten (s. S. 138). Die Seitennähte abnähen und die Nahtzugabe versäubern. Dann die Nahtzugabe wieder an den angegebenen Stellen einschneiden, damit sich die Naht gut legen kann. Das Oberteil wenden.

Der Rock wird längs zusammengenäht, sodass ein Schlauch entsteht. Kräuseln Sie eine Seite ein, und verteilen Sie die Weite gleichmäßig (Abb. 47). Nähen Sie den Rock an das Oberteil. Achten Sie darauf, dass Sie auf dem Rock nähen und nicht auf dem Oberteil (Abb. 48).

Der Saum wird doppelt eingeschlagen und umgenäht. Die fertige Länge des Rockes beträgt 12 cm.

Ziehen Sie der Maria das Kleid an, schlagen Sie an den Handgelenken einen kleinen Saum ein und nähen es an den Handgelenken fest. Auch der Halsausschnitt wird eingekräuselt und festgenäht.

Haare

Die Haare der Maria sind braun, auf keinen Fall schwarz. Der Umhang bedeckt einen Großteil der Haare, deshalb ist es nicht notwendig, sehr viele Haare aufzunähen (Abb. 49).

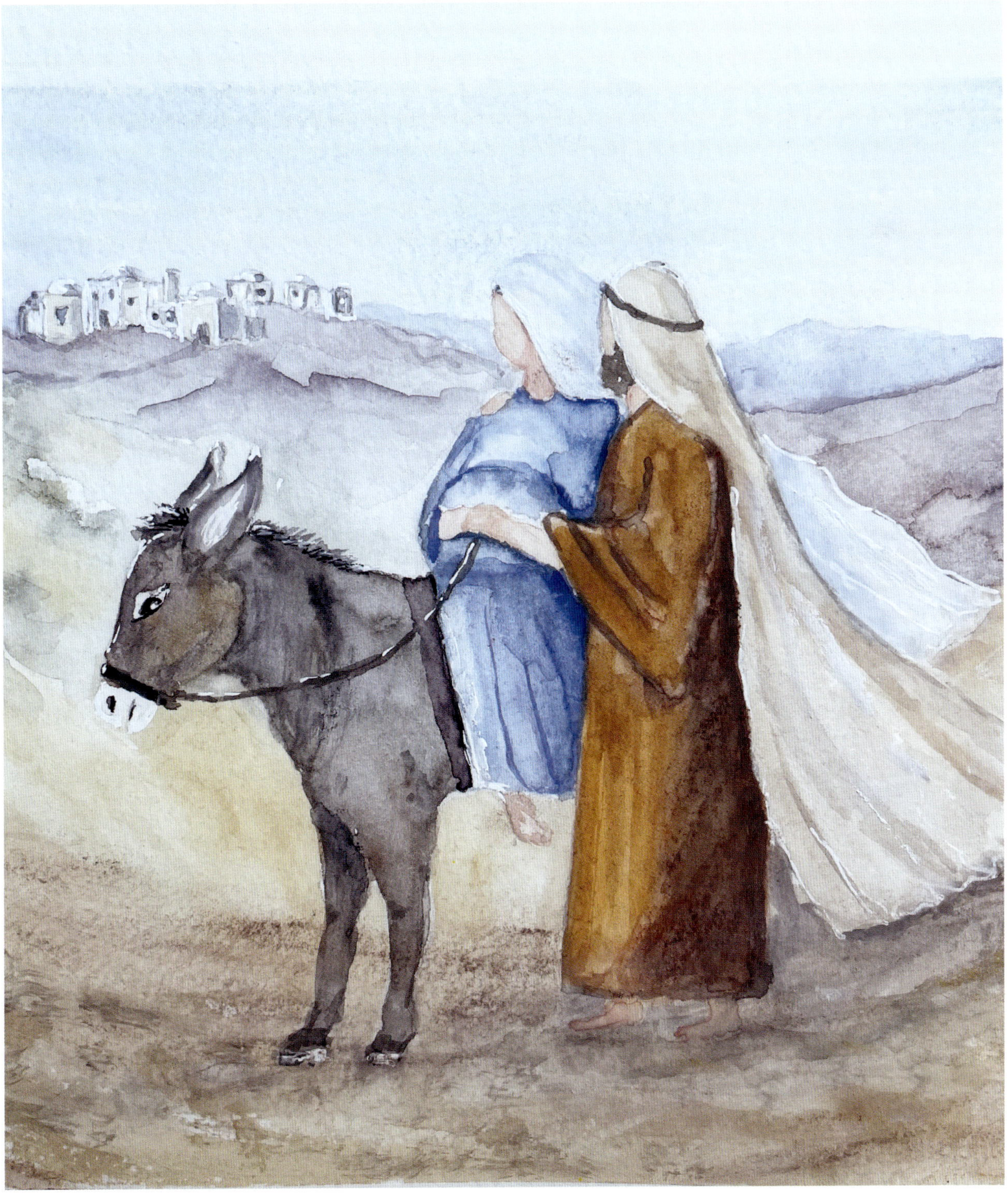

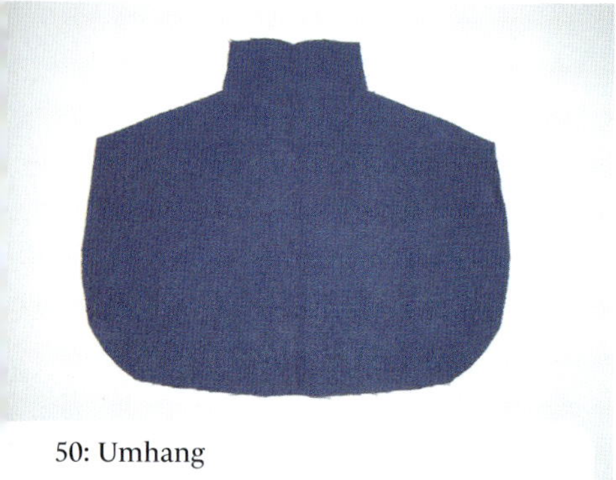
50: Umhang

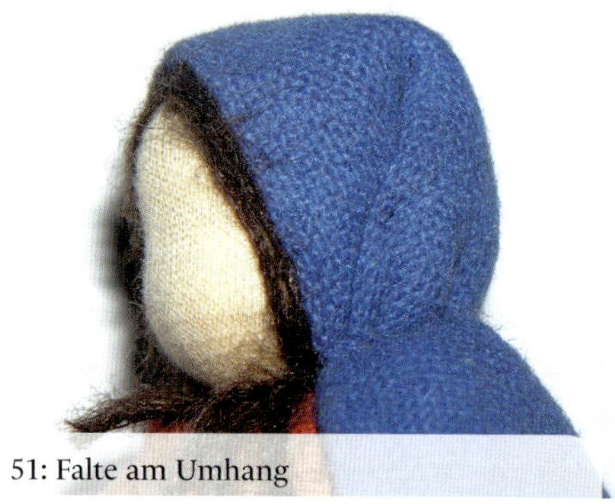
51: Falte am Umhang

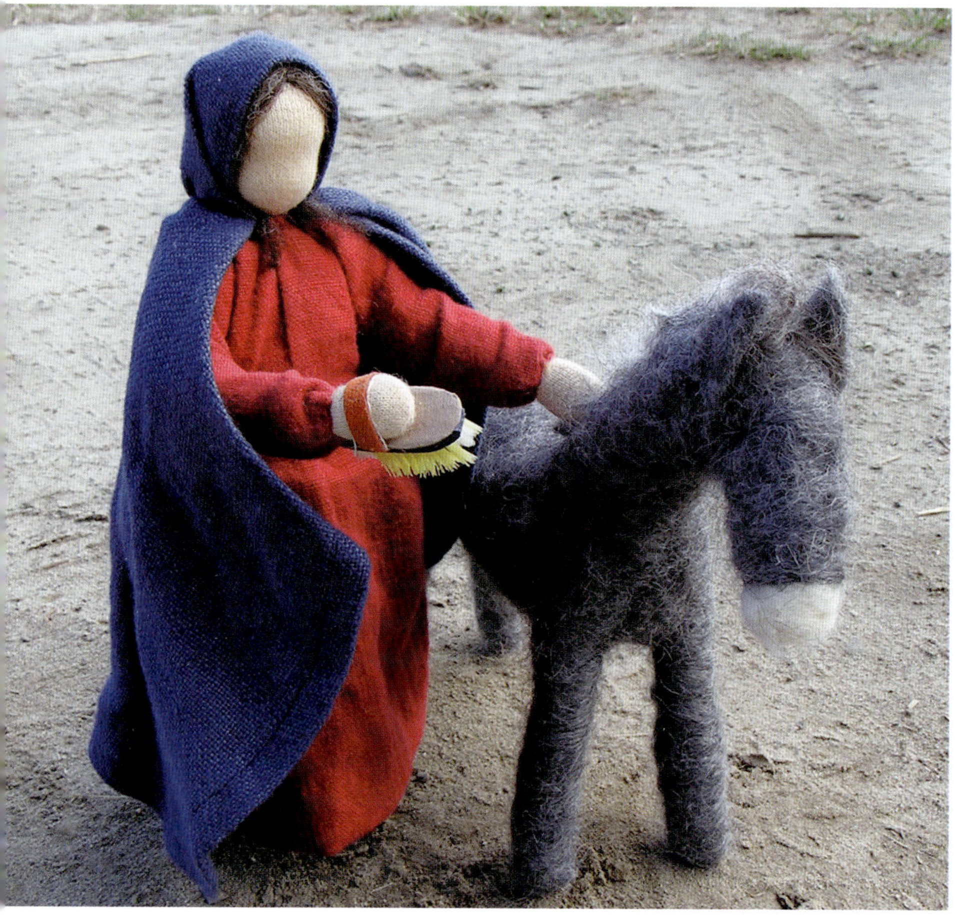

Umhang der Maria

Der Umhang wird aus einem blauen Leinen oder Wollstoff genäht. Dafür benötigen Sie ein Rechteck von 29 cm Breite und 26 cm Länge. In der Länge werden die unteren Ecken abgerundet (s. Schnittmuster S. 139).

Versäubern Sie die Schnittkanten, und nähen Sie sie um (Abb. 50).

Ermitteln Sie die Mitte des Stoffes, schlagen Sie die schmale Nahtzugabe um und legen Sie den Stoff der Maria so um den Kopf, dass er straff um das Gesicht gespannt ist. Fixieren Sie den Stoff mit je einer Nadel am Hals. Nähen Sie die Stelle am Hals mit wenigen Stichen fest.

Am Hinterkopf legt man die Stoffweite zu einer Falte, diese führen wieder zum Hals. Die Falten werden rechts und links am Hals festgenäht. Im Nacken sind auch kleine Falten entstanden, nähen Sie diese ebenfalls fest (Abb. 51).

Maria hält das Kind immer im rechten Arm.

Jesuskind

Material
- Schlauchverband TG1
- rosafarbenen Trikot und weiße Trikotstreifen für den Körper
- für das Kleid weißen Baumwollstoff

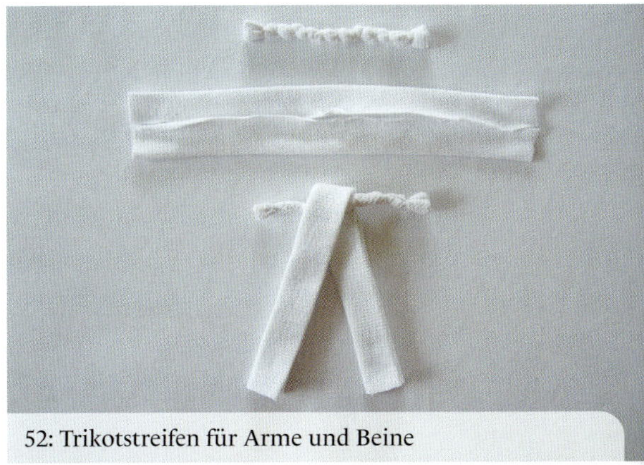

52: Trikotstreifen für Arme und Beine

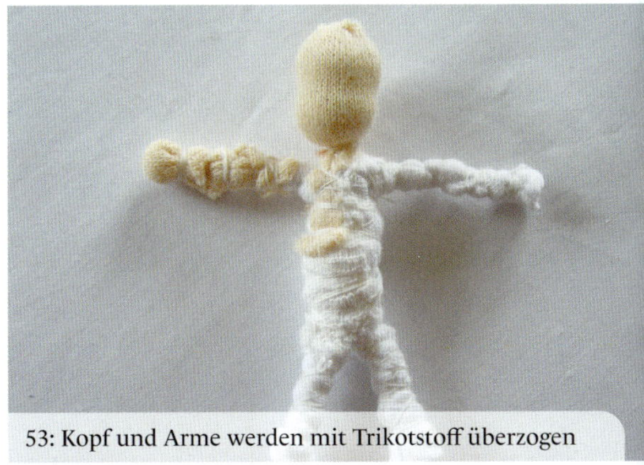

53: Kopf und Arme werden mit Trikotstoff überzogen

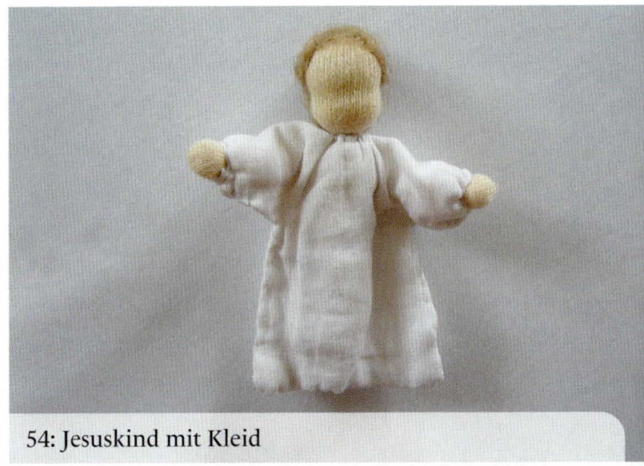

54: Jesuskind mit Kleid

Das Jesuskind wird mit Armen und Beinen hergestellt.
Als Erstes nähen Sie den Kopf. Dazu schneiden Sie sich vom Schlauchverband TG1 5 cm ab. Schließen Sie eine Öffnung und stopfen den Kopf mit Schafwolle. Der Kopf sollte eine Länge von 2 cm und einen Umfang von 5 cm haben.
Binden Sie die Augenlinie mit reißfestem Garn ab (s. S. 20 f.).
Die Arme und Beine entstehen durch Falten eines Trikotstreifens (Abb. 52, oben).
Für die Arme braucht man einen 5 cm breiten und 6,5 cm langen Trikotstreifen. Falten Sie jeweils die äußere Schnittkante zur Mitte und den Streifen dann noch einmal zusammen. So entsteht eine kleine Rolle. Mit reißfestem Garn wird die Rolle kreuzweise abgebunden.
Für die Hände rechts und links jeweils 0,5 cm freilassen. Überziehen Sie die Hände mit rosafarbenem Trikot.
Für die Beine brauchen Sie einen Trikotstreifen, der 6 cm breit und 13 cm lang ist. Falten Sie die Beine gleich wie die Arme. Diesen stabilen Streifen legen Sie mittig um die Arme und binden mit Garn den Bauch mit einer Länge von 2 cm ab. Erst jetzt werden die Beine kreuzweise straff abgebunden. Die Beine haben eine Länge von 3 cm (Abb. 52, unten).
Nach dieser Arbeit wird der Kopf mit Trikot überzogen und nochmals am Hals abgebunden. Schneiden Sie die Kopfhaut ein, sodass ein Vorderteil und ein Rückenteil entstehen können. Zwischen

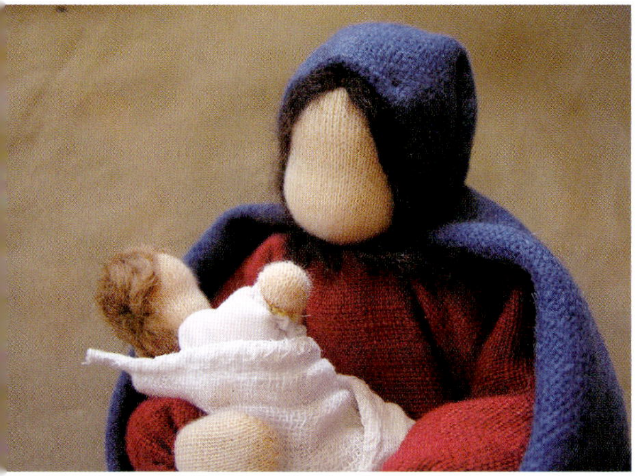

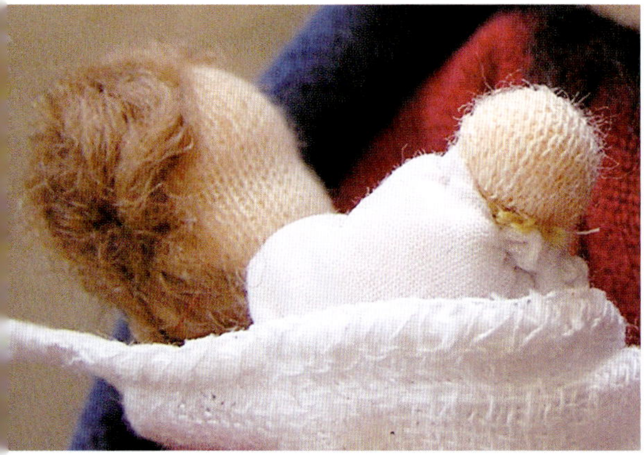

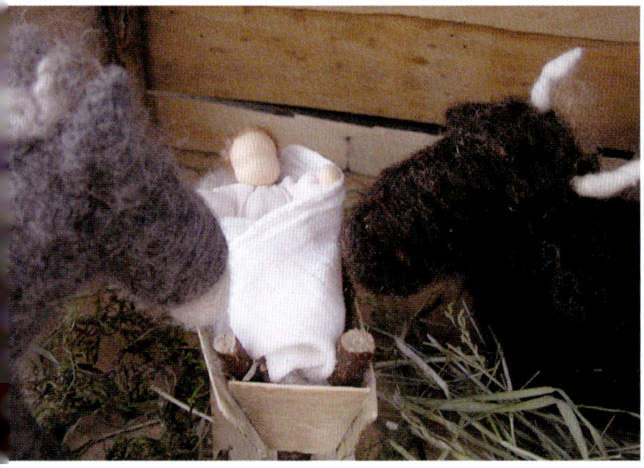

Vorder- und Rückenteil wird der Körper gelegt und mit festem Garn umwickelt und angenäht (Abb. 53).
Das Jesuskind braucht wenige goldgelbe Haare. Sie werden mit kleinen Stichen aufgenäht.
Das Kleid wird aus einem dünnen, weißen Baumwollstoff zugeschnitten (s. Schnittmuster S. 139).
Ziehen Sie das Kleid dem Kind an, und nähen Sie die Halsöffnung zu. Nach dieser Arbeit beginnen Sie an einem Handgelenk die Nahtzugabe einzuschlagen und mit kleinen Stichen das Kleid bis zum anderen Handgelenk zuzunähen (Abb. 54).
Das Jesuskind ist nun fertig und kann in eine Decke eingewickelt werden. Dafür brauchen Sie einen hellen Stoff – das kann eine alte Windel, ein Leinentuch oder ein dünner Wollstoff von 11 cm x 11 cm sein.
Legen Sie das Tuch so vor sich hin, dass eine Spitze nach oben zeigt, und legen Sie das Kind mit dem Kopf knapp unterhalb der Spitze hin. Schlagen Sie nun die Spitze an den Füßen nach oben und schlagen jeweils rechts und links die Ecken zur gegenüberliegenden Seite.
Mit einem dicken, passenden Wollfaden oder einer goldenen Schnur können Sie das Kind noch über Kreuz verschnüren.

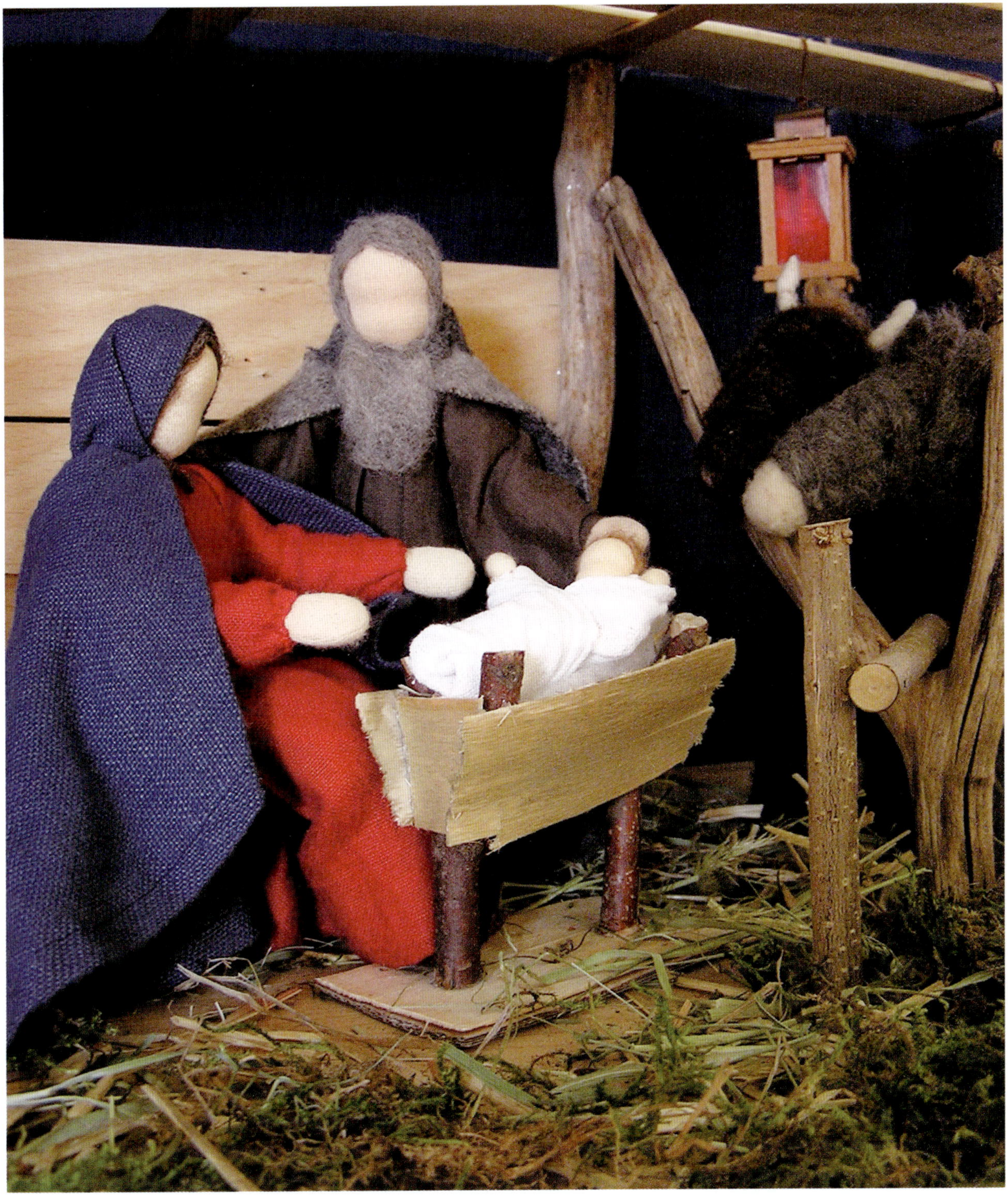

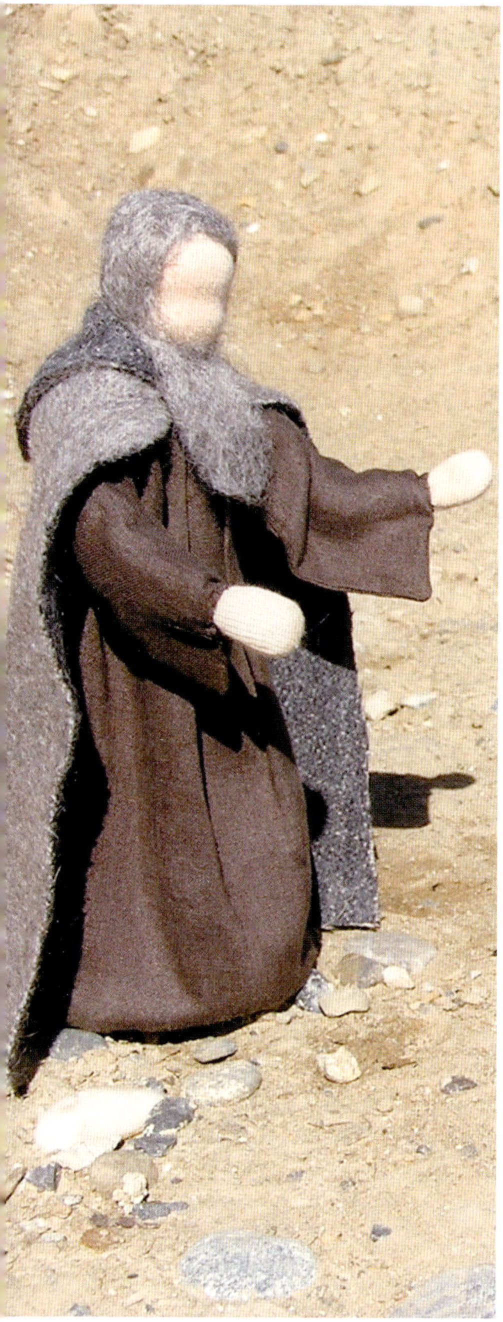

Josef

Der Überlieferung nach war Josef viel älter als Maria; von Beruf war er ein Zimmermann. Neben seiner kleinen Zimmerei unterhielt er auch eine bescheidene Landwirtschaft mit Schafen und Ziegen. Mit Fürsorge unterstützte er Maria.

Kleidung

Josef bekommt für sein Gewand einen einfachen Baumwollstoff oder einen feinen Wollstoff. Verwenden Sie Brauntöne, jedoch nicht zu hell und wenn möglich im Kontrast zum Mantel.
Aus dem Stoff, den Sie sich für das Gewand ausgesucht haben, schneiden Sie einen Streifen mit den Maßen von 15 cm Breite und 40 cm Länge zu.
Für die Ärmel schneiden Sie jeweils ein Rechteck von 9 cm Breite und 8 cm Länge zu. Achten Sie beim Zuschneiden auf den Fadenlauf, er ist senkrecht.
Den Stoffstreifen für das Gewand falten Sie zur Hälfte, sodass der entstandene Stoffbruch zur Schulternaht wird. Knipsen Sie den Stoffbruch rechts und links 1 mm ein. Am Ärmel die Längsseite halbieren und auch hier einen kleinen Knips in den Stoffbruch schneiden. Diese kleinen Knipse erleichtert Ihnen später die Näharbeit, da sie als Ansatzpunkte für die Ärmel dienen.
Als Nächstes wird die Halsöffnung eingeschnitten. Um einschneiden zu können, falten Sie das Gewand der Länge nach zur Hälfte und knipsen den Stoffbruch ein. Falten Sie das Gewand wieder auseinander, und schneiden Sie 3 cm in eine Längsrichtung ein. Diese Öffnung wird später auf dem Rücken der Figur liegen.

Ist das Gewand zugeschnitten, nähen Sie die Ärmel auf. Legen Sie den Ärmel mit der rechten Stoffseite auf die rechte Stoffseite des Gewandes. Beide Knipse müssen aufeinanderliegen. Jetzt können Sie den Ärmel aufnähen. Wichtig ist, dass Sie auf dem Ärmel und nicht auf dem Gewand nähen (Abb. 55).

Die Nahtzugabe bügeln Sie auf den Ärmel. Legen Sie das Gewand so zusammen, dass die rechte Stoffseite innen liegt und die Ärmel- sowie die Seitennaht gleichzeitig zusammengenäht werden können (Abb. 56).

Josefs Gewand bekommt Trompetenärmel, das heißt, die Ärmel hängen nach unten und sind nicht am Handgelenk eingekräuselt. Diese Ärmelform kommt auch beim blauen König und beim grünen König zur Anwendung. Der Unterschied zwischen dem normalen Ärmel und dem Trompetenärmel besteht darin, dass beim Trompetenärmel ein Winkel genäht wird, beim normalen Ärmel näht man dagegen nur geradeaus.

Beim Nähen lassen Sie am entstandenen Stoffbruch ein Schlupfloch von ca. 1 cm für die Hand. Beginnen Sie mit dem Nähen immer unterhalb des Schlupfloches, und führen Sie die Naht zur Achsel und weiter zum Rocksaum. Schneiden Sie die Nahtzugabe im Achselbereich ein. Wenden Sie das Gewand, und ziehen Sie es der Figur an. Nähen Sie das Gewand am Handgelenk rund um das Schlupfloch fest an (Abb. 57).

Die Ärmel sind sehr lang. Diese Weite legen Sie jetzt zu einer Falte. Nehmen Sie den Stoff mit beiden Händen zwischen Daumen und Zeigefinger und schieben ihn über die Zeigefinger zum Hals, dabei bleibt der Stoff glatt auf der Schulter liegen. Der Stoff sollte am Ärmel noch so locker sein, dass dieser beim Biegen des Armes nicht spannt.

Der Faltenbruch zeigt zum Hals. Fixieren Sie die Falten mit Stecknadeln. Nähen Sie die rückwärtige Öffnung zu. Lassen Sie dabei eine Seite glatt liegen, falten die andere Stoffkante etwas ein und legen es über den glatt liegenden Stoff. Nähen Sie dann mit kleinen unsichtbaren Stichen diese Naht zu.

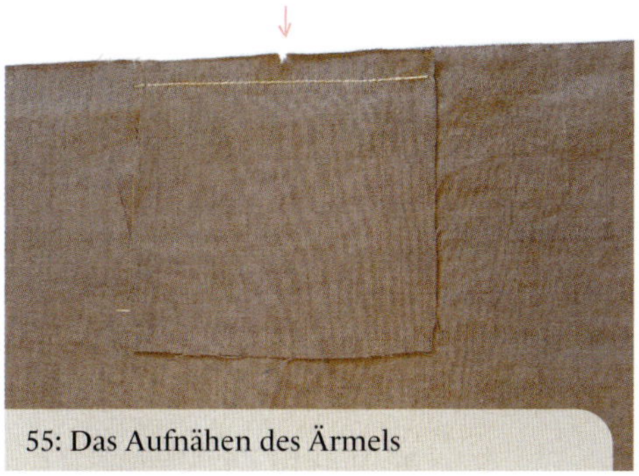

55: Das Aufnähen des Ärmels

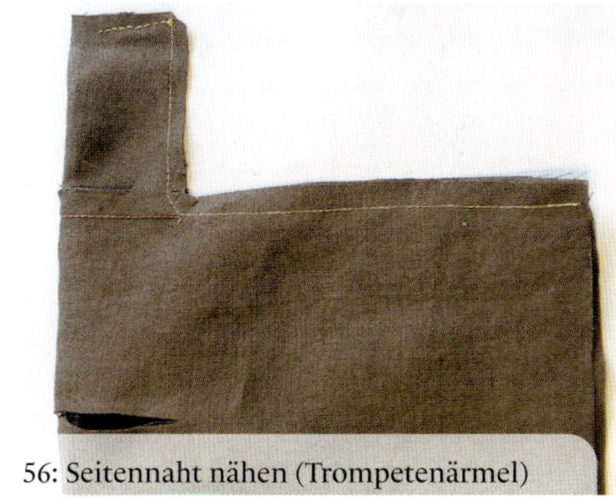

56: Seitennaht nähen (Trompetenärmel)

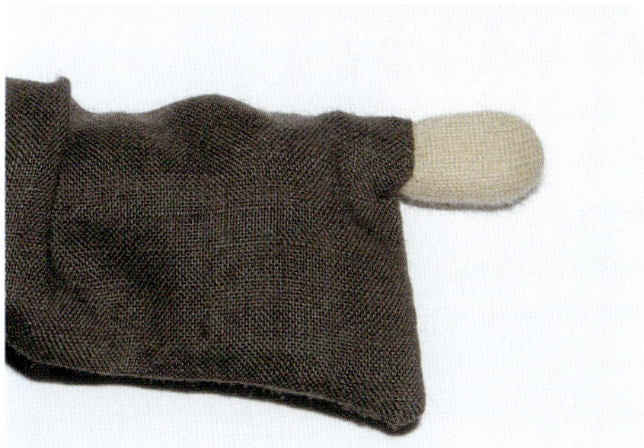

57: Ärmel Josef

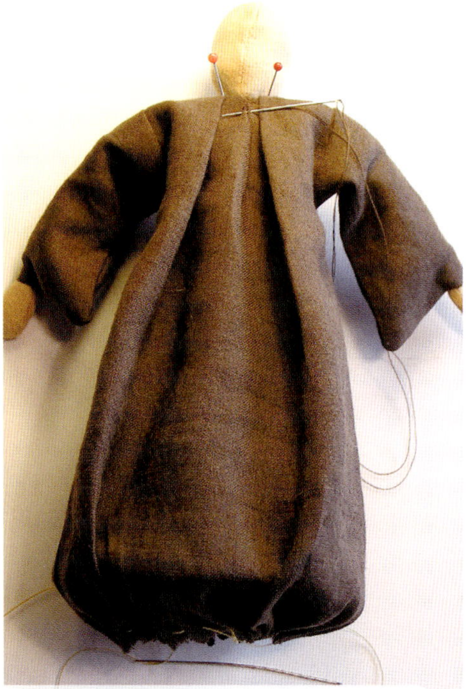

58: Gewand straff um den Standring legen

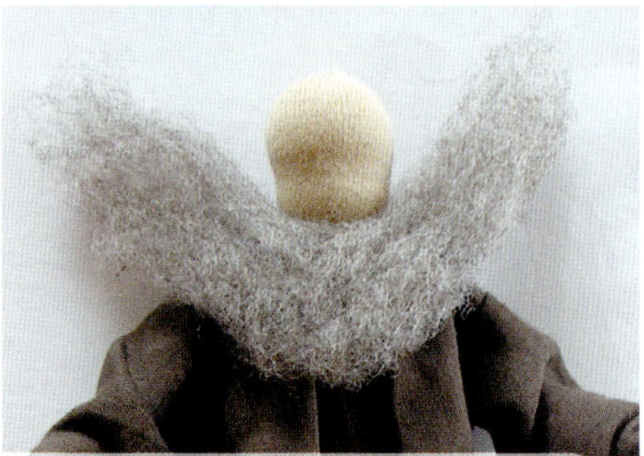

59: Anbringen von Bart und Haaren

Die zwei Falten werden am Rücken mit ein paar Stichen festgenäht.
Kräuseln Sie als Nächstes den Rocksaum ein und ziehen dies so zusammen, dass sich das Gewand straff um den Standring legt. Danach werden die Fäden gut vernäht (Abb. 58).
Aus dem Gewandstoff schneiden Sie einen Kreis zu, den Sie als Boden an die Figur nähen. Stellen Sie sie dazu auf den Stoff, und geben Sie 0,5 cm Nahtzugabe. Den Kreis in vier gleiche Teile falten und an den vier Punkten am Boden feststecken, dabei die Nahtzugabe einschlagen.
Nähen Sie anschließend den Stoffkreis mit kleinen Stichen am Gewand fest.

Haare und Bart

Für die Haare und den Bart grau-braun melierte Schafwolle mit einer Länge von 10 cm und 5 cm Breite verwenden. Reißen Sie diesen Wollstrang bis auf 3 cm (Bart) in der Mitte ein.
Legen Sie nun den Wollstrang so um das Gesicht, dass Sie den Bart am Kinn ansetzen und mit Nadeln fixieren (Abb. 59).
Die zwei losen Stränge werden an der Stirn über Kreuz gelegt und die Enden am Hinterkopf festgesteckt. So können Sie einen schönen Hinterkopf formen.
Die Haare werden mit kleinen Stichen kreuz und quer am Kopf angenäht.

Weitere Requisiten

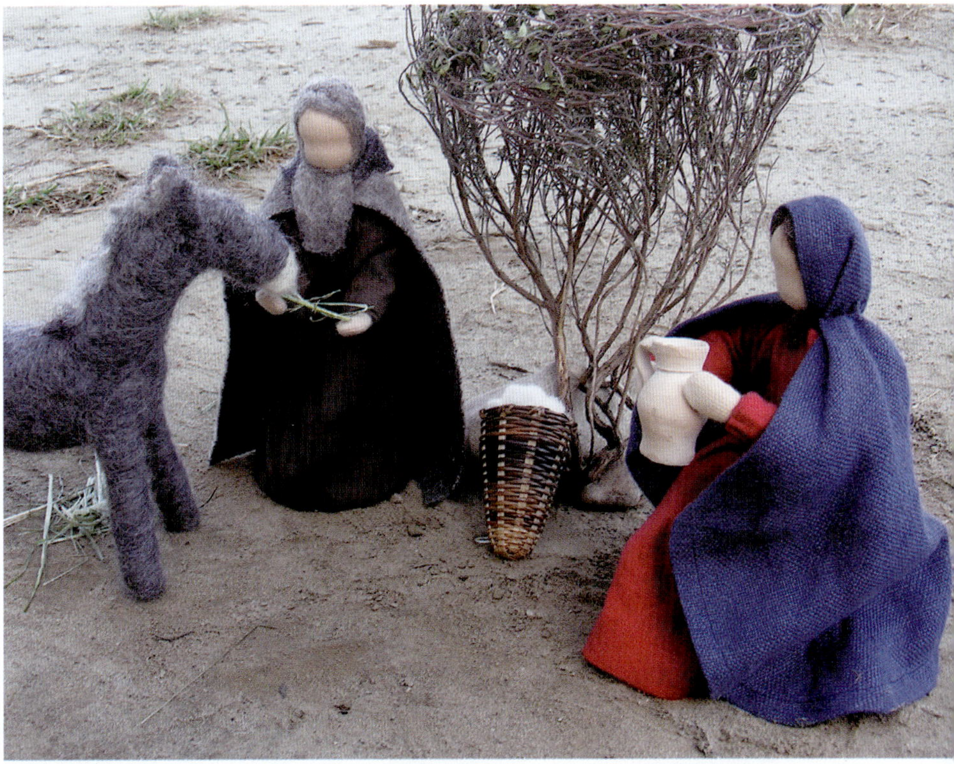

Mantel

Für den Mantel verwenden Sie melierte Wollstoffe. Schneiden Sie den Mantel nach der Mustervorlage zu (s. S. 139 und Abbildungen rechts) und kräuseln ihn im Nacken ein. Dann nähen Sie ihn an die Figur an. Josefs Haltung: Typisch ist die Geste, mit der er Maria die Hand auf die Schulter legt. Der Kopf wird so gebogen, dass er Maria und das Kind mit leicht geneigtem Haupt anschaut.

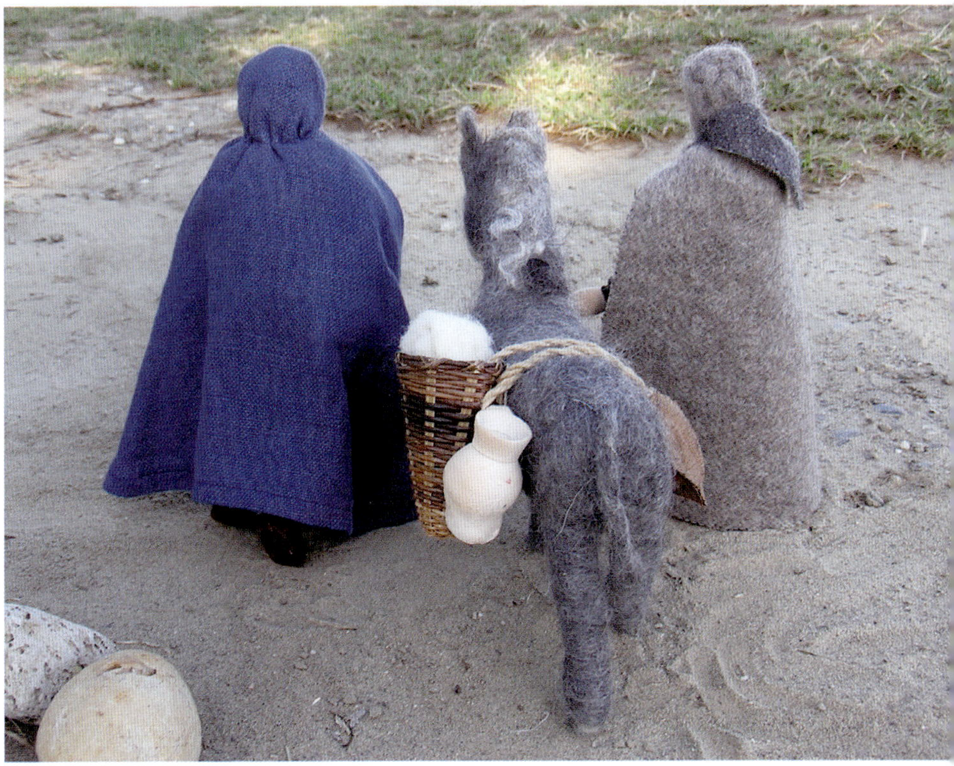

Josefsstab

Josef trägt in der linken Hand einen Stab. Suchen Sie sich dafür ein Ästchen mit einer Gabelung. Der Durchmesser ist ungefähr 0,8 cm bis 1 cm. Die Länge sollte 25 cm betragen.

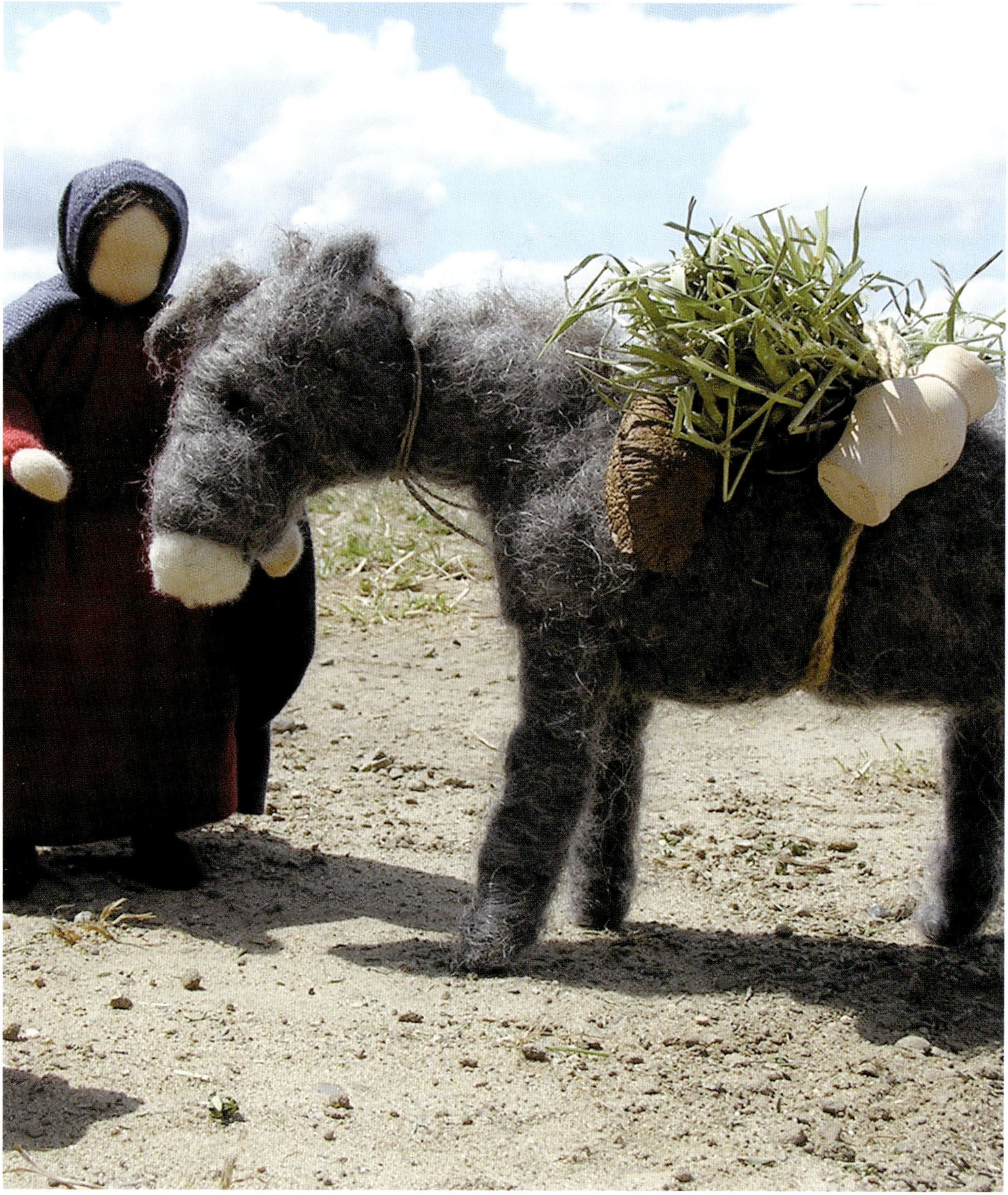

Esel und Ochse

Marias Esel

Marias Esel ist klein und struppig. Keiner wollte dieses störrische Tier haben (wie in *Marias kleiner Esel* erzählt), nur Maria fand den Esel wunderschön und hatte mit ihm keine Probleme. Sie liebte ihn so, wie er war.
Der Esel besteht aus einem Drahtgestell. Der Draht hierfür ist der 1,2 mm starke verzinkte Bindedraht. Die fertige Höhe für den Esel beträgt ca. 15 cm.
Beinlänge: 11 cm
Rückenlänge: 12 cm
Hals: 4 cm
Kopf: 4 cm
Abstand vom Rücken zum Rahmen: 3,5 cm

Als Erstes beginnen Sie mit den Vorder- und Hinterbeinen. Ein Bein wird 11 cm lang; da beide Beine an einem Stück gearbeitet sind, muss die fertige Länge 22 cm sein. Biegen Sie den Drahtanfang 12 cm um, so entsteht eine Drahtschlaufe. Dies ist das erste Bein. Verdrehen Sie den Draht ein paar Mal in sich. Dann legen Sie ihn zu einer zweiten Schlaufe und gehen mit dem Draht bis zu Mitte. Schneiden Sie nach 13 cm den Draht ab.
Die anderen Beine in gleicher Weise anfertigen, doch den Draht hier nicht abschneiden, sondern damit den Rücken formen; dieser hat eine Länge von 12 cm. Der Hals wird 4 cm lang. Daran schließt sich der Kopf an; er wird wie ein Ei geformt. Er ist 4 cm lang. Ein Rahmen gibt dem Gestell eine gute Stabilität.
Mit dem Rahmen beginnen Sie an einem Vorderbein. Wickeln Sie den Draht einmal um jedes Bein (Abb. 60). Messen Sie vom Rücken aus nach unten 3,5 cm ab.
Umwickeln Sie den ganzen Draht mit weißer Schafwolle, so kann später kein Draht sichtbar werden (s. auch Abb. 116, S. 82). Ich verwende als Untergrund

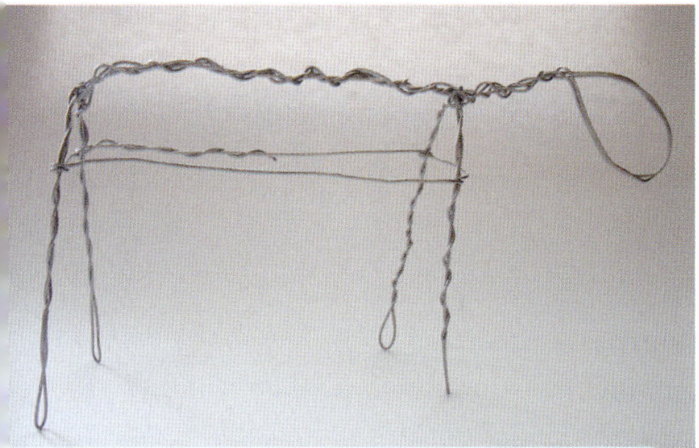

60: Das Drahtgestell für den Esel

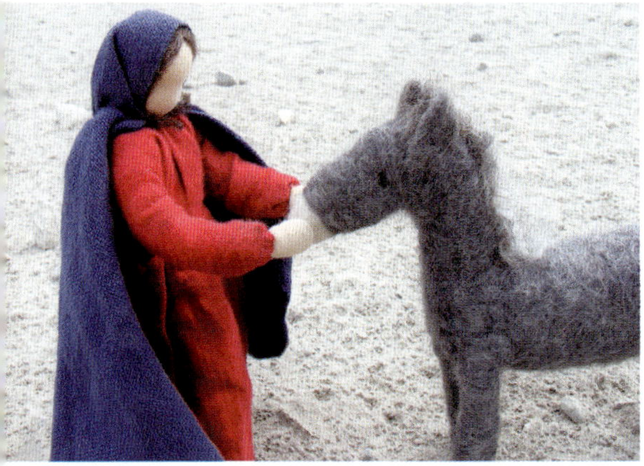

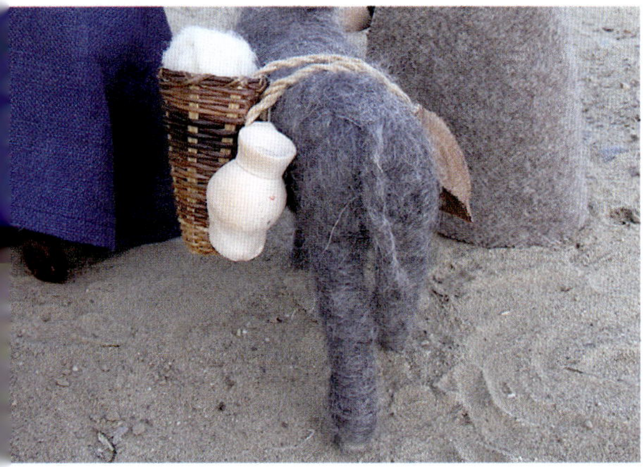

für alle Tiere weiße Schafwolle, da sie viel günstiger ist als farbige Wolle. Es ist wichtig, dass Sie das Tier mit der weißen Wolle nicht zu dick umwickeln, da noch die farbige Wolle darüberkommt.
Wickeln Sie sich eine Wollwurst mit einer Länge von ca. 11 cm und einem Durchmesser von ca. 4,5 cm. Stopfen Sie diese «Wurst» in den Rahmen. So ist schon ein schöner Bauch entstanden. Nehmen Sie jetzt dünne Wollstränge, und legen Sie sie Schicht für Schicht um die Beine und den Körper. Mit der Filznadel immer wieder filzen (dies muss nicht so stark sein, es reicht, wenn Sie jeweils einige Male einstechen und so das Ganze eine Form und einen Halt bekommt).
Am Kopf mit weißer Schafwolle die Schnauze formen und mit grauer Wolle überarbeiten – so leicht ist die weiße Schnauze entstanden. Auch hier in Form filzen.
Schauen Sie sich aus der Ferne Ihren Esel immer wieder an, so können Sie mit Abstand sehen, wo ihm noch eine Lage Wolle fehlt.
Zum Schluss bekommt der Esel ein Paar Ohren und einen Schwanz.
Die Ohren sind spitz und ca. 3 cm lang. Filzen Sie sie mit der Kopfplatte an einem Stück, das heißt, Sie nehmen einen langen Wollstrang und filzen erst das eine Ohr und dann das zweite. In der Mitte befindet sich die Kopfplatte; hier nur ein wenig mit der Nadel filzen. Die Kopfplatte mit den Ohren auf dem Kopf anbringen und schauen, wo die Ohren am besten sitzen. Die Kopfplatte kann jetzt am Kopf angefilzt werden.
Der Schwanz wird ca. 10 cm lang gefilzt; lassen Sie auch hier einen Hauch Wolle am Schwanz, damit Sie ihn am Rücken anfilzen können.
Die Augen werden mit schwarzer Wolle aufgestickt.
Für die Mähne graue oder schwarze Wolle verwenden. Die Wolle wird in 6 cm lange Stücke geschnitten und an Kopf und Nacken mit Nähgarn angenäht. Eventuell können Sie die Mähne noch in Form schneiden. Eine andere Möglichkeit wäre, Schafwollflocken aufzunähen.

Da Maria und Josef auch Gepäck hatten, bekommt der Esel noch zwei Weidenkörbe auf den Rücken.

Der Ochse

Der Ochse wird auf die gleiche Weise wie der Esel hergestellt, deshalb sind nachfolgend nur die Maße für das Gestell angegeben.

Beinlänge: 11,5 cm
Rückenlänge: 12,5 cm
Hals: 3 cm
Kopf: 4 cm

Der Ochse hat seitlich abstehende Ohren, sie sind 2 cm lang. Für die Hörner wird ein Blumendraht von 8 cm Länge abgeschnitten. Ein Horn ist 2,5 cm lang. Biegen Sie 1 cm des Drahtes um, legen in die Schlaufe weiße Wolle hinein und umwickeln das Horn. Anfang und Ende des Horns können Sie mit etwas Holzleim fixieren. Der Draht wird an der richtigen Stelle durch den Kopf geschoben, und das zweite Horn kann hergestellt werden.
Auf dem Kopf werden mit hellbrauner Wolle dem Ochsen ein paar Haare angebracht.
Schließlich bekommt auch der Ochse aus schwarzer Wolle Augen aufgestickt.

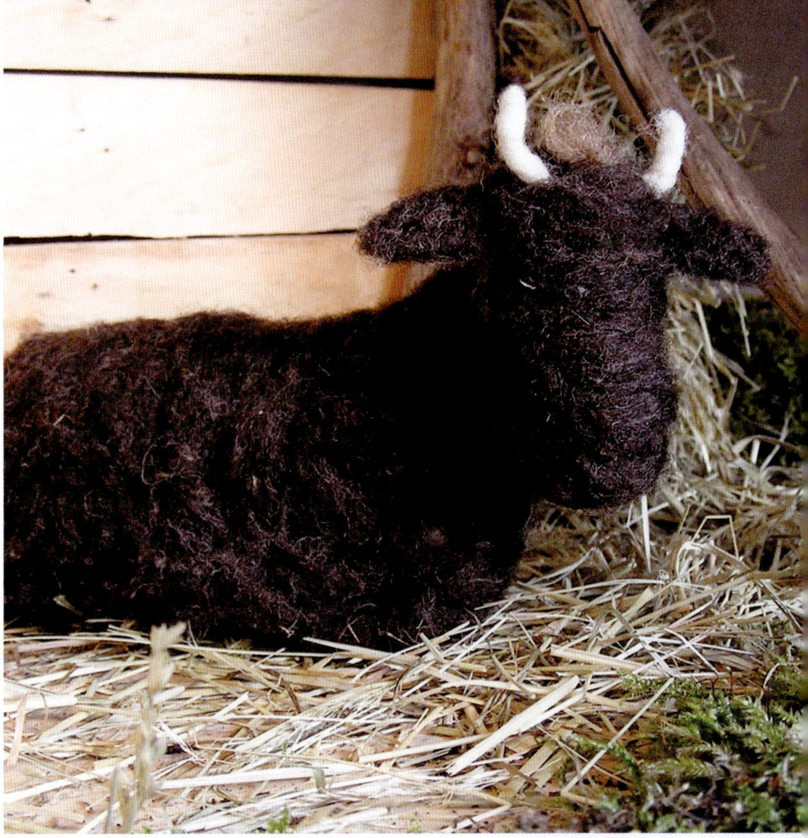

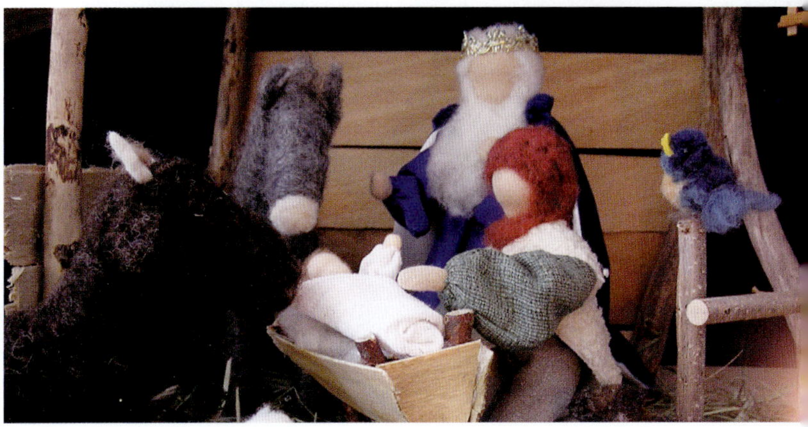

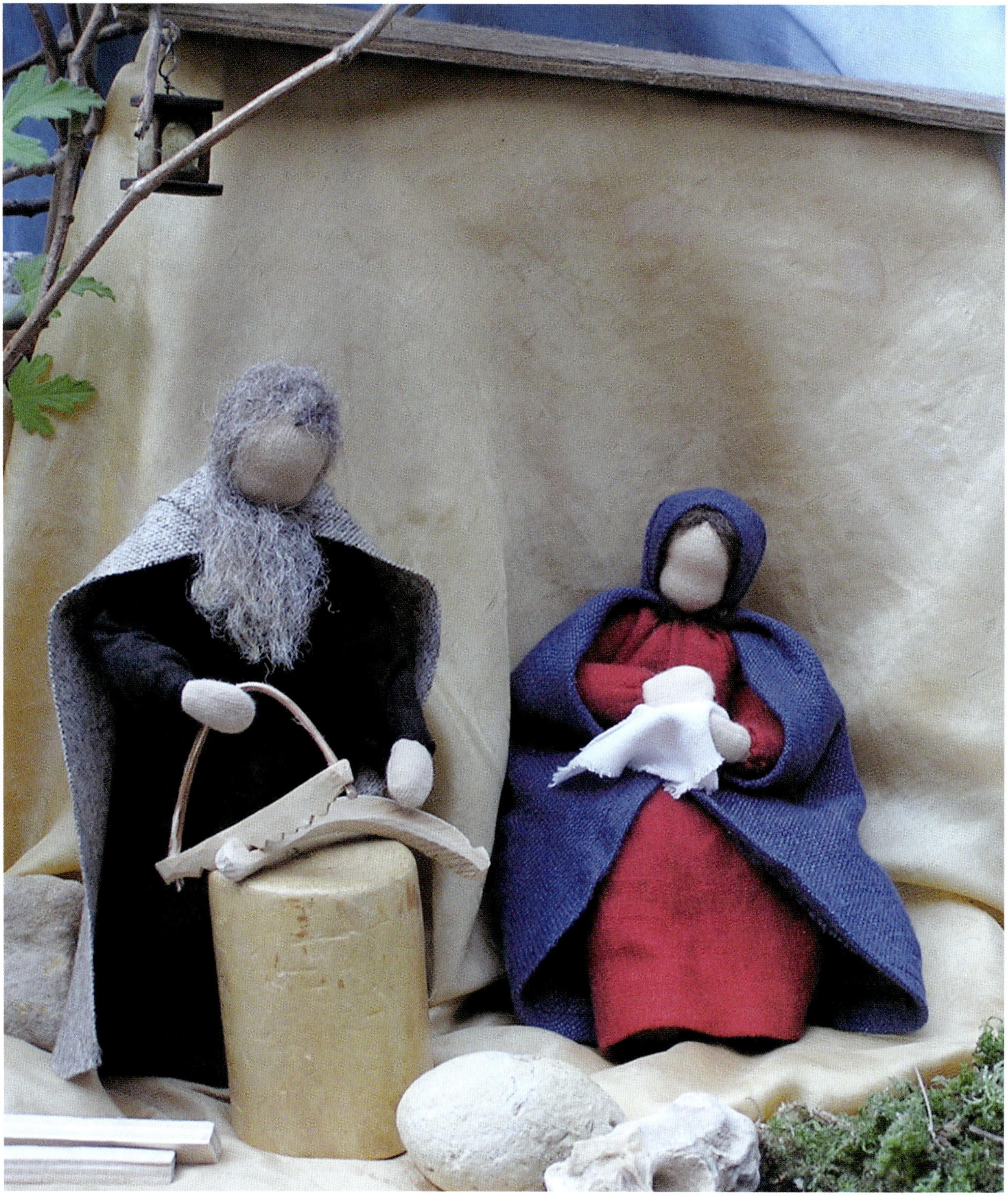

Stall und Krippe

Landschaftsgestaltung

Bei den folgenden Beispielen können auch handwerklich weniger erfahrene Menschen mit Fantasie und Kreativität eine Krippe herstellen.
Um den Charakter des ärmlichen Stalls oder einer Grotte bzw. Höhle darzustellen, sind nur wenige Asthölzer, Rinden oder eine Wurzel nötig. Der Ort sollte Ruhe, Geborgenheit und Andacht ausstrahlen. Denn die Figuren stehen im Vordergrund des Geschehens und nicht ein mit Details überladener Stall. Nur eine Laterne brannte hier, und neben dem Kind wachten Ochs und Eselein. Mit etwas Gefühl können Sie die Landschaft nachempfinden und nachgestalten. Die Hirten und später auch die drei Könige folgten einem wunderbaren Stern, der sie zum Kind führte. Diesen besonderen Raum können Sie mit Tüchern in Blau-, Braun- oder Grüntönen, mit Moos und Tannenzweigen, Steinen, Rindenstücken und Sand gestalten.

Gestaltung auf dem Jahreszeitentisch

Der Jahreszeitentisch wird mit dunkelblauen Seidentüchern ausgelegt. Zwei verschieden blaue Tücher hängen Sie in der Ecke des Tisches auf – eine Geste, die zeigt, dass alles vom Himmel kommt und von der Erde in Empfang genommen wird. In der linken Ecke stellen Sie eine Pflanze auf und dekorieren dort goldgelbe Tücher; sie sollen das warme Land darstellen. Maria und Josef leben und arbeiten in Nazareth. Josef ist in seiner Zimmerei und Maria mit Nähen beschäftigt. Sie läuft jeden Tag zum Brunnen und holt dort Wasser, deshalb werden die Tonkrüge in ihre Nähe gestellt. Maria hat auch Ziegen und ein paar Schafe. Die Tiere werden mit einem Zaun auf der linken Seite aufgestellt.

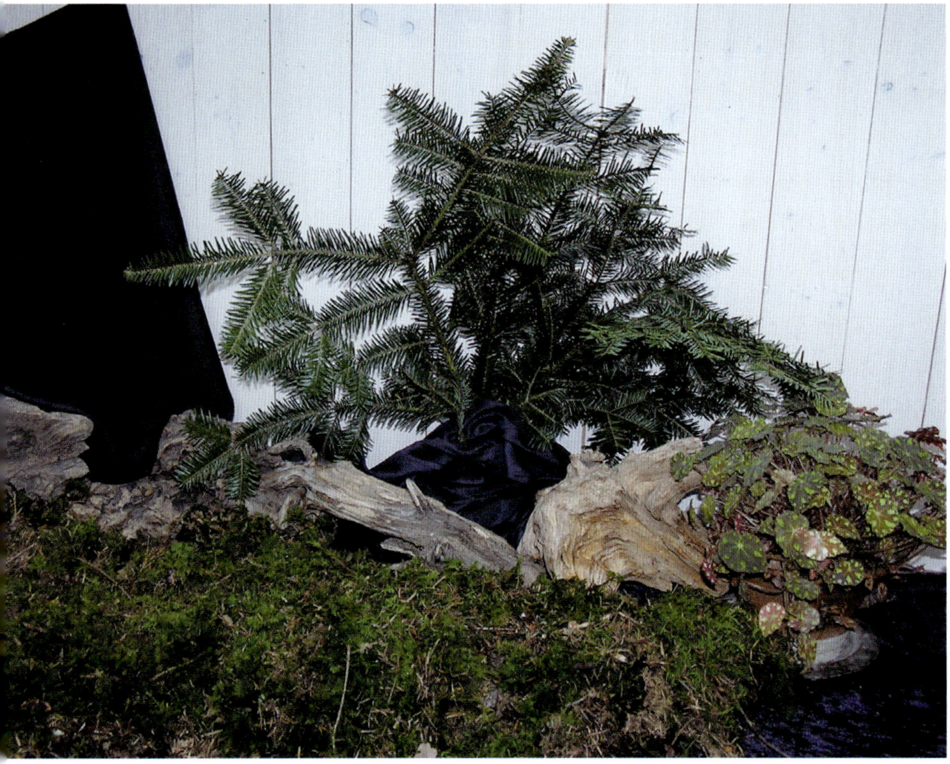

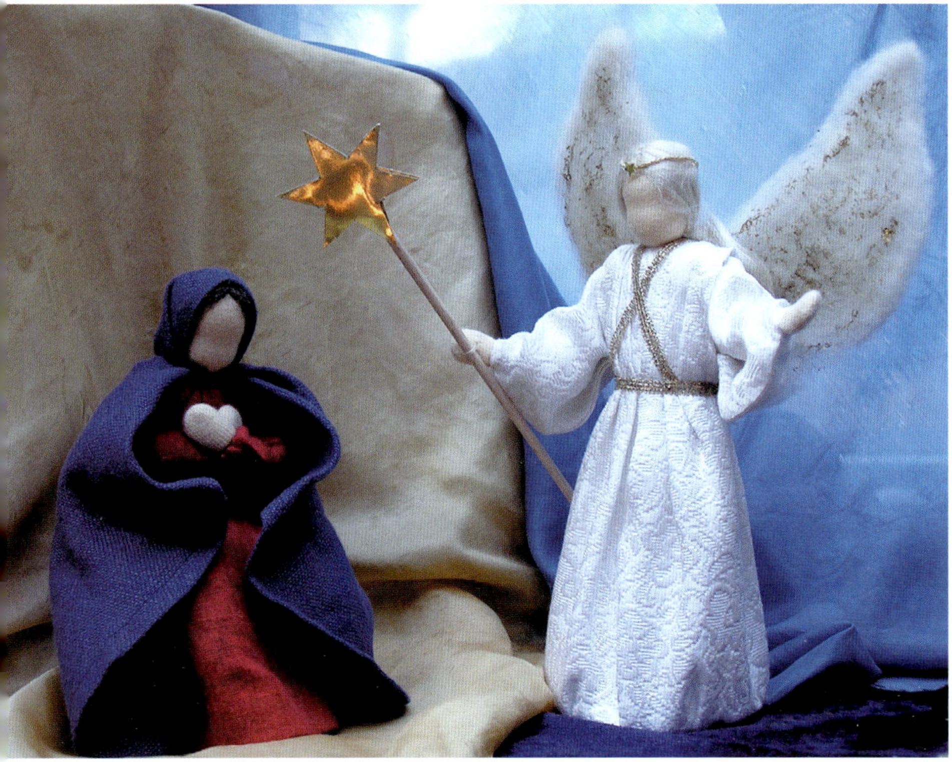

Josef kauft Maria einen störrischen, faulen Esel, da er für sein Geld keinen besseren bekommen kann (nach der Geschichte von Gunhild Sehlin, *Marias kleiner Esel*). Doch als sie ihn sieht, ist sie glücklich. Denn es ist der Esel, den sie am Brunnen getroffen und liebgewonnen hat. Er hat trotz der Hänseleien der anderen Tiere und Menschen seinen Kopf stolz erhoben. Nur Maria kann den guten Kern in ihm sehen. Der Esel wird auf dem Jahreszeitentisch noch etwas versteckt gehalten, bis Josef ihn am Ende der ersten Woche kauft.

Auf der rechten Seite wird das Feld für die Hirten dargestellt. Leben Sie sich in die Landschaft der Hirten ein, und gestalten Sie sie mit Wurzeln und Moos; in eine Blumenvase können Sie ein paar Tannenzweige stellen und die Vase mit blauen Tüchern abdecken. Die Hirten kommen gegen Ende der ersten Woche dazu; jeden Tag kann man einen Hirten und ein oder zwei Schäfchen dazustellen. Die Hirten werden auch in den nächsten Wochen immer wieder versetzt, und gegen Ende der Adventszeit rücken auch sie näher zum Stall.

Der Stall sollte hinten geschlossen sein, daher wird alles mit blauen

Tüchern abgedeckt. In den Stall legen Sie Heu und Stroh und stellen den Ochsen dazu.
Maria und Josef machen sich am 1. Advent auf den Weg nach Bethlehem.
Am Esel können Sie die Tonkrüge und einen Korb mit Lebensmitteln und den Kleidern für das Kind befestigen. Jeden Tag laufen die Figuren ein Stück dem Stall entgegen. Geleitet werden sie vom Engel; er steht am Ende des Weges und zeigt ihnen mit seinem Stern den Weg. Nach jedem Wegstück kann ein schöner Stern an diese Stelle gelegt werden.
Vom 1. Advent an wird jeden Tag ein Sternchen aus Metall an den Himmel über dem Stall befestigt. Zum Schluss hat man über dem Stall einen schönen Sternenhimmel.
Der Aufbau des Jahreszeitentisches richtet sich nach den vier Naturreichen der Schöpfung:

1. Woche Steine
2. Woche Pflanzen
3. Woche Tiere
4. Woche Mensch – Geburt Christi

Die Weihnachtsgeschichte wird im Matthäus-Evangelium anders erzählt als im Lukas-Evangelium. Während hier der Besuch der Hirten geschildert wird, berichtet das Matthäus-Evangelium von den drei priesterlichen Königen, die zum Kind ziehen. Deshalb wird die Hirtenkrippe zu Beginn des neuen Jahres oft durch eine Königskrippe ersetzt. Dazu wird der Jahreszeitentisch neu gestaltet: Es entsteht vielleicht eine Oase mit Palmen, Sand und Wüstenrosen (Sandrosen) und ein neuer Stall aus Granitsteinen (s. S. 37). Es ist gut, die Krippe und die Hirten nicht abrupt verschwinden zu lassen; man kann die Hirten ab dem 26. Dezember zurücklaufen lassen, damit sie sich wieder um ihre Tiere kümmern können. Bis zum Jahresanfang sind sie dann nicht mehr zu sehen.
Die neue Landschaft sollte ohne die Kinder gestaltet werden, eventuell wieder als Überraschung. Räumen Sie den ganzen Tisch ab, und verwenden Sie hellblaue Tücher für den Tisch; auch der Himmel bekommt hellblaue Tücher, denn die Tage werden wieder heller und länger. Auf das hellblaue Tuch streuen Sie Vogelsand und deuten mit den Granitsteinen in Form eines Halbkreises das neue Haus an; mit Palmen, Disteln und Wüstenrosen verschönern Sie die Landschaft. Setzen Sie die drei Könige mit Elefant und Kamel oder Dromedar

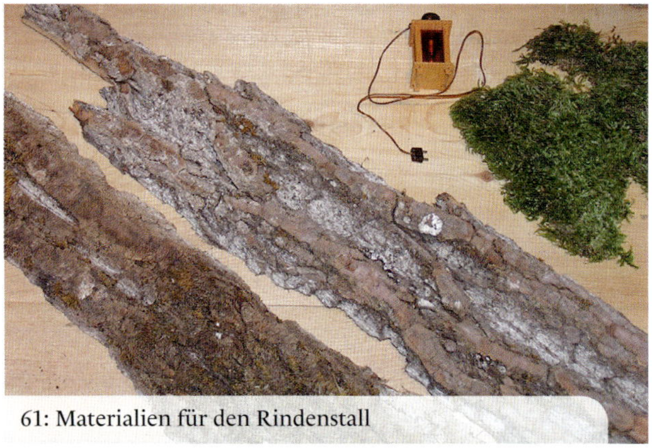

61: Materialien für den Rindenstall

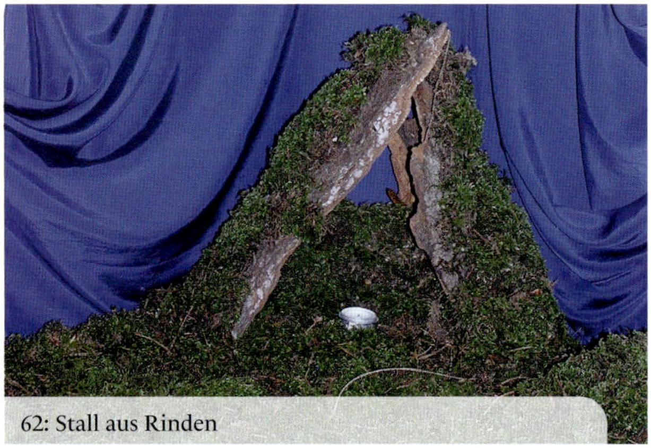

62: Stall aus Rinden

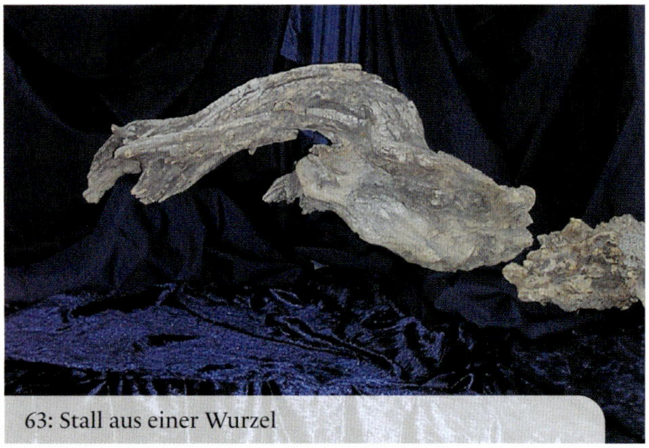

63: Stall aus einer Wurzel

hinein, und lassen Sie auch hier die Figuren zum Haus wandern. Maria erhält inzwischen einen goldenen Reif um den Kopf – als Zeichen ihrer Würde.
Am 6. Januar kommen Caspar, Melchior und Balthasar zum Kind und übergeben Gold, Myrrhe und Weihrauch. Sie bleiben etwa zwei Tage und gehen dann auf der linken Seite zurück ins Morgenland. Maria und Josef machen sich auf der rechten Seite auf den Weg nach Ägypten und laufen so lange, bis die Geschichte «Marias kleiner Esel» zu Ende ist und die beiden in Nazareth ankommen. Dann kann der Jahreszeitentisch neu gestaltet werden.

Rinden- oder Wurzelstall

Suchen Sie für einen Rindenstall in der Natur nach dicken, langen Rindenstücken, Moos und Stroh (Abb. 61). Stellen Sie diese gegeneinander auf, sodass sie gut stehen und nicht umkippen können. Eventuell mit der Heißklebepistole fixieren. Legen Sie Heu und Stroh in den Stall, und arrangieren Sie Maria und Josef sowie die Tiere. Als Rückwand können Sie entweder das blaue Tuch vom Himmel verwenden, oder Sie stellen Rinden als Rückwand auf (Abb. 62).
Für einen Wurzelstall suchen Sie sich eine Wurzel mit einer schönen Rundung (Abb. 63 und 64). Achten Sie darauf, dass die Höhe zu Ihren Figuren passt. Gegebenenfalls müssen Sie die Wurzel anstücken.

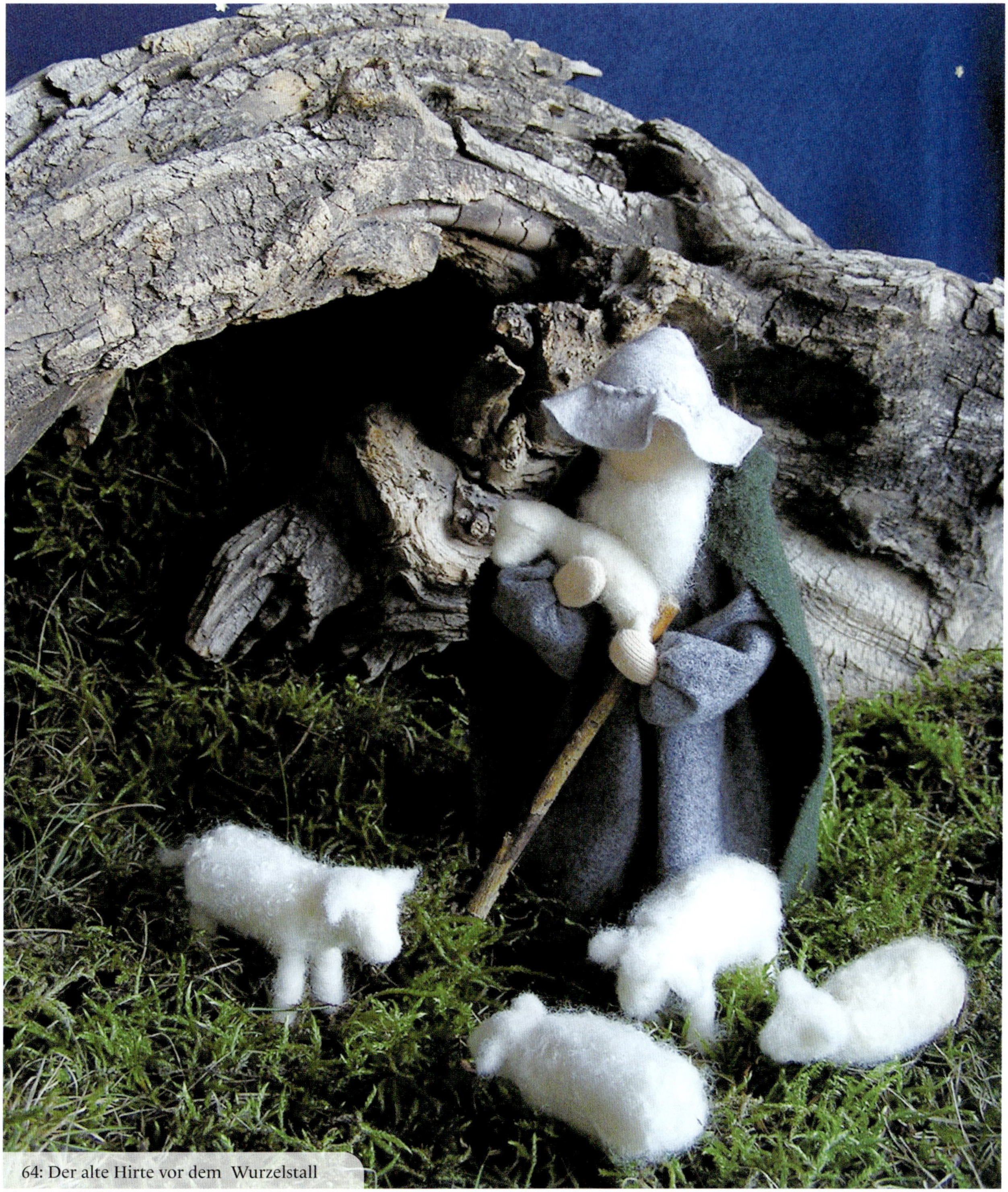

64: Der alte Hirte vor dem Wurzelstall

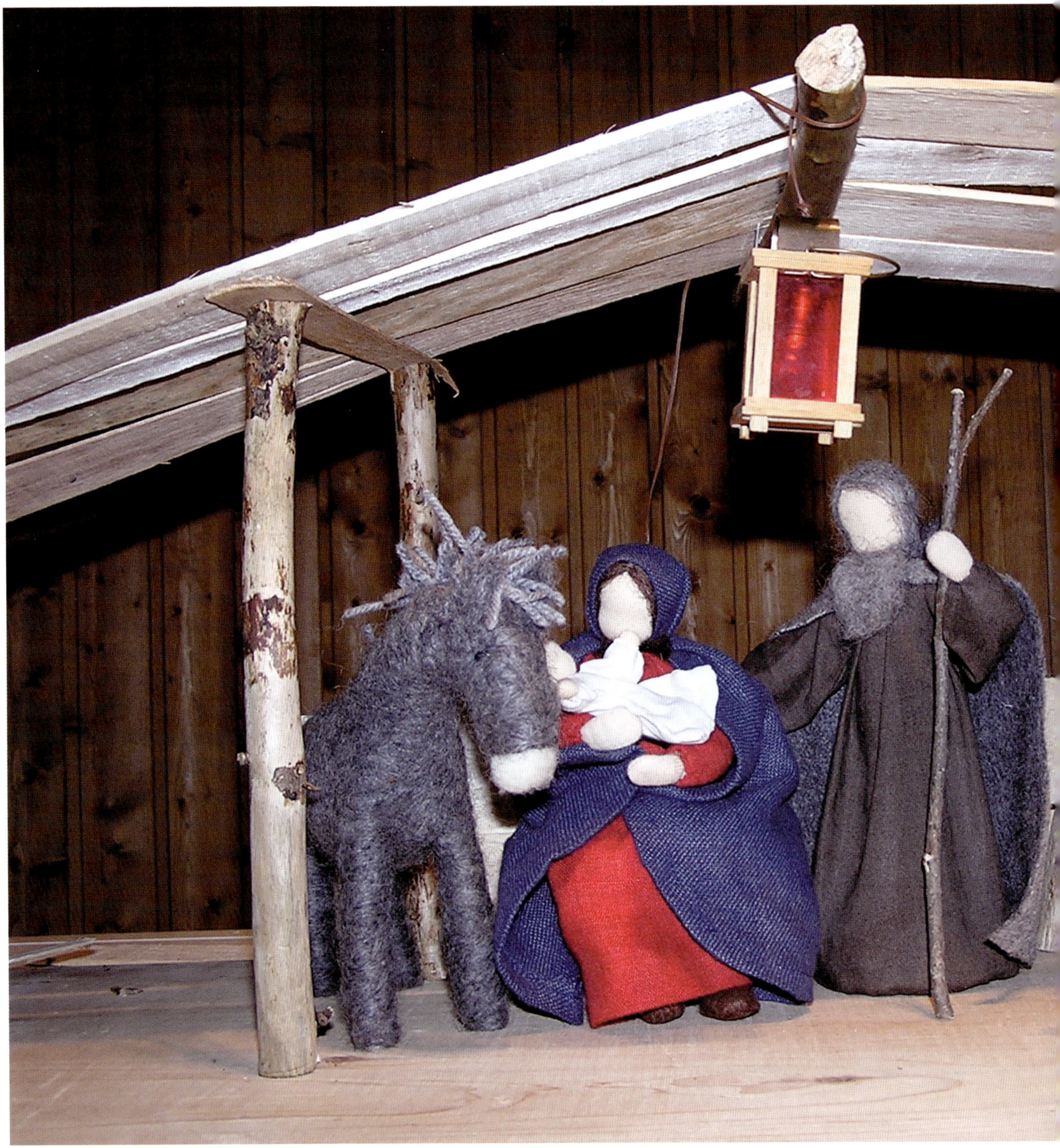

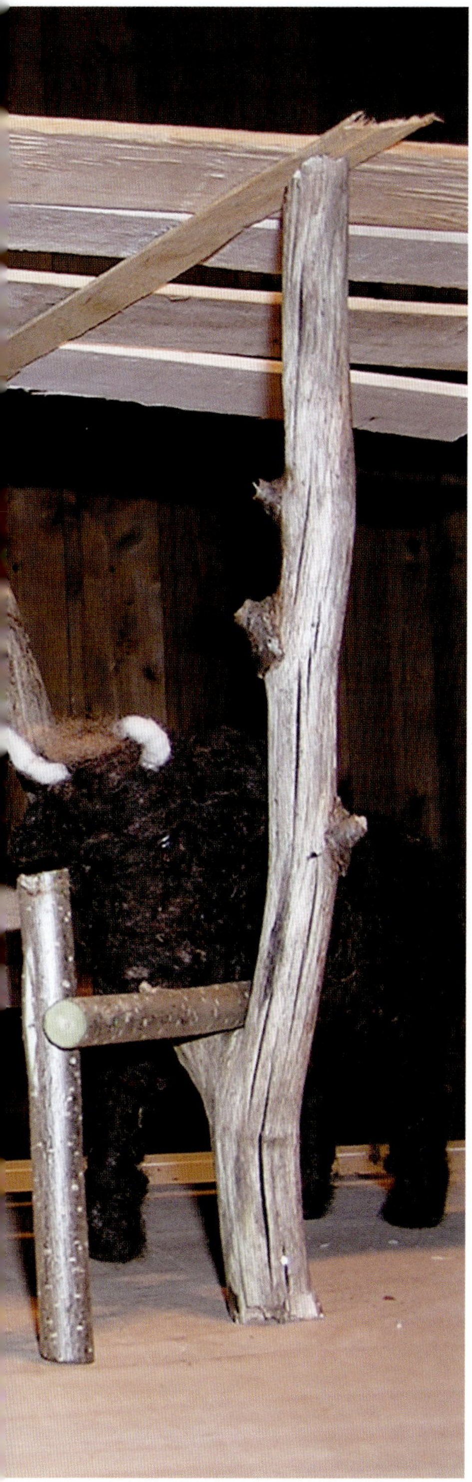

Stall aus Asthölzern

Material (Abb. 65)

- Asthölzer und Astgabeln
- Obstkisten
- ein Brett als Unterlage
- Moos und Stroh

Das Brett kann etwa 60 cm breit und 45 cm tief sein. Das ist selbstverständlich nur ein Richtwert; Sie können einfach schauen, was Sie zu Hause finden. Es ist wichtig, das Sie die Figuren auf das Brett stellen und dann sehen, wie Sie den Stall anordnen möchten (Abb. 66). So kann ein ganz individueller Stall entstehen. Die Arbeit an der Krippe ist für Jungs und Väter ein sehr schönes gemeinsames Erlebnis.

Beginnen Sie damit, an den Nägeln die Nagelkuppen abzuzwicken, so ist es nicht notwendig, Löcher für die Eckpfosten zu bohren (Abb. 67).

Sägen oder schneiden Sie die Asthölzer mit einer Baumschere zurecht. Ich habe für meinen Stall eine unterschiedliche Seitenhöhe gewählt: rechts ca. 29 cm und links 24 cm. Es sind nur Richtwerte, Sie können diese Maße nach Belieben verändern.

Jeweils für einen Eckpfeiler einen Nagelstift in das Brett nageln. Das Astholz mit Holzleim versehen und auf den Stift nageln. So ist das Grundgerüst für den Stall entstanden. Als Stabilisierung für das Dach wird auf dem Gerüst rechts und links je eine abgebrochene Spanholzleiste aufgenagelt. So kann später auf dieser Leiste das Dach aufgeklebt werden (Abb. 68 und 69).

Danach kann mit dem Dach begonnen werden. Hierfür brauchen Sie ein gerades Astholzstück. Die Länge ermitteln Sie, indem Sie das Holzstück über das Gerüst halten und schauen, wie breit das Dach werden soll. Auf das gerade Holzstück werden die Dachlatten genagelt (Abb. 70 und 71). Das Dach wird an den vier Eck-

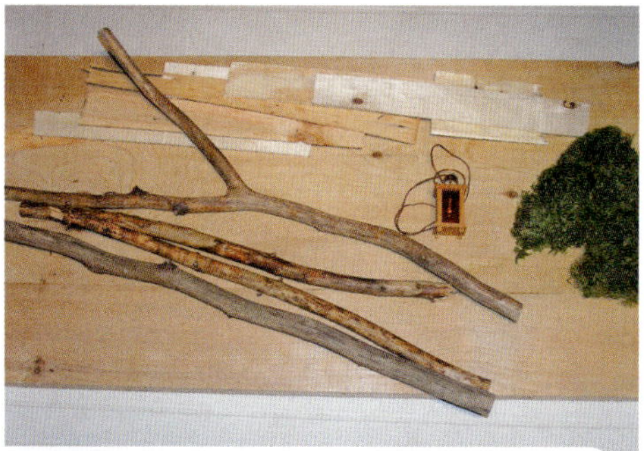

65: Material für den Stall

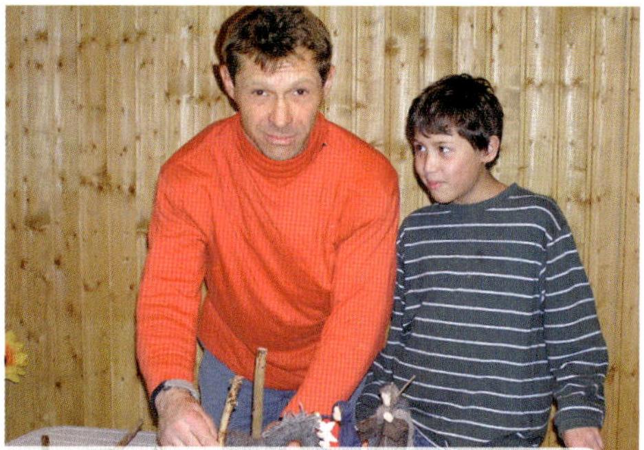

66: Ausmessen des Stalls

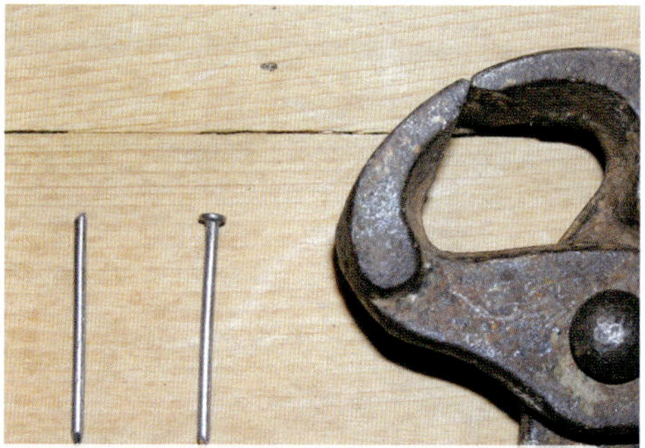

67: Nägel bearbeiten

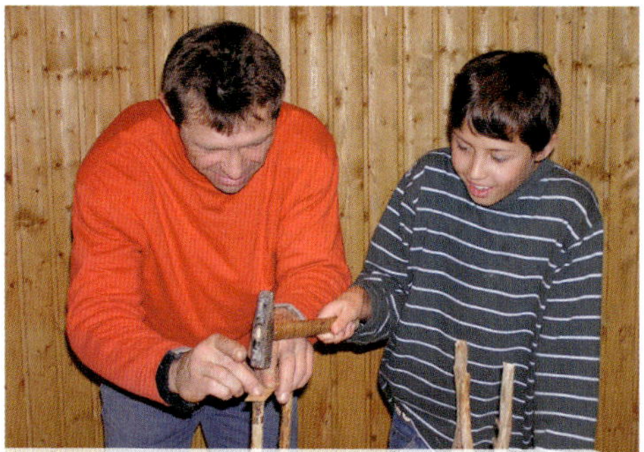

68: Aufnageln der Dachleiste

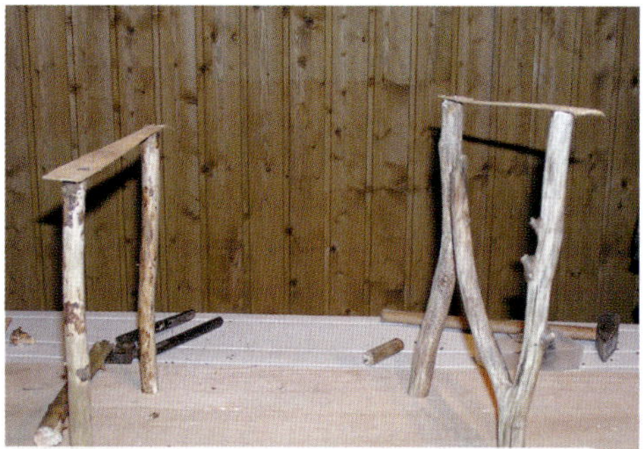

69: Eckpfeiler mit Dachleisten

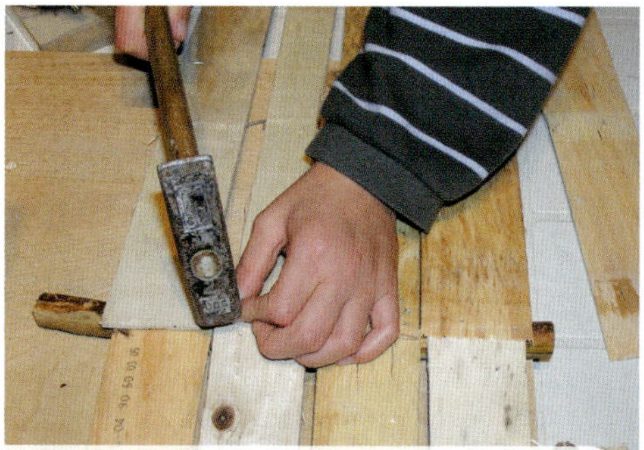

70: Dachlatten auf das Astholz nageln

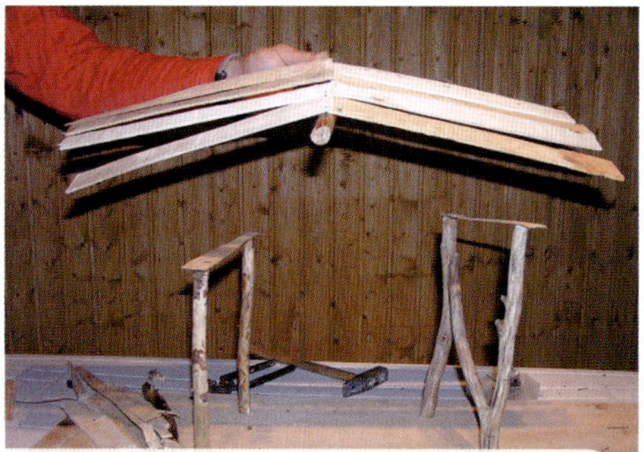

71: Das Dach wird auf das Gerüst gesetzt

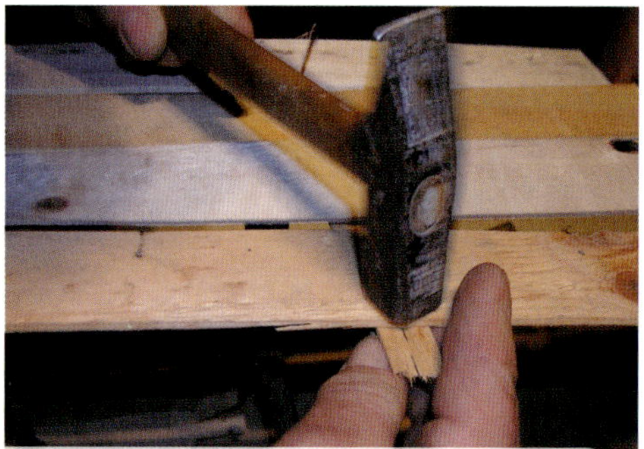

72: Dach auf die vier Eckpfeiler nageln

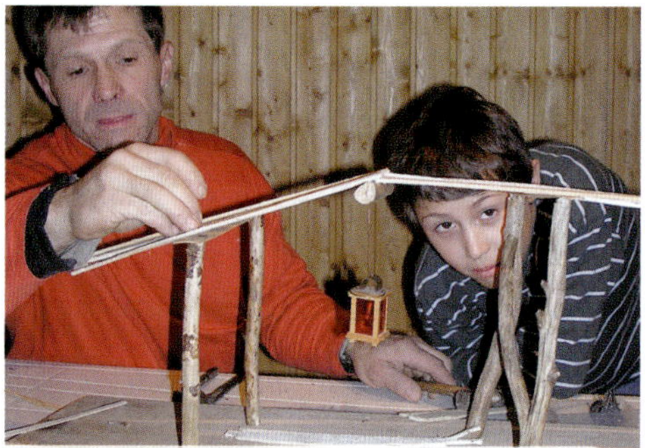

73: Fixieren der Dachlatten

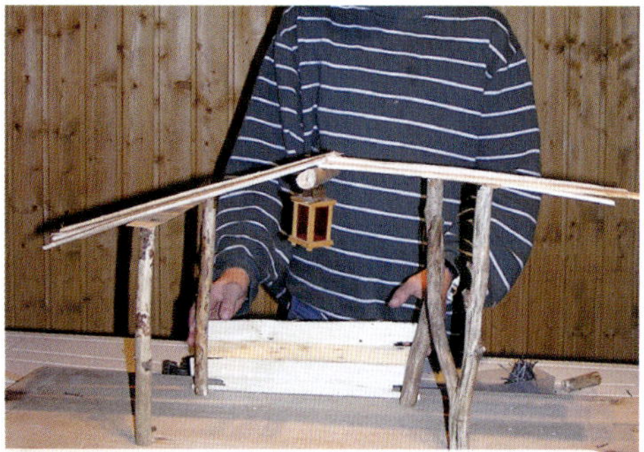

74: Anbringen der Seitenwände

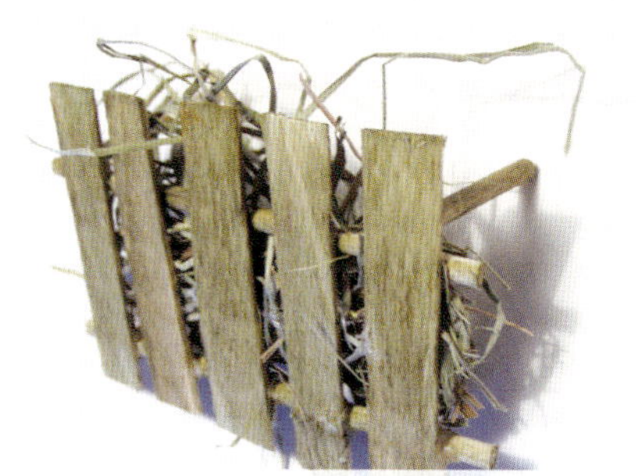

75: Futterkrippe für Ochs und Esel

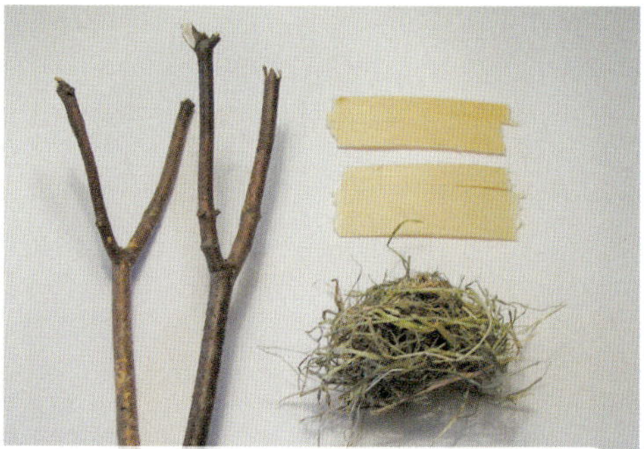

76: Material für die Krippe

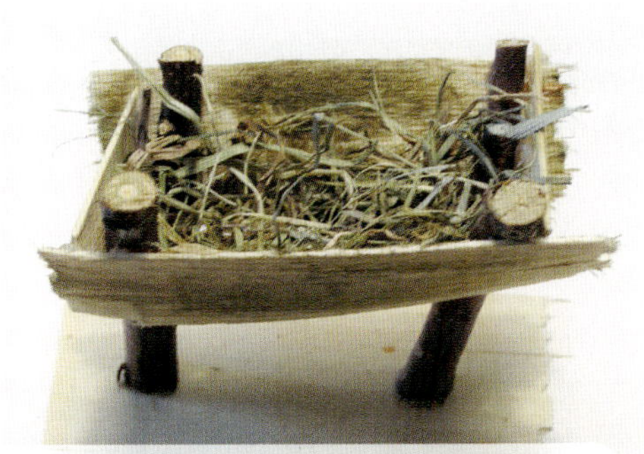
77: Die Krippe

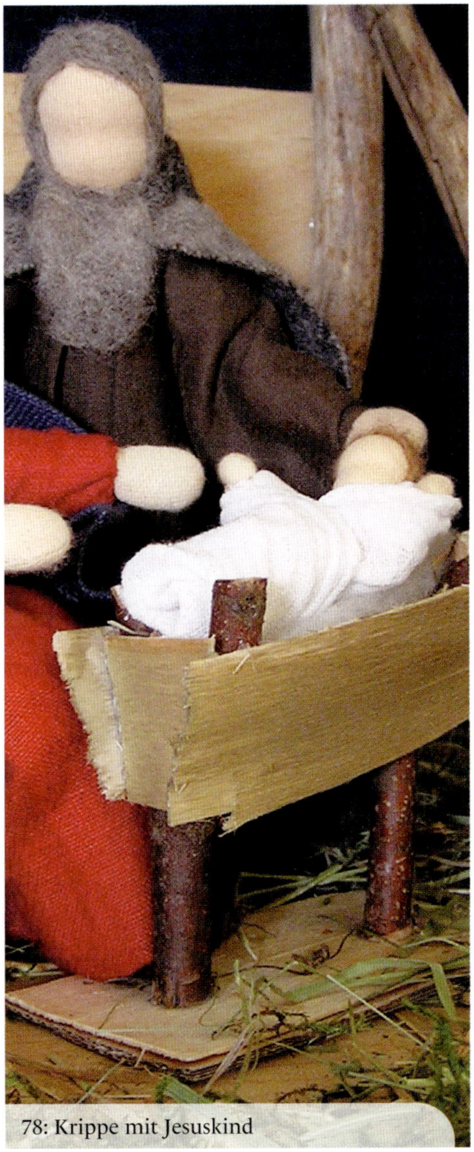
78: Krippe mit Jesuskind

pfeilern aufgenagelt, und die anderen Latten können Sie mit der Heißklebepistole fixieren (Abb. 72).
Bringen Sie dann eine Stalllaterne an. Sie müssen mehrere Positionen ausprobieren, bis die richtige Stelle gefunden wird (Abb. 73).
Der Stall ist nun fast fertig, es fehlen nur noch die Seitenwände. Diese werden einzeln angepasst. Sie nehmen eine Latte von einer Obstkiste, halten sie an die Seitenwand und brechen sie entsprechend der Länge ab. Dann kleben Sie sie mit der Heißklebepistole an die Stelle (Abb. 74) oder nageln sie mit kleinen Nägeln an. Jetzt können Sie die Figuren in den Stall stellen.

Futterkrippe für Ochs und Esel

Ein Schaschlikspieß dient als Querverbindung für die Futterkrippe; darauf kleben Sie kleine abgebrochene Holzleisten. Mit Wasserfarben können Sie anschließend das Holz noch anmalen (Abb. 75).

Krippe für das Jesuskind

Die Krippe wird 7 cm hoch und 9 cm lang. Kleben Sie die Holzbrettchen an die Astgabel, und messen Sie sich die Seitenteile je nach Astgabel ab (Abb. 76). Kleben Sie auch diese auf. In die Krippe Heu oder Stroh legen (Abb. 77).
Nun kann das Jesuskind in die Krippe gelegt werden (Abb. 78).

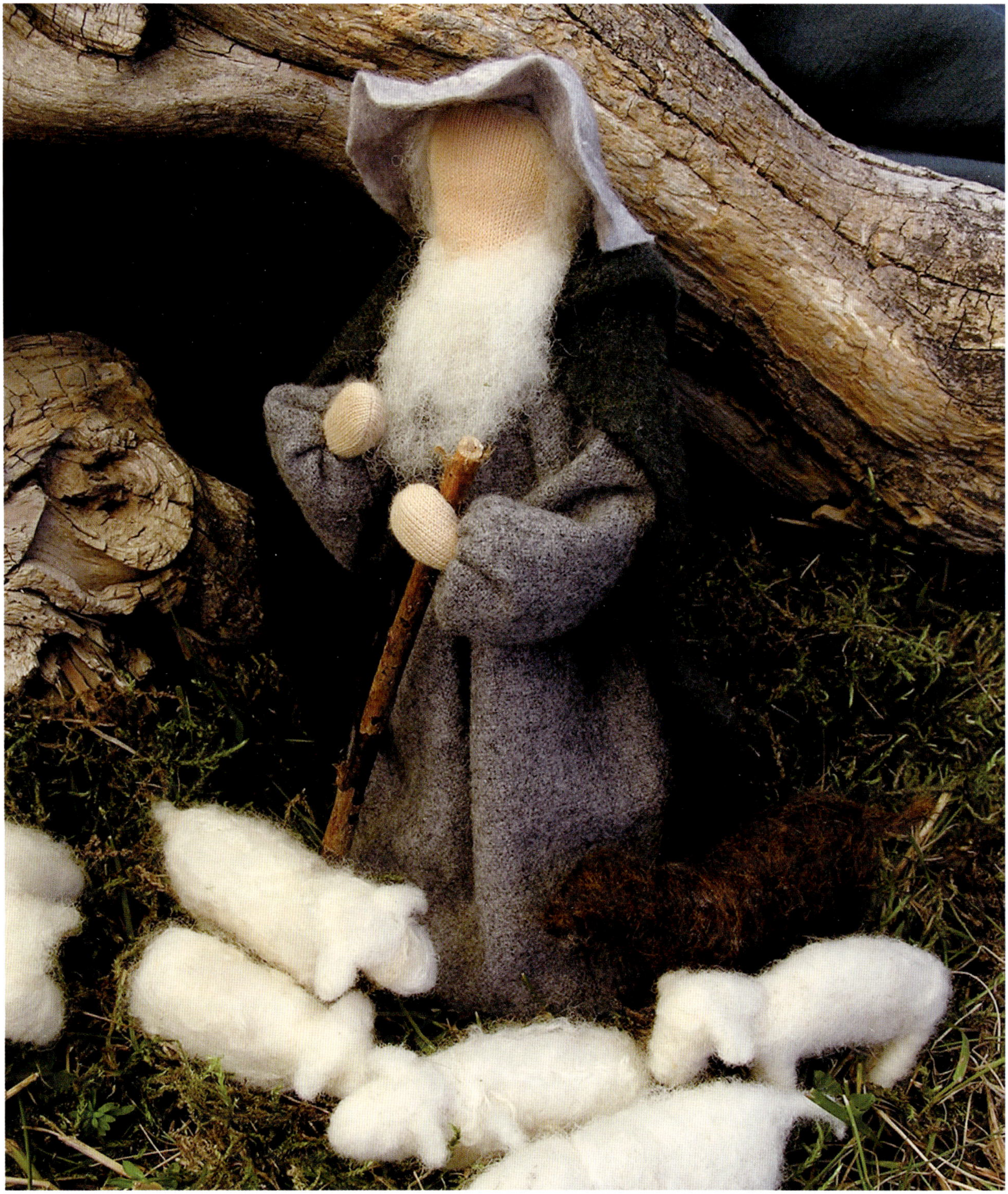

Alter Hirte, Schaf und Hund

Alter Hirte

Dieser Hirte ist ein alter, leicht gebückter Mann, der im rechten Arm ein Lämmlein trägt (s. Abb. 64, S. 55). Für das Gewand bietet sich ein Baumwollstoff oder ein weich fallender Wollstoff an. Sie können alle gedeckten Grüntöne oder Grautöne verwenden, aber nicht Braun. Für den Mantel habe ich einen Lodenstoff in Grün genommen.

Stellen Sie ein Drahtgestell als Standfigur her, und fertigen Sie das Gestell so weit, dass Sie anschließend mit dem Gewand beginnen können. Schneiden Sie ein 15 cm breites und 40 cm langes Gewand zu.

Genäht wird das Gewand bis auf die Ärmel, wie es ausführlich beim Josef beschrieben wurde (S. 42f.). Die Ärmel werden nicht als Trompetenärmel genäht, sondern als normale, gerade genähte Ärmel. Am Handgelenk wird die Nahtzugabe eingeschlagen; auf der Bruchkante wird der Ärmel mit Heftstichen eingekräuselt und dann angenäht.

Gürtel: Der alte Hirte wird mit einer Wollkordel gegürtet. Die Farbe wählen Sie im Kontrast zum Gewand.

Haare und Bart: Der alte Hirte hat graue Haare und einen Bart. Nähen Sie die Haare und den Bart nach dem Prinzip an, wie es beim Josef beschrieben wurde (S. 44).

Der alte Hirte stützt sich mit der linken Hand auf seinen Hirtenstab. Dieser hat eine Länge von ungefähr 12 cm und einen Durchmesser von 0,8 bis 1 cm.

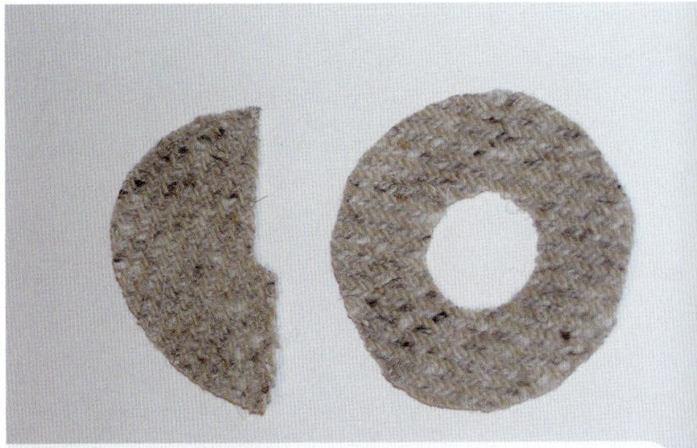

79: Hirtenhut

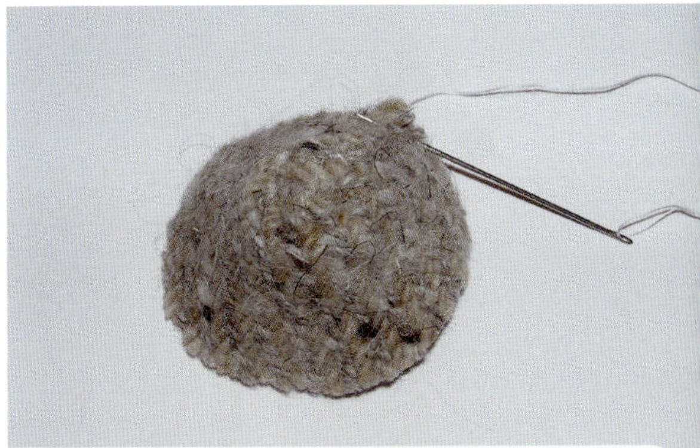

80: Zusammennähen des Hutoberteils

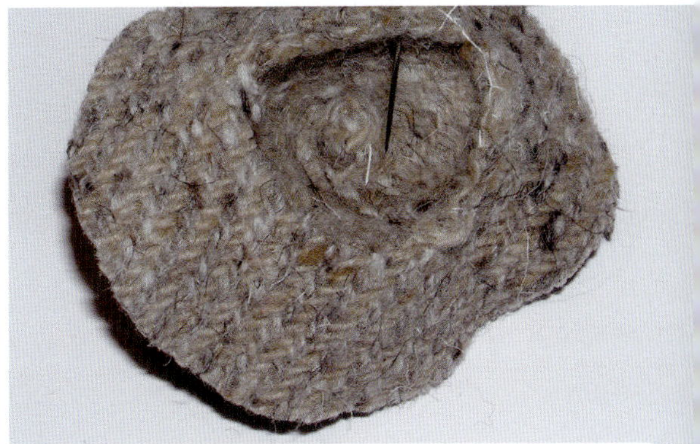

81: Die Krempe annähen

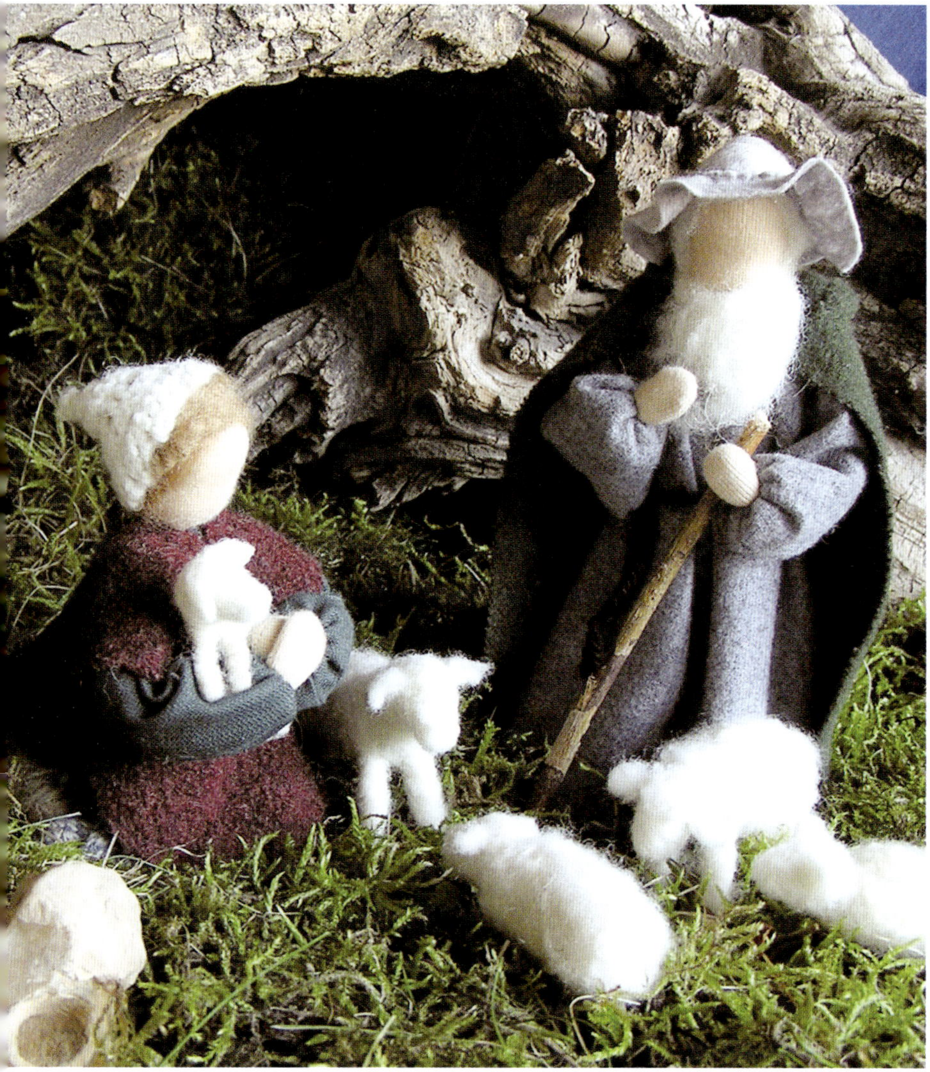

Hut: Schneiden Sie sich nach dem angegebenen Schnittmuster einen Hut aus grauem Filz oder dünnem Wollstoff zu (s. Schnittmuster S. 139 und Abb. 79).
Zuerst nähen Sie das Hutteil von unten nach oben zur Hutspitze zusammen. Stechen Sie beim letzten Stich mit der Nadel nach innen und ziehen diesen Faden etwas straff. So entsteht eine kleine Mulde an der Hutspitze. Der Hut hat dadurch eine schöne Form und sieht nicht wie eine Zwergenmütze aus (Abb. 80).
Die Hutkrempe wird mit Überwendlingstichen an das Hutoberteil angenäht (Abb. 81).
Der alte Hirte trägt seinen Hut leicht ins Gesicht gezogen. Wenn der Hut die richtige Position hat, nähen Sie ihn am Kopf fest.

Mantel: Schneiden Sie nach der Schnittmustervorlage (S. 139) den Mantel zu. Kräuseln Sie die obere Kante des Mantels ein, und legen Sie ihn um den Hirten. Nähen Sie dann den Mantel fest.

Schäfchen

Material

- grüner Blumendraht
- Schafwolle in Weiß und Braun
- eine Filznadel

Das Lämmlein und die Schafe bestehen aus einem Gestell, das aus grünem Blumendraht hergestellt wird. Mit Schafwolle werden die Schäfchen umwickelt bzw. zum Teil mit der Filznadel gefilzt.

Zu Beginn knicken Sie 4 cm des Drahtes um. So entsteht eine Schlaufe; das ist das erste Hinterbein. Halten Sie die Schlaufe in der linken Hand fest, und wickeln Sie den Blumendraht um die 4 cm Draht. Führen Sie den Draht weiter, sodass Sie nach 7 cm wieder eine Schlaufe legen können. Dies ist das zweite Hinterbein. Wickeln Sie den Draht zur Mitte zurück, und schneiden Sie ihn nach ca. 10 cm ab.

Wiederholen Sie den Vorgang für die Vorderbeine, aber schneiden Sie den Draht nicht ab, sondern lassen die Rolle einfach hängen (Abb. 82).

Als Nächstes wird der Rücken geformt. Dazu nehmen Sie die Hinterbeine und legen sie mit einem Abstand von 4 cm an die Vorderbeine an (Abb. 83).

Drehen Sie den Draht von den Hinterbeinen einmal um die Vorderbeine, und wickeln Sie den Draht am Rücken zu den Hinterbeinen zurück. Der andere Draht wird um den Daumen zu einem Hals und einem Kopf gelegt (Abb. 84).

Das Drahtgestell bekommt einen Rahmen um die Beine, damit das Schäfchen stabil stehen kann. Dazu wickeln Sie den Draht um ein Bein, spannen ihn zum nächsten Bein und wickeln den Draht um das nächste Bein usw. (Abb. 85 und 86). Die Drahtenden werden abgeschnitten.

Nun werden die Beine mit Schafwolle umwickelt. Nehmen Sie dazu eine ganz kleine Schafwollflocke und zupfen sie vorsichtig auseinander. Zwir-

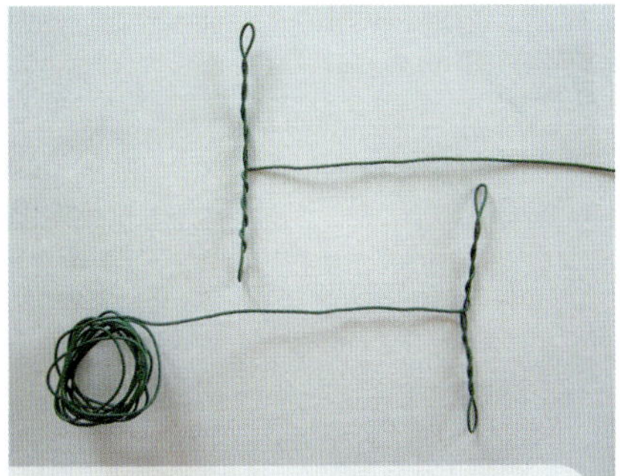

82: Vorder- und Hinterbeine herstellen

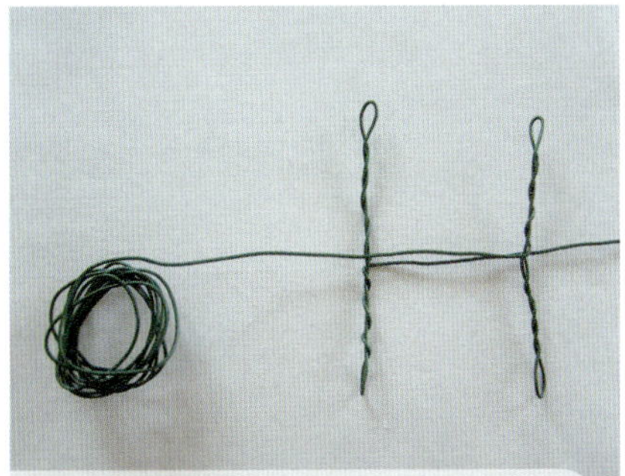

83: Der Rücken entsteht

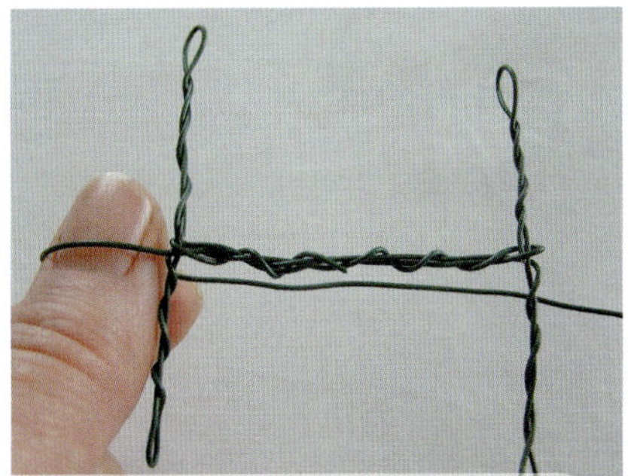

84: Den Kopf formen

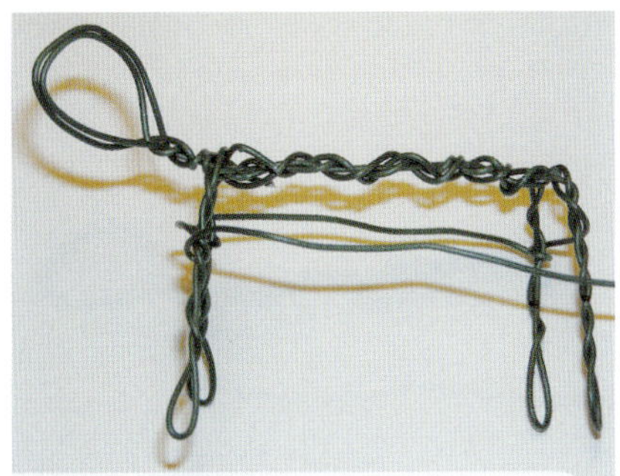

85: Der Rahmen entsteht

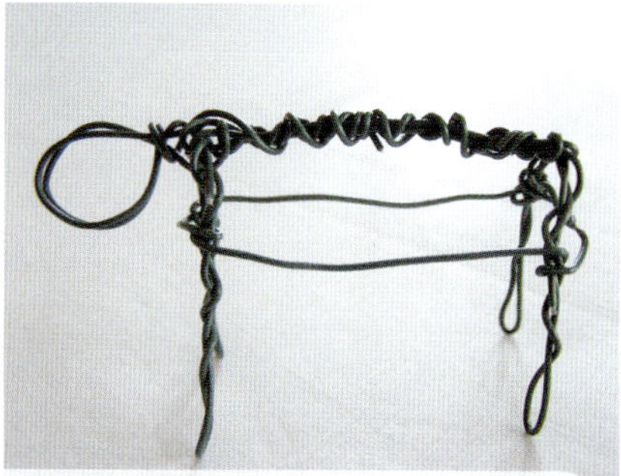
86: Fertiges Gestell

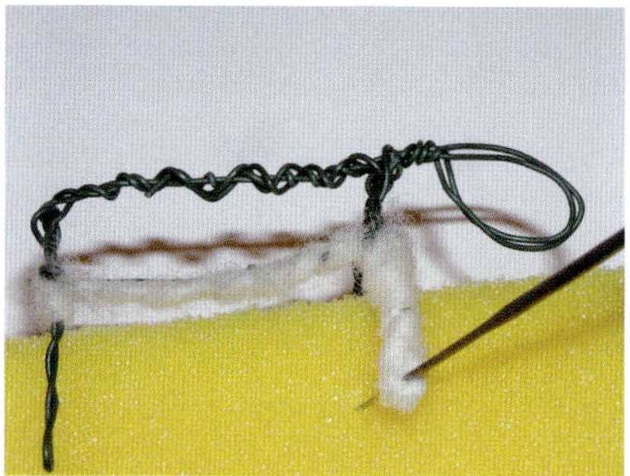
87: Das Entstehen der Pfoten

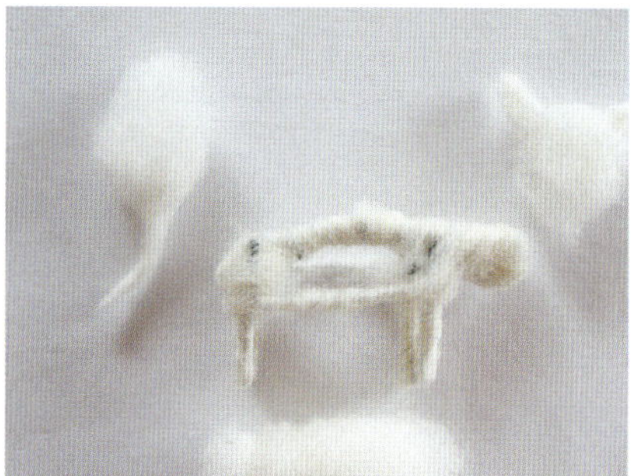
88: Material für Bauch, Ohren, Schwanz

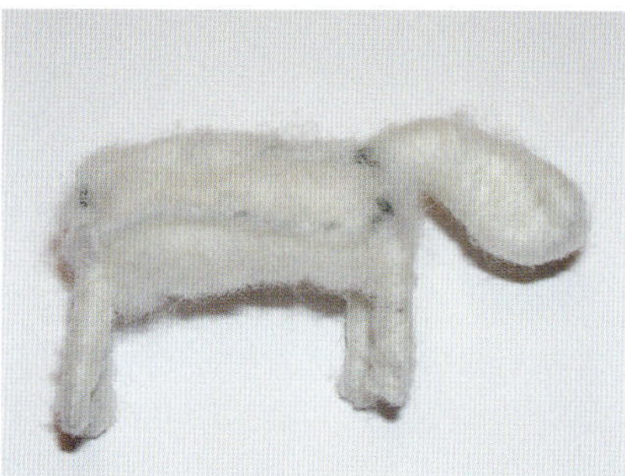
89: Fertiger Rohling

beln Sie den Anfang etwas zusammen und fädeln es in eine Fußschlaufe ein. Lassen Sie etwa 2 cm hängen und umwickeln jetzt straff die Beine (Abb. 87).

Wenn die Beine die gewünschte Stärke erreicht haben, wird der ganze Draht mit Wolle umwickelt. Der Kopf wird mit einem Wollstrang ausgewebt und anschließend mit der Filznadel etwas angefilzt, so kann er nicht mehr verrutschen.

Für den Bauch nehmen Sie einen Wollstrang, der in etwa die Breite des Rückens hat, und wickeln eine Wurst, die Sie in den Rahmen legen, so entsteht der Bauch (Abb. 88 und 89).

Jetzt das Schäfchen mit dünnen Wollsträngen umwickeln; immer wieder mal mit der Filznadel alles fixieren. Je öfter Sie mit der Nadel einstechen, umso härter und auch dünner wird die gefilzte Stelle. Das heißt, wenn Sie am Kopf oder am Nacken ein paar Konturen einarbeiten möchten, können Sie einfach mehr mit der Nadel filzen.

Die Ohren werden an einem Stück gefilzt, da es zu mühsam wäre, jedes Ohr einzeln anzufilzen. Nehmen Sie einen Wollstrang von ca. 2 – 3 cm und filzen von dem Streifen das erste Ohr. In der Mitte des Wollstreifens, also bei der Kopfplatte, nur ein paar Mal hineinfilzen. Das zweite Ohr in der gleichen Größe wie das erste filzen.

Die Ohren werden auf den Kopf gelegt und positioniert. Stecken Sie das Ganze eventuell mit einer Nadel fest, und schauen Sie es aus der Ferne an.

Wenn Sie zufrieden sind, filzen Sie jetzt die Kopfplatte an. Falls die Ohren zu lang sein sollten, können Sie sie mit der Schere in Form schneiden.

Der Schwanz wird ebenfalls einzeln gefilzt. Nehmen Sie einen längeren Strang Wolle und formen ihn mit feuchten Händen. Den restlichen, dünn ausgebreiteten Wollstrang über den Rücken legen und anfilzen.

Je nach Schafwolle wirkt das Schaf sehr struppig. Da dies nicht so sein sollte, können Sie es noch nass filzen. Das bedeutet, dass das Schaf ganz nass gemacht und mit etwas flüssiger Seife eingerieben wird, bis es schäumt; dadurch verfilzt die Wolle, und Sie haben nochmals

die Möglichkeit, das Schaf zu formen. Spülen Sie es anschließend mit klarem Wasser aus, und drücken Sie es im Handtuch gut aus.
Ist Ihr Schäfchen fertig, können Sie es in die gewünschte Position stellen.

Maße für das Lämmchen
Beinlänge: 2,0 cm
Rückenlänge: 2,5 cm
Hals: 0,5 cm
Kopf: 1,2 cm

Der Hirtenhund

Stellen Sie sich für den Hirtenhund wieder ein Drahtgestell nach der Anleitung her (s. S. 63 f.).

Größe des Hundes
Beinlänge: 2,5 cm
Rückenlänge: 3,0 cm
Hals: 0,5 cm
Kopf: 1,2 cm

Wählen Sie melierte Farben, die gut zum Aussehen eines Hundes passen. Die weitere Verarbeitung ist gleich wie die der Schafe.

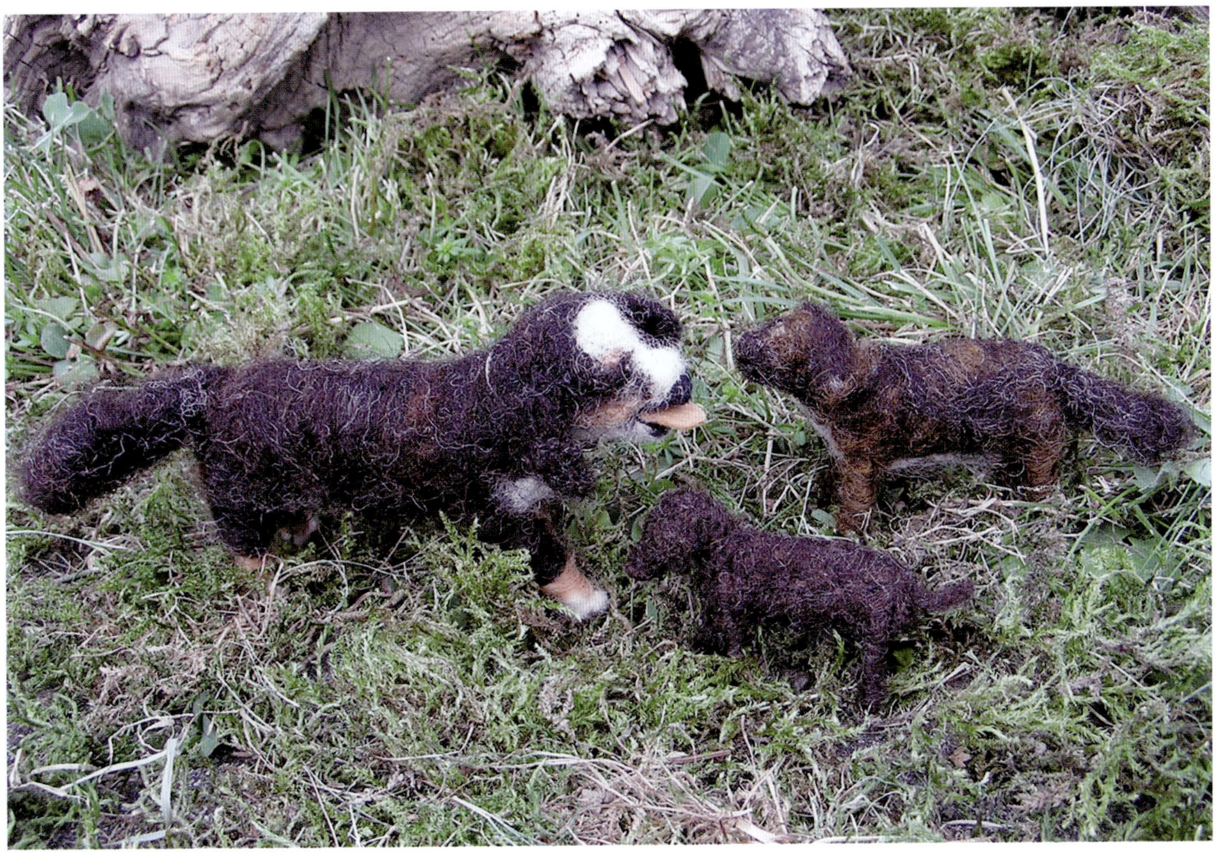

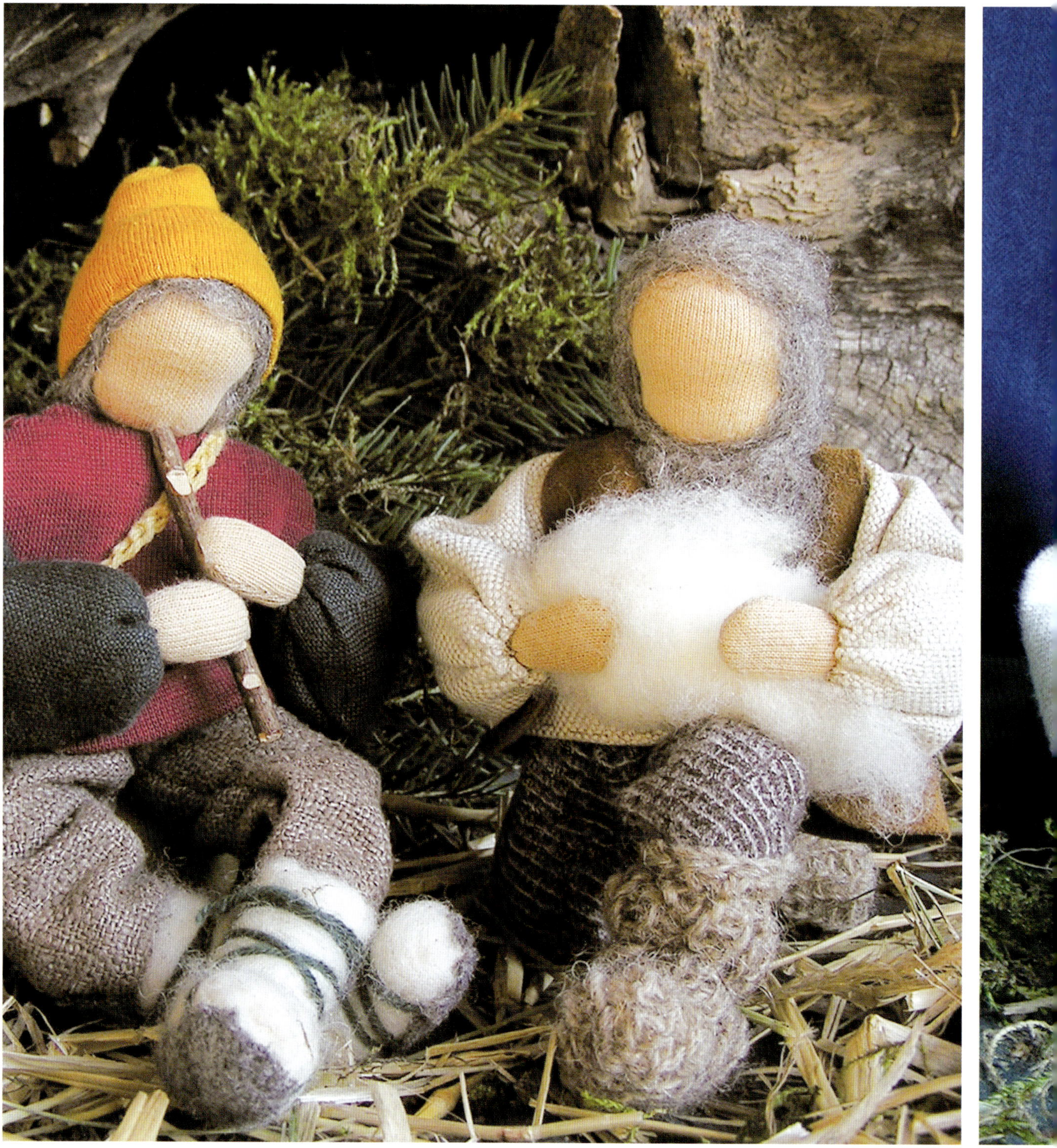

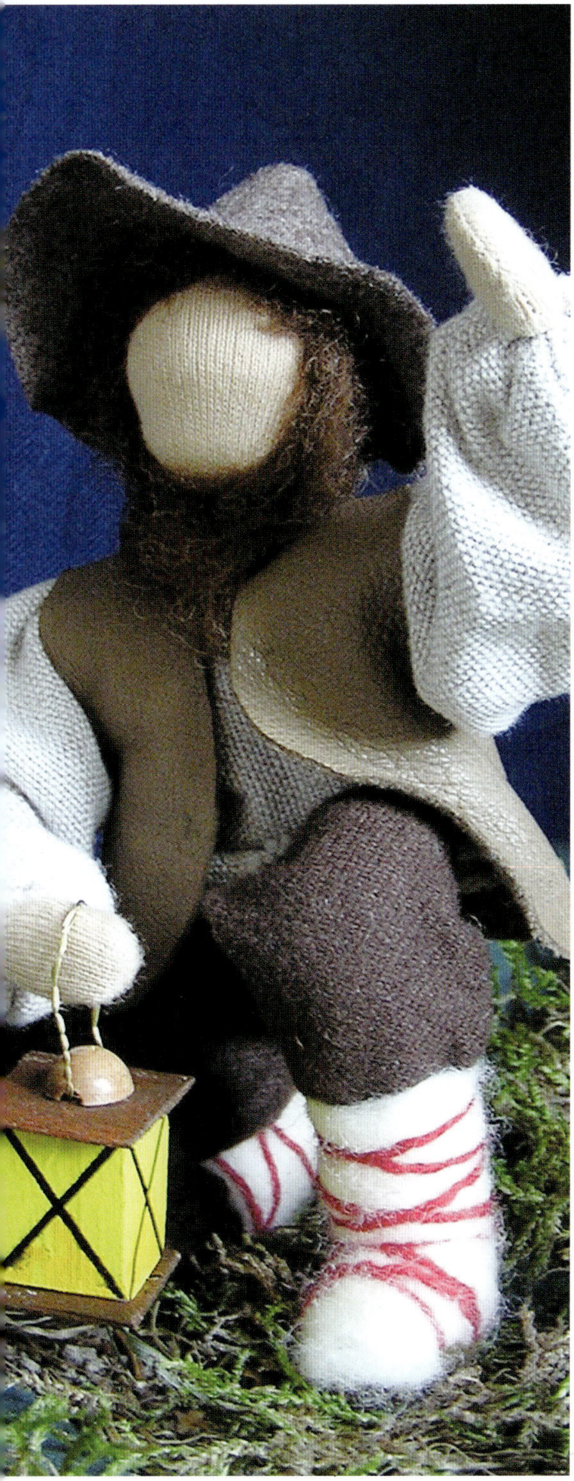

Kniende Hirten

Den Hirten leuchtete ein besonderer Stern, und es erschien ihnen der Engel und brachte ihnen die frohe Botschaft. Hirten sind schlichte, einfache Menschen. Sie führen ein naturverbundenes Leben und sind durch ihre Gemütskräfte besonders offen für die «Wunder». Sie erleben die Wunder mit dem Herzen.

Stellen Sie sich ein Drahtgestell her, wie es im Kapitel «Grundform für die knienden Hirten und die Maria» beschrieben wurde (S. 16 f.).
Nähen Sie sich aus Trikot die Hände und die Kopfhaut. Die Hände werden ausgewebt und mit Trikot überzogen. Binden Sie die Hände wie gewohnt ab. Die Füße weben Sie auf die gleiche Weise aus wie die Hände. Nähen Sie dann den Kopf an das Drahtgestell der Figur.
Die Figur wird jetzt mit 2 cm breiten Trikotstreifen umwickelt. Fangen Sie wie gewohnt am Rumpf an. Beide Arme umwickeln und den Trikotstreifen zum Ansatz der Beine führen. Die Trikotstreifen werden straff und diagonal nach unten bis zum Ansatz der ausgewebten Füße gewickelt. Dann wieder zurück zum Rumpf wickeln, so ist ein Verrutschen der Streifen nicht möglich. Der Streifen wird einmal um den Rumpf gewickelt und zum nächsten Bein geführt. Es wird jetzt auf die gleiche Weise fertiggestellt (s. S. 26).
Da der Rumpf etwas kürzer als bei den Standfiguren ist, wird für diese Figur ein Trikotstreifen von 4,5 cm zugeschnitten und um den Rumpf auf 3 cm Stärke aufgewickelt. Arme und Beine werden mit Schafwolle leicht umwickelt.

Die Bekleidung der Hirten

Hosen

Material:

Für die Hirtenkleidung können Sie raue, grobe Baumwollstoffe oder dünnere Wollstoffe verwenden. Stoffe mit kleinen Musterungen oder Streifen sowie Melierungen können ebenfalls verarbeitet werden. Bei Jersey oder Cordstoffen darauf achten, dass Sie diese Stoffe in Längsrichtung verarbeiten. Sie können dunkel-, mittel- oder rotbraune Farben, gedeckte Grüntöne, Anthrazit, mausgraue oder auch weinrote Farben nehmen. Bei der Stoffwahl ist es wichtig, dass Sie alles mit dem Hemdstoff, der Haarfarbe und der sonstigen Bekleidung harmonisch abstimmen.

Schneiden Sie sich für die Hose ein Rechteck von 16 cm Breite und 12 cm Höhe zu. Schlagen Sie jeweils die Außenkante, also die Schnittkante, zur Mitte, und fixieren Sie dies mit ein paar Nadeln. Entlang der Schnittkante nähen Sie mit der Nähmaschine «füßchenbreit» (0,5 cm) 8 cm vom Fuß nach oben, lassen Sie die Nadel der Nähmaschine im Stoff stecken und drehen die Hose im rechten Winkel, um zum nächsten Hosenbein zu nähen; dabei werden drei Querstiche genäht. Nähen Sie das zweite Hosenbein ab.
Schneiden Sie entlang der Schnittkante bis 1 cm vor den Querstichen die Hosenbeine auseinander. Durch vorsichtiges Einschneiden in die Ecken der Querstiche kann sich die Naht beim Wenden der Hose gut legen und spannt nicht. Bevor die Hose gewendet wird, müssen Sie die Gesäßnaht schließen. Dazu messen Sie 2 cm von der rechten Schnittkante aus nach innen ab. Die Naht wird in einem kleinen Bogen zur Schrittnaht genäht. Schneiden Sie die Nahtzugabe zurück (Abb. 90).
Nun kann die Hose gewendet und dem Hirten angezogen werden. Der Hosenbund wird mit kleinen Stichen eingekräuselt, die Weite gleichmäßig verteilt und am Rumpf festgenäht. Der Hosenbeinsaum wird ebenfalls mit kleinen Stichen eingekräuselt, 1 cm nach oben geschoben und dann am Bein festgenäht. Durch das Nach-oben-Schieben hat die Hose genug Weite, wenn die Beine später gebogen werden.

Hemden

Material:

Für die Hemden können Sie leichte Baumwollstoffe oder Leinenstoffe verwenden. Sie können braun (in verschiedenen Tönen), grün, sandfarben, senffarben, meliert, dunkelrot oder ockerfarben sein. Auch schmal gestreifte oder kleinkarierte Stoffe sind möglich.

Für das Hemd schneiden Sie einen Stoff von 25 cm Breite und 14 cm Höhe zu. Legen Sie den Stoff mit der Breite doppelt. Nähen Sie nach der Schnittmustervorlage das Hemd zusammen (Abb. 91).
Die Nahtzugabe wird bis auf 0,5 cm zurückgeschnitten und in der Achselhöhle bis kurz vor der Naht eingeschnitten, damit sich beim Wenden des Hemdes die Nahtzugabe richtig auslegen kann (Abb. 92).

Jetzt wird wieder die Halsöffnung eingeschnitten. Dazu die Mitte des Hemdes ermitteln und 3 cm in eine Richtung einschneiden. Dies ist dann das Rückenteil des Hemdes.
Wenden Sie das Hemd, und Sie ziehen es dem Hirten an. Schlagen Sie einen kleinen Saum am Ärmel ein, kräuseln Sie die Ärmel rechts und links ein und nähen es am Handgelenk fest.
Die rückwärtige Naht wird geschlossen. Den Hemdsaum je nach Stoffart einschlagen und mit kleinen Stichen festnähen.

Haare

Die Haare der Hirten sind hellbraun, dunkelbraun oder leicht rötlich. Nähen Sie die Haare mit kleinen Stichen auf.

Schuhe

Material

- weiße oder farbige Schafwolle
- Filz oder Wollstoffreste
- farbige Wollfäden

Die Füße werden mit weißer oder farbig passender Schafwolle umwickelt. Als Fußsohle nähen Sie farbig passenden Filz oder dickere Wollstoffreste auf. Nehmen Sie einen Wollstrang mit einer Breite von 2 cm und beginnen an der Wade zweimal straff diese zu umwickeln; arbeiten Sie sich zur Fußspitze vor. Umwickeln Sie auch die Fußspitze zweimal (Abb. 93).
Mit passendem Nähgarn fixieren Sie den entstandenen Schuh, oder Sie stechen mit der Filznadel ein paar Mal in die Wolle. Der Schuh bekommt eine Kreuzbindung aus kontrastfarbener Wolle (Abb. 94). Diese Bindung beginnt an der Fußspitze und wird bis zur Wade gekreuzt und dort verknotet.
Jetzt schneiden Sie sich aus Filz oder einem Wollstoff eine Schuhsohle nach der Vorlage aus und nähen diese auf die Fußsohle auf. Die Schuhsohle wird mit Überwendlingstichen aufgenäht, dabei fassen Sie die Wollfäden mit einem Stich ein (Abb. 95).

Sie können einen Schuh auch herstellen, indem Sie einen farblich passenden Stoff aussuchen und einen kleinen Schlauch von 5 cm Länge und 3 cm Breite zuschneiden. Nähen Sie eine schmale Seite und die Längsseite zusammen. Ziehen Sie dann den Schuh an, und nähen Sie die Schuhsohle auf (Abb. 96 – 98).

Kopfbedeckung

Eine Kappe, eine Mütze oder ein Krempenhut vervollständigen die Oberbekleidung der Hirten.

Material

- Leder oder Filzstoffe sowie dickere Wollstoffe in passender Farbe.

Schneiden Sie sich die entsprechende Kopfbedeckung zu und nähen sie zusammen. Die Nähte sind in der Schnittmustervorlage gekennzeichnet.

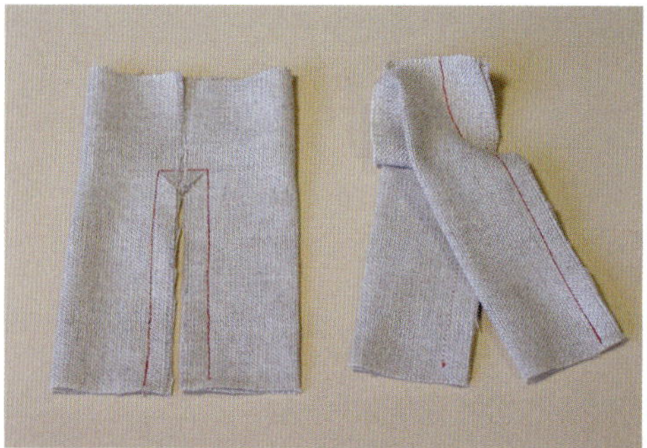
90: Hirtenhose

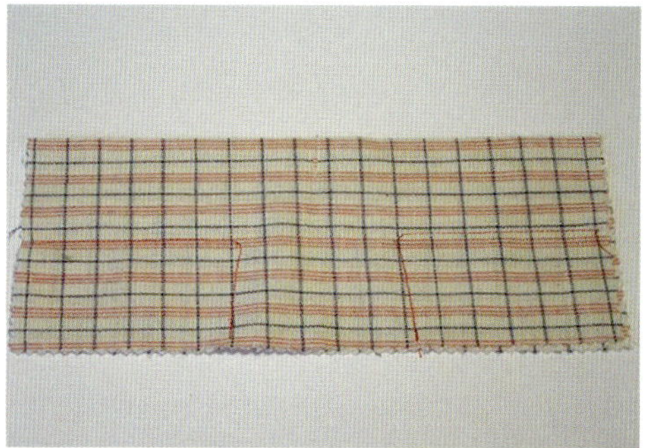
91: Das Abnähen der Ärmel

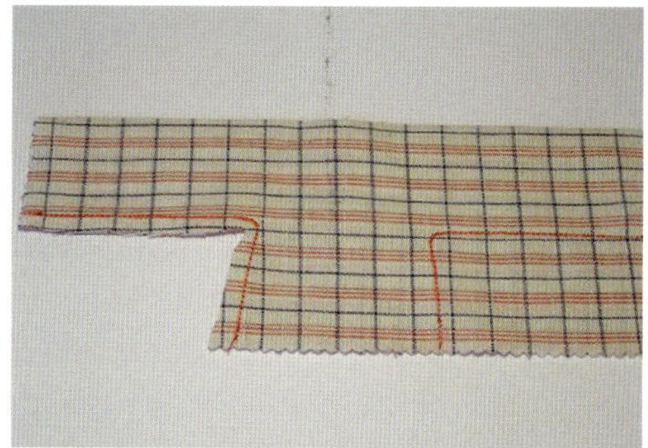
92: Das Zurückschneiden der Nahtzugabe

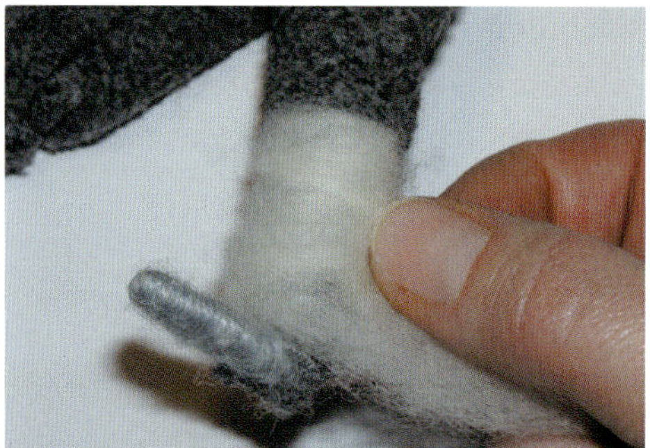
93: Fuß mit Schafwolle umwickeln

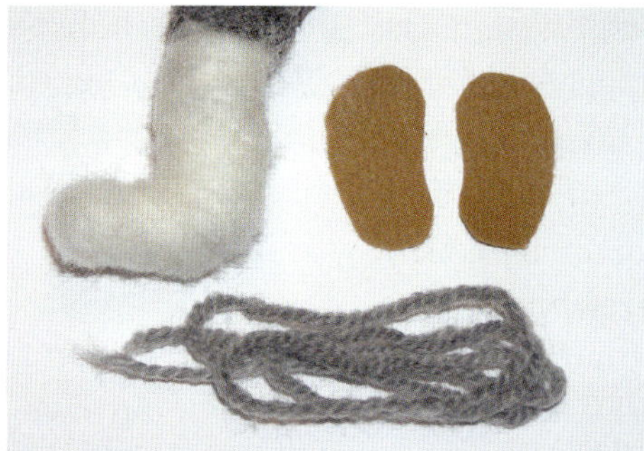
94: Filzsohlen. Wolle für die Kreuzbindung

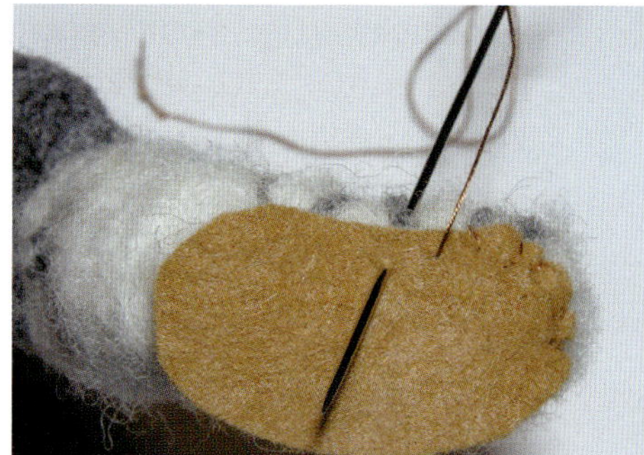
95: Aufnähen der Sohle

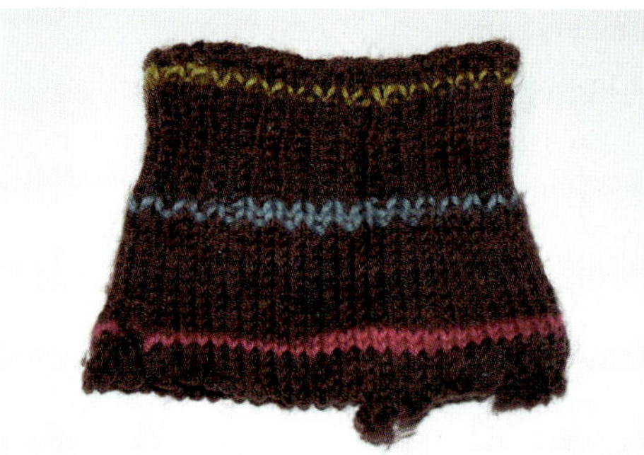
96: Ein Stoffschlauch als Alternative

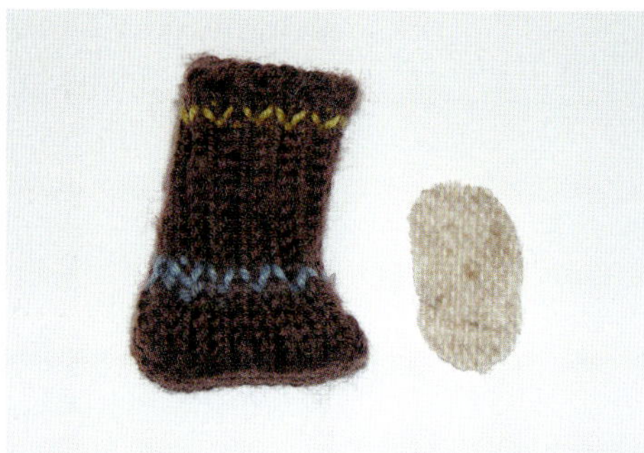
97: «Oberteil» und Sohle des Schuhs

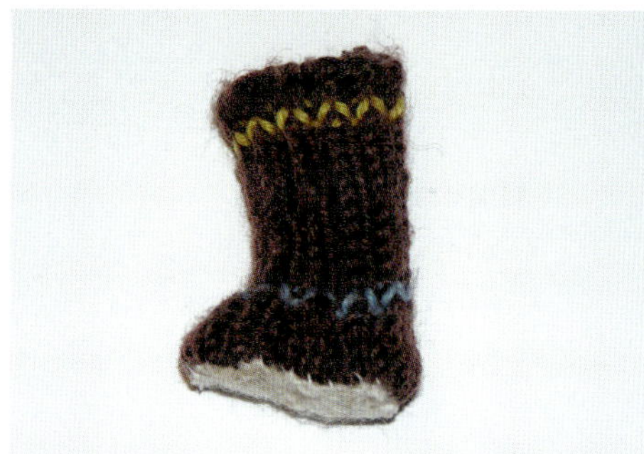
98: Fertiger Schuh

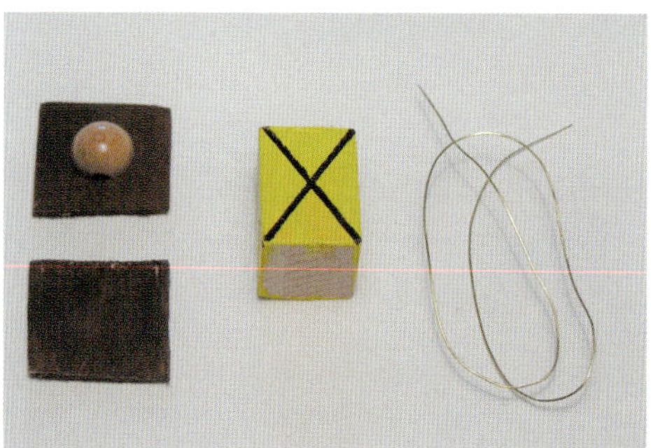
99: Das Zubehör für eine Laterne

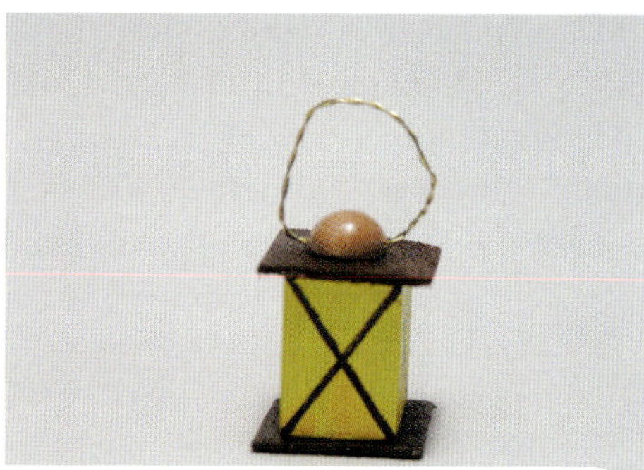
100: Fertige Laterne

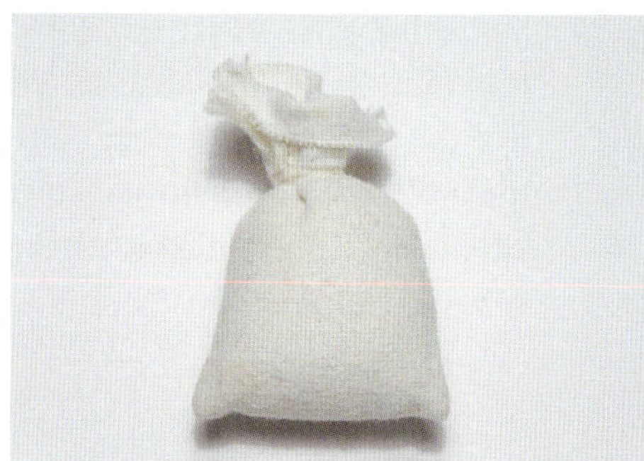
101: Mehlsack

Oberbekleidung

Die Hirten können Ponchos, Westen oder ärmellose Pullis tragen. Verwenden Sie Farben und Materialien, die das Gesamtbild der Hirten abrunden.

Material

- Leder, Schaffellreste, gestrickte Socken, Wollstoffe.

Nach dem Schnittmuster (S. 138) schneiden Sie sich das entsprechende Kleidungsstück zu und nähen es zusammen. Die zu nähenden Stellen sind in der Mustervorlage gekennzeichnet.

Beigaben für die Hirten

Laterne

Material

- Vierkantholz 1,5 cm
- ein dünnes Sperrholzbrettchen (oder Sie nehmen einen Span von einer Obstkiste)
- eine halbe Holzperle mit einem Ø von 8 mm
- dünnen Draht, z. B. Blumendraht
- dunkelbraune und gelbe Acrylfarbe (Abb. 99)

Von dem Vierkantholz sägen Sie 2 cm ab, bemalen es gelb und lassen es trocknen. In der Zwischenzeit können Sie aus dem Span einer Obstkiste zwei Vierecke mit den Maßen 2 cm mal 2 cm zuschneiden. Malen Sie diese mit dunkelbrauner Farbe an. Auf jeder Seite der Laterne wird ein Kreuz mit schwarzer Farbe aufgemalt. Dann kleben Sie jeweils ein Brettchen oben und unten gegen das Vierkantholz. Teilen Sie eine Holzperle mit dem Messer und kleben die halbe Perle auf einer Seite der Laterne an. Die Länge des Drahtes passen Sie Ihrem Hirten an (Abb. 100).
Nähen Sie die Laterne dem Hirten an den rechten Arm. Den linken Arm hat der Hirte in Herznähe angewinkelt. Er hält in dieser Hand seine Kappe.

Mehlsack

Material

- weißes Leinen
- weißes Nähgarn

Schneiden Sie einen Streifen mit einer Länge von 8 cm und einer Breite von 3,5 cm zu. Nehmen Sie den Stoff doppelt, und nähen Sie die Seiten des Sackes zu. Den Sack wenden und mit Mehl oder mit Schafwolle füllen. Den Sack mit einem dicken Garn verschließen (Abb. 101).

Tasche mit Milchflasche und Strickzeug

Material

- Wolle
- Zahnstocher und dünne Wolle
- weißes Wachs oder weißes Fimo

Wählen Sie sich passend zur Kleidung eine Wolle aus. Nehmen Sie zehn Luftmaschen auf und

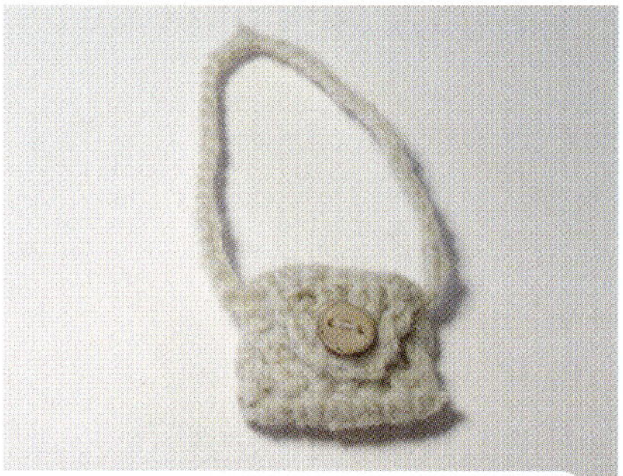

102: Tasche

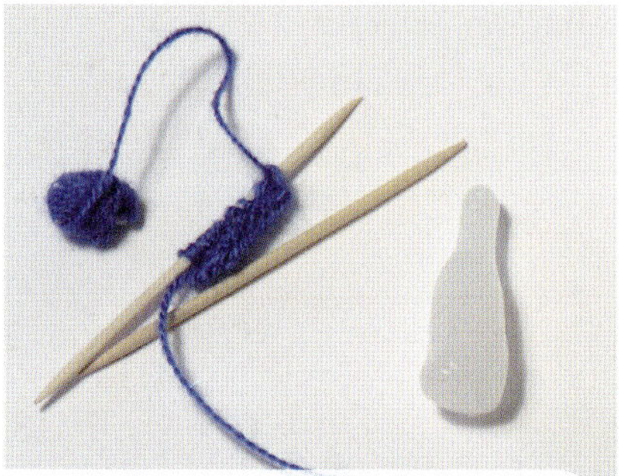

102 a: Zubehör für die Tasche

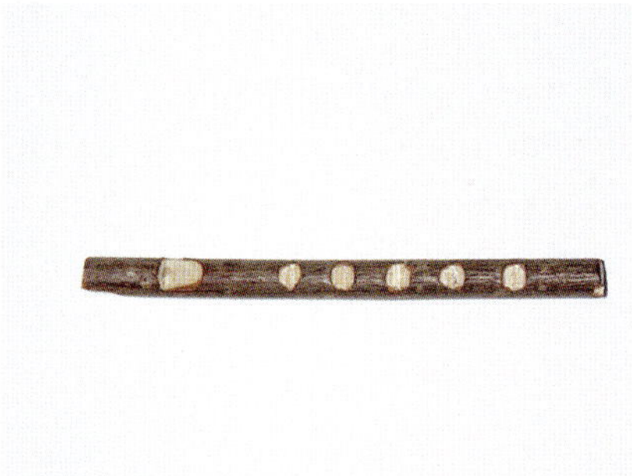

103: Flöte

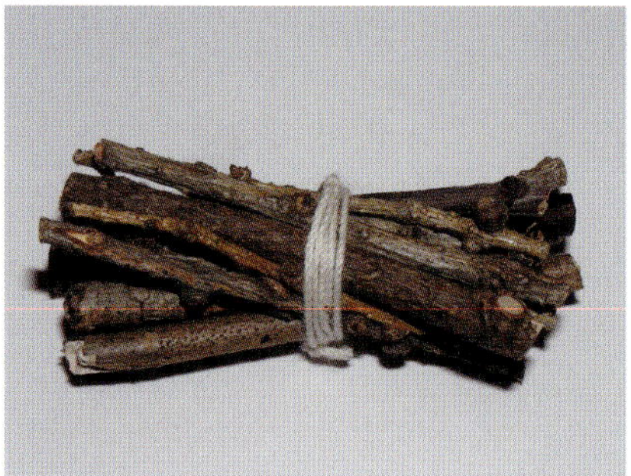

104: Holzbündel

häkeln einfache Stäbchen, bis Sie eine Höhe von 6 cm erreicht haben. Schneiden Sie den Wollfaden nicht ab, sondern häkeln Sie 15 cm lang Luftmaschen, sie dienen Ihnen als Träger (Abb. 102).
Dann nähen Sie mit der Wolle die Seiten zu und hängen die Tasche dem jungen Hirtenbub um.
In die Tasche können Sie eine Milchflasche und Strickzeug geben (Abb. 102 a). Die Milchflasche wird entweder aus weißem Wachs oder aus Fimo geformt. Sie hat eine Länge von 2,5 cm. Das Strickzeug stellen Sie aus zwei Zahnstochern her. Schön sieht es aus, wenn Sie noch etwas damit stricken.

Flöte

Material: Haselnuss- oder Holunderästchen

Für die Flöte suchen Sie nach einem Ästchen mit einem Durchmesser von 4 mm und einer Länge von 6 cm. Schnitzen Sie mit dem Taschenmesser fünf kleine Kerben ein. Für das Mundstück an der oberen Seite die Flöte abschrägen (Abb. 103).
Der Hirtenbub ist der jüngste Hirte; er bekommt die Flöte zwischen beide Hände geklebt. Zusätzlich erhält er die Tasche, die er auf der rechten Seite trägt. Er trägt eine Mütze als Kopfbedeckung.

Holzbündel

Material: 6 cm lange Ästchen

Die Ästchen mit einem stabilen Garn bündeln (Abb. 104). Der Hirte trägt dieses Holzbündel im rechten Arm. In der linken Hand hält er seinen Hut, den Arm hat er in Herznähe angewinkelt.
Die Fotos auf den Seiten 12, 62, 66 und 73 zeigen verschiedene Hirten mit ihrer typischen Kleidung und den beschriebenen Utensilien.
Sie können den Hirten auch die Namen aus dem Oberuferer Weihnachtsspiel geben: Vitok, Gallus, Stichel.

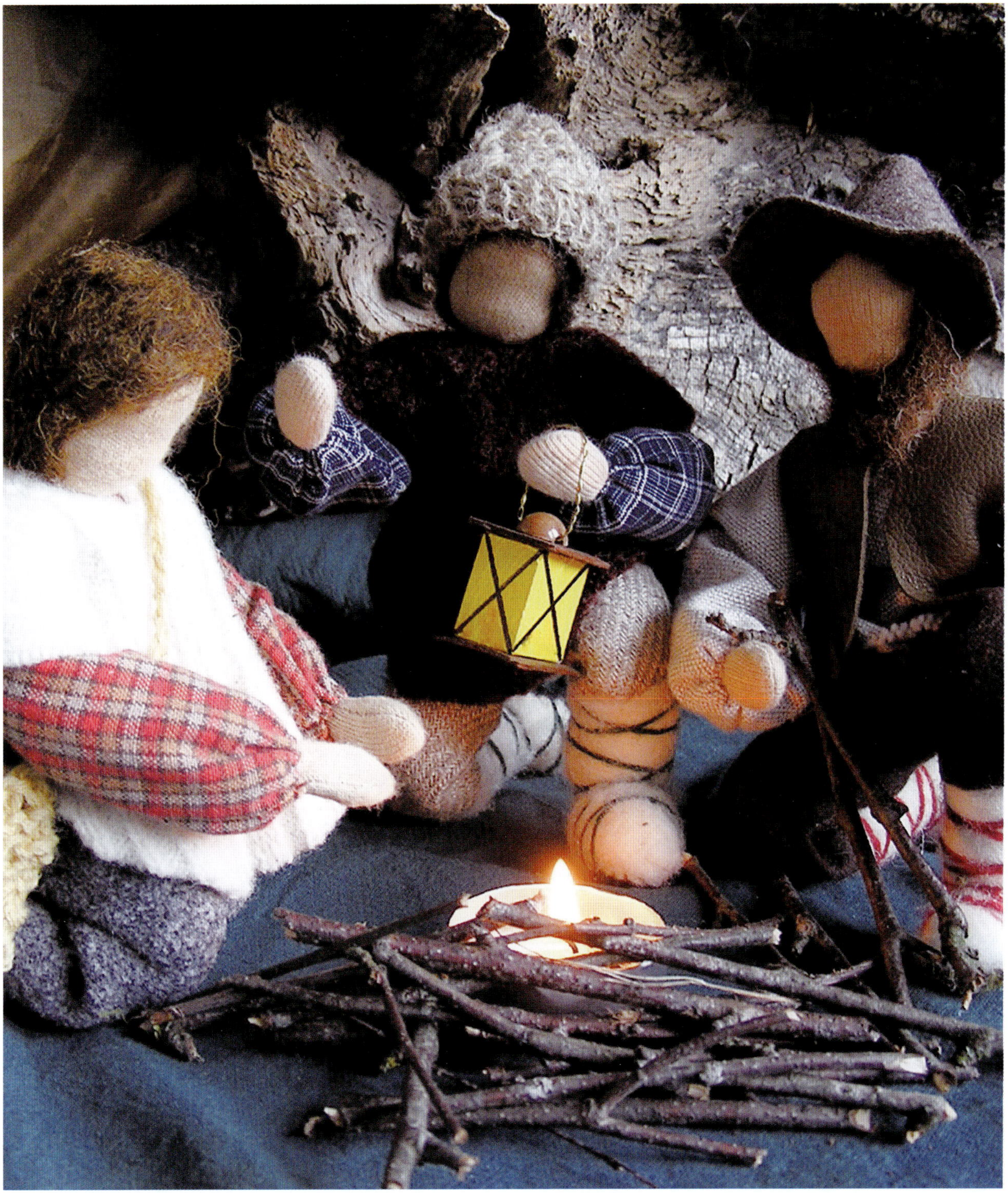

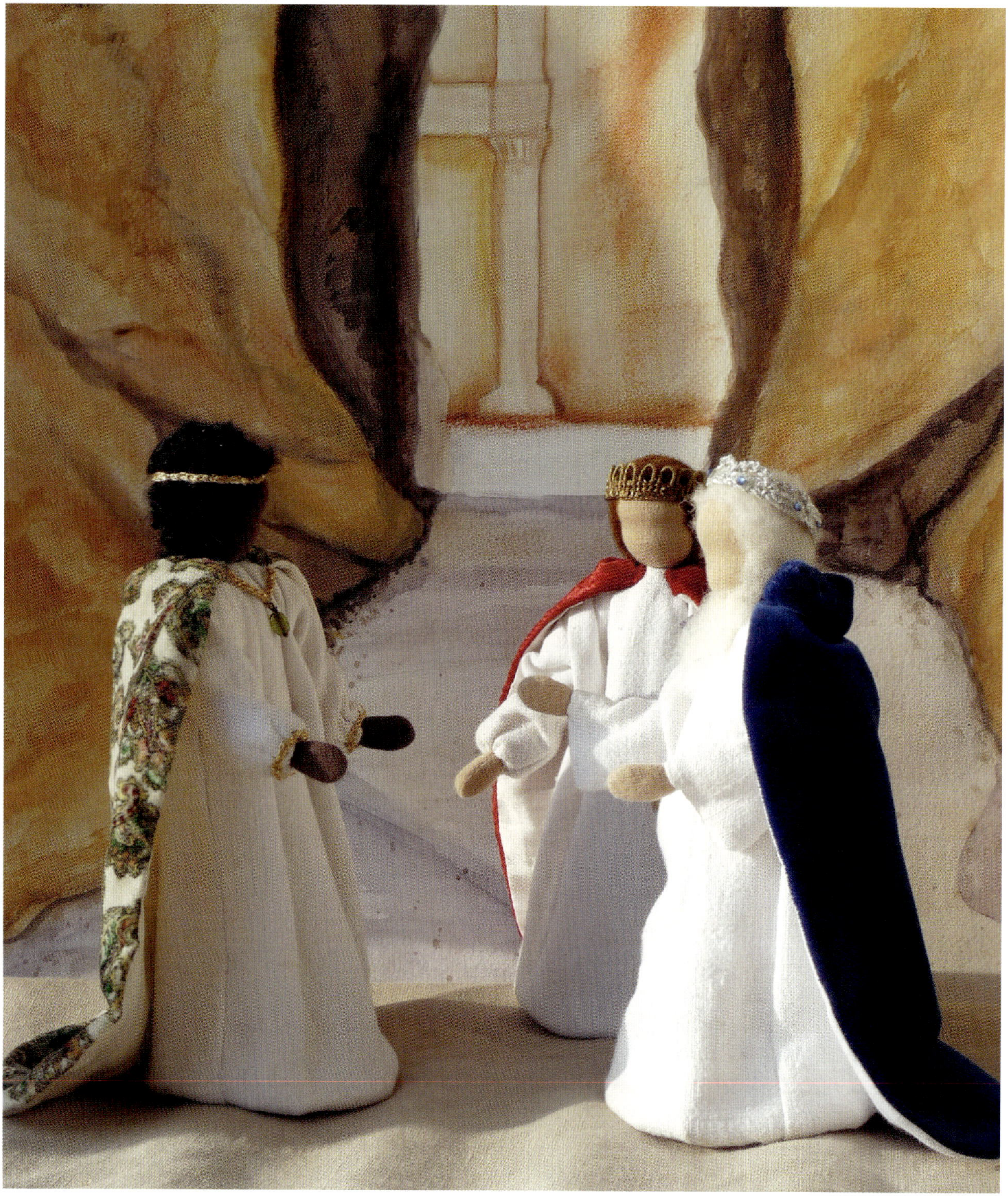

Die drei Könige

Der rote König Melchior

Der König Melchior kommt aus dem Morgenland und bringt für das Christuskind, den neuen König, das Gold mit. In vielen Bildern wird er mit einem roten Mantel und einer goldenen Krone dargestellt. Rot symbolisiert die Farbe der Liebe und der Herzenskräfte. Das Metall – Gold – wird der Sonne zugeordnet. So ist dieses Geschenk das Edeleste, was man geben kann. Dieser König trägt auf beiden Händen ein aus Samt genähtes Kissen, auf dem sich das Gold befindet.
Als Erstes fertigen Sie eine Drahtfigur an (siehe S. 13–16).
Für das Gewand wählen Sie einen weißen Baumwollstoff. Früher wurde für Königsgewänder Muschelseide verarbeitet. Diese Seidenfäden wurden aus der Drüse der Miesmuschel gewonnen. Die Seide hatte einen goldigen Schimmer.
Nähen Sie ein Gewand mit normalen Ärmeln. Arbeiten Sie die Figur so weit fertig, wie es beim Josef (S. 42 f.) beschrieben wurde.
Der Mantel wird aus rotem Samtstoff genäht und mit einem cremefarbenen Futterstoff abgefüttert. Da der Samtstoff ausfranst und der Futterstoff leicht verrutscht, schlage ich vor, jeweils ein Rechteck mit den Maßen 20 cm Breite und 25 cm Höhe zuzuschneiden.
Übertragen Sie den Mantelschnitt auf dünnes Seidenpapier. Nun legen Sie das Samtrechteck zuerst auf den Tisch. Da bei einem Samtstoff auf die Strichrichtung geachtet werden muss, legen Sie das Samtrechteck so hin, dass sich der Stoff, wenn Sie mit der Hand von oben nach unten streichen, glatt und weich (wie beim Streicheln eines Tierfells) anfühlt. Darauf legen Sie den Futterstoff und zuletzt den Mantelschnitt. Stecken Sie alles mit Stecknadeln fest und nähen Sie von X zu X um das Schnittmuster herum. Erst jetzt wird der Mantel, mit einer Nahtzugabe von ca. 0,8 cm, in Form geschnitten.
Nach dem Wenden wird die offene Naht zwischen den X-Punkten von Hand geschlossen. Nun wird der Mantel noch glattgebügelt.
An der gestrichelten Linie in der Zeichnung (siehe Schnittmusterbogen) können Sie sehen, an welcher Stelle Sie den Mantel einkräuseln müssen. Legen Sie ihn nun so um den Nacken der Figur, dass beim Straffziehen des Kräuselfadens die beiden äußeren Kanten des Mantels in Schlüsselbeinhöhe angenäht werden können.
Der Melchior bekommt braune Haare, aber keinen Bart. Die Haare wieder mit kleinen Stichen annähen.
Der König bekommt eine goldene Bogenkrone. Halten Sie die Borte an den Kopf, so können Sie sehen, ob sie zu breit ist oder gut passt. Die Länge sollte ca. 12 cm betragen.
Melchior hat eine aufrechte Haltung, und seine Arme sind ebenfalls angewinkelt. Die Handflächen zeigen nach oben, da er das Kissen trägt.

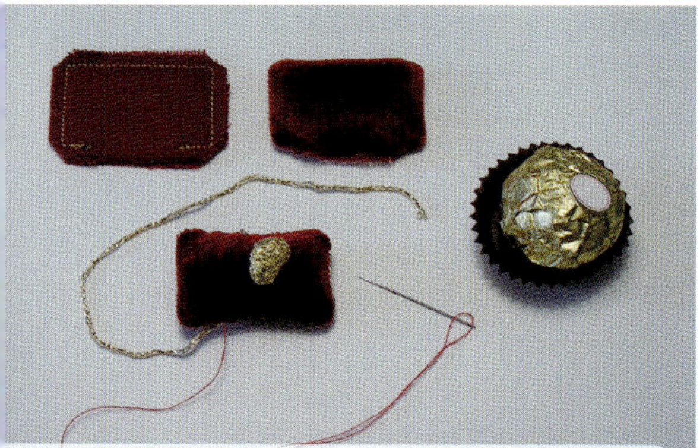

105: Arbeitsschritte zum Anfertigen des Kissens

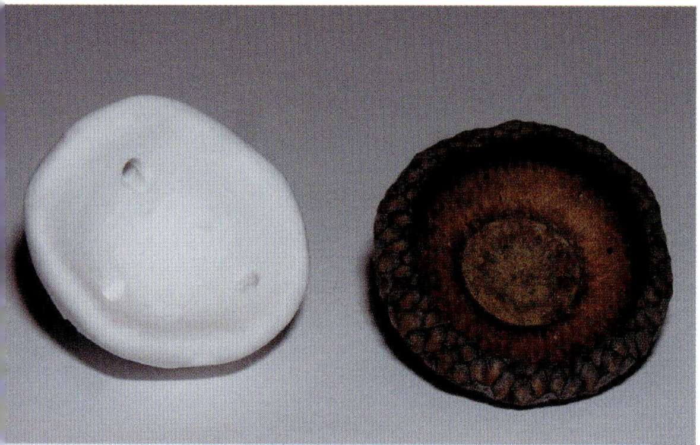

106: Weihrauchgefäß (aus Fimo oder einer Eichel)

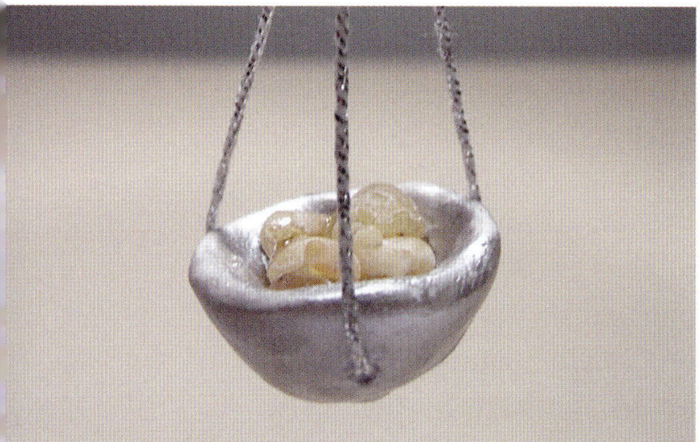

107: Das fertige Weihrauchgefäß

Das Kissen mit Gold

Das Kissen hat eine Größe von 3,5 cm x 2,5 cm. Nähen Sie dieses kleine Kissen (Abb. 105), und wenden Sie es. Stopfen Sie es mit etwas Schafwolle aus.

Für das Gold können Sie entweder echtes Gold verwenden, oder Sie modellieren einen «Klumpen» aus Ton. Arbeiten Sie unten ein kleines Loch zum Annähen ein und malen dann das Ganze golden an. Beim echten Gold ein kleines Loch bohren oder beim Goldschmied bohren lassen. Eine weitere Möglichkeit: Ein Ferrero-Roché-Papier zusammenknüllen und auf das Kissen nähen. Dieses Papier hat eine sehr schöne goldene Farbe.

Der blaue König Balthasar

Der König Balthasar bekommt einen blauen Mantel, da die Farbe Blau Weisheit und Geistlichkeit symbolisiert. Auf dem Kopf trägt er eine silberne Krone. Das Metall – Silber – wird dem Mond zugeordnet. Das können Sie gut nachvollziehen, da auch im Volksmund der gute, alte, weise Mond mit seinem silbernen Licht von jeher die Menschen inspiriert und ihnen viele Anregungen für Gedichte und Lieder gegeben hat.

Als Geschenk bringt Balthasar Weihrauch. Diese Substanz wurde früher schon von Priestern und Eingeweihten zur Unterstützung ihrer Gebete verwendet, da der Rauch zum Himmel emporsteigt.

Balthasar ist der einzige bärtige König und hat eine leicht gebeugte Haltung; in seiner Geste drückt er das hohe Alter und somit Weisheit und Besonnenheit aus.

Das Gewand wird ebenfalls aus einem weißen Stoff genäht. Der Mantel wird aus blauem Samt mit einem schneeweißen Futter genäht.

Zuerst stellen Sie eine Standfigur her. Nähen Sie ein Gewand mit Trompetenärmeln, wie es beim Josef beschrieben wurde (S. 42 f.).

Der alte König bekommt weiße Haare und einen weißen Bart. Außerdem erhält er eine silberne Zackenkrone, die Sie aus alten Borten herstellen können. Sie können auch aus silberfarbenem Häkelgarn eine Krone häkeln. Dazu nehmen Sie zwölf Luftmaschen auf und häkeln die erste Reihe mit festen Maschen. In der zweiten Reihe vier Luftmaschen häkeln und jeweils in die dritte Masche der vorigen Reihe einstechen und eine feste Masche häkeln. So entstehen kleine Bögen. Damit aber Zacken entstehen, die Krone in Zuckerwasser legen und auf einer weichen Unterlage mit Stecknadeln in die richtige Position bringen. Die Krone trocknen lassen. Eventuell mit blauen Strasssteinen verzieren. Die Krone braucht eine Länge von ca. 12 cm.
Bringen Sie die Figur durch vorsichtiges Biegen in eine gebeugte Haltung. Die Arme werden angewinkelt, und die Handflächen zeigen zueinander.

Weihrauchgefäß

Für die Herstellung eines Weihrauchgefäßes gibt es mehrere Möglichkeiten. Zum einen können Sie ein großes Eichelnäpfchen nehmen, welches Sie dreimal mit einem Millimeterbohrer bohren und innen und außen silbern anmalen (Abb. 106). Als Aufhängung verwendet man dünne, silberne Kordeln oder silbernes Häkelgarn. Diese sind ca. 6–7 cm lang. Passen Sie die Länge dem Weihrauchgefäß an, und nähen Sie es an der Handinnenfläche der rechten Hand fest.
Zum anderen haben Sie die Möglichkeit, das Gefäß aus Ton oder Fimo zu modellieren und silbern anzumalen. Auch hier müssen Sie für die Aufhängung drei Löcher vorsehen (Abb. 107). Kleben Sie in das Gefäß echten Weihrauch.

Der grüne König Caspar

Die Myrrhe, die der grüne König Caspar in einer kupferfarbenen Truhe zwischen seinen beiden Händen trägt, ist sein Geschenk für das Christkind. Myrrhe hat große Heilkräfte und eine blutstillende und desinfizierende Wirkung. Auch war sie früher ein kostbares und selten zu findendes Harz – für einen König ein würdiges Geschenk. Das Metall Kupfer (kupferfarbene Truhe) wird dem Planeten Venus zugeordnet.
Der Trikot für das Gesicht und die Hände des Königs ist entweder in Schokobraun erhältlich, oder Sie färben einen hautfarbenen Trikotstoff mit grünen Walnussschalen oder Schwarztee ein. Probieren Sie es aus; es sollte auf keinen Fall fleckig aussehen.
Der König Caspar trägt ein weißes Gewand und einen grünen Samtmantel oder eine Stola (Abb. 108). Füttern Sie den Mantel mit einer maisgelben Futterseide ab.
Auch für diesen König stellen Sie sich ein Drahtgestell nach der Vorlage der Standfigur (S. 13ff.) her. Nähen Sie das Gewand mit normalen Ärmeln, sodass diese am Handgelenk eingekräuselt werden können.

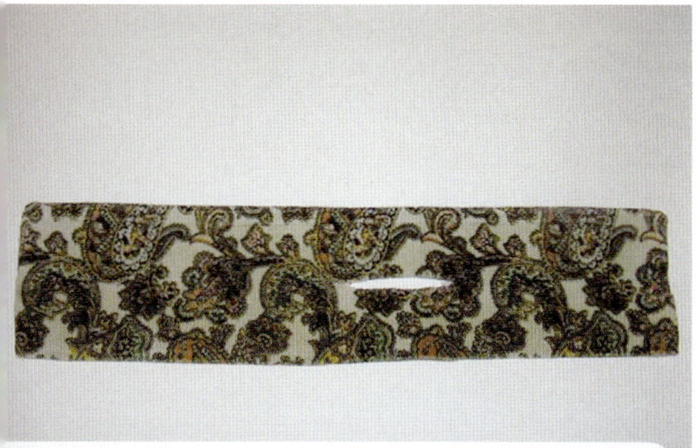

Abb. 108: Das Gewand des grünen Königs

Die Haare werden aus schwarzer Wolle gehäkelt. Messen Sie den Kopfumfang so ab, wie Sie später auch die Haare annähen möchten. Häkeln Sie immer eine Reihe fester Maschen, und in der nächsten Reihe häkeln Sie zwei Maschen zusammen und überspringen eine Masche. Probieren Sie die Kappe immer wieder auf, um zu sehen, wie viel Sie noch häkeln müssen.

Der Caspar bekommt keine Krone, sondern einen kupferfarbenen Haarreif.

Auch der grüne König hat eine aufrechte Haltung, jedoch zeigen seine Handflächen nach innen. Die Arme sind wieder angewinkelt.

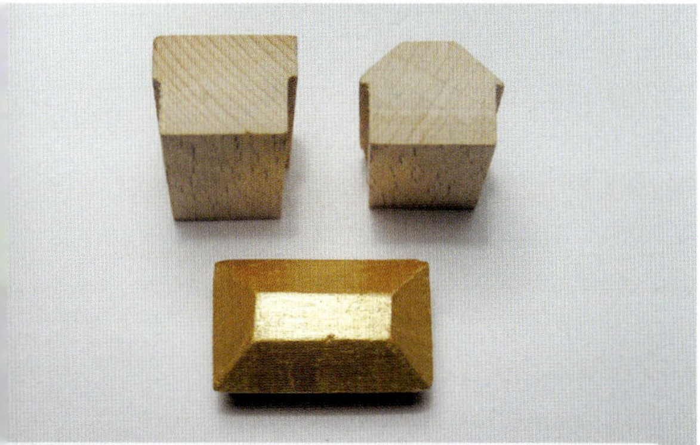

Abb. 109: Die Truhe mit der Myrrhe

Truhe

Die Truhe kann man herstellen, indem man ein langes Stück Kantholz fräst, auf Länge sägt und weiter schnitzt. Sie hat eine Länge von 3 cm und eine Breite von 2 cm (Abb. 109). Oder Sie schnitzen die ganze Truhe aus einem Stück Haselrute, was den Kindern am meisten Spaß macht; hier können Sie Ihrer Fantasie freien Lauf lassen.

Die Farbe Kupfer ist sehr schwer zu bekommen, deshalb habe ich die Farbe gemischt. Nehmen Sie etwas Gold und mischen Weinrot darunter und malen die Truhe damit an.

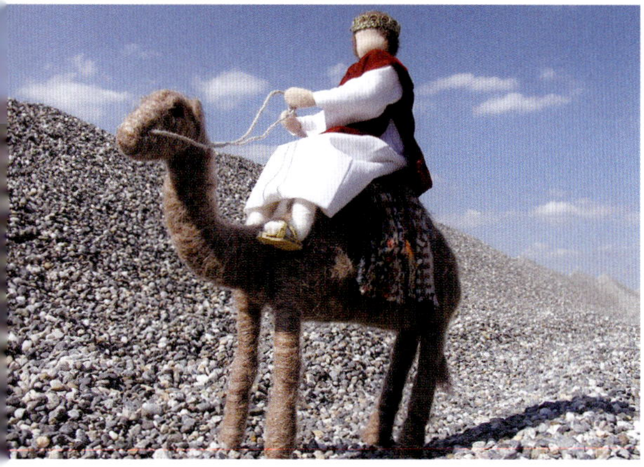

Könige mit Beinen

Sie können die Könige auch mit Beinen herstellen. Verwenden Sie für das Grundgestell dann die Maßangaben für die Hirten. Die Beine werden mit Trikotstreifen umwickelt und anschließend mit heller Wolle umwickelt.

Für die Unterwäsche nehmen Sie den Schnitt von der Maria (s. Schnittmuster S. 138). Das Gewand nähen Sie gleich wie das der Standfiguren. Die Gewandlänge wird erst an der fertigen Figur abgemessen.

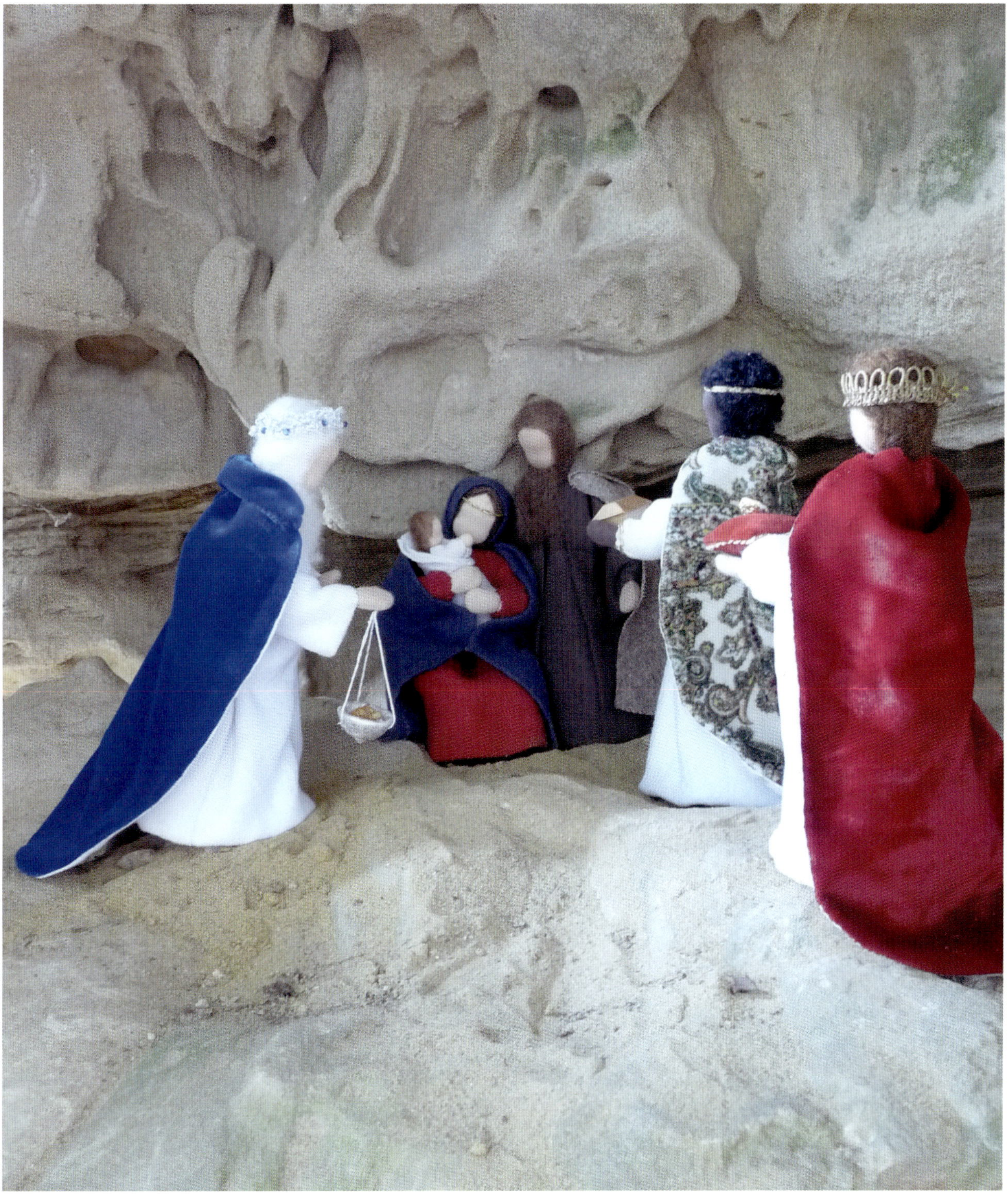

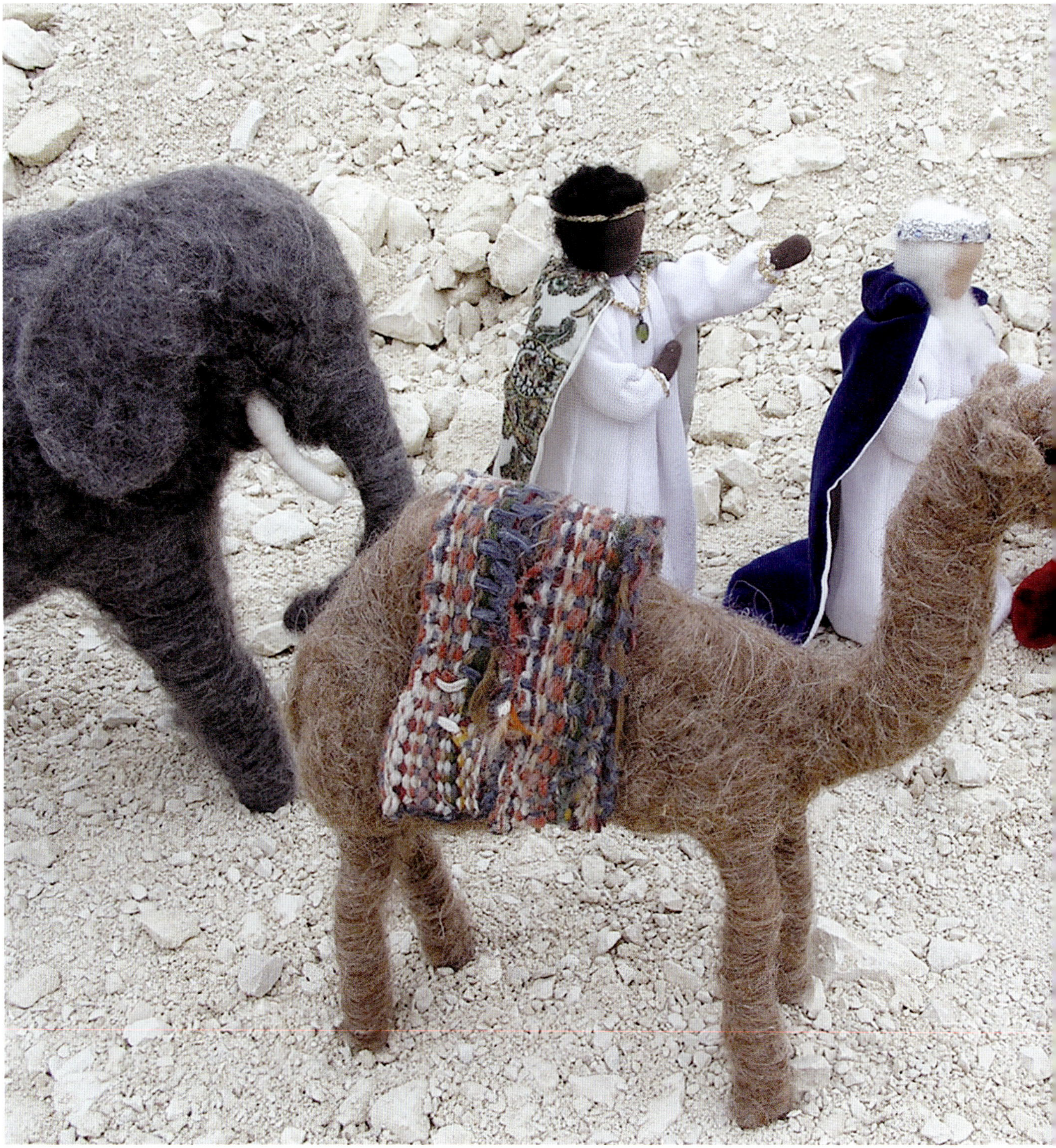

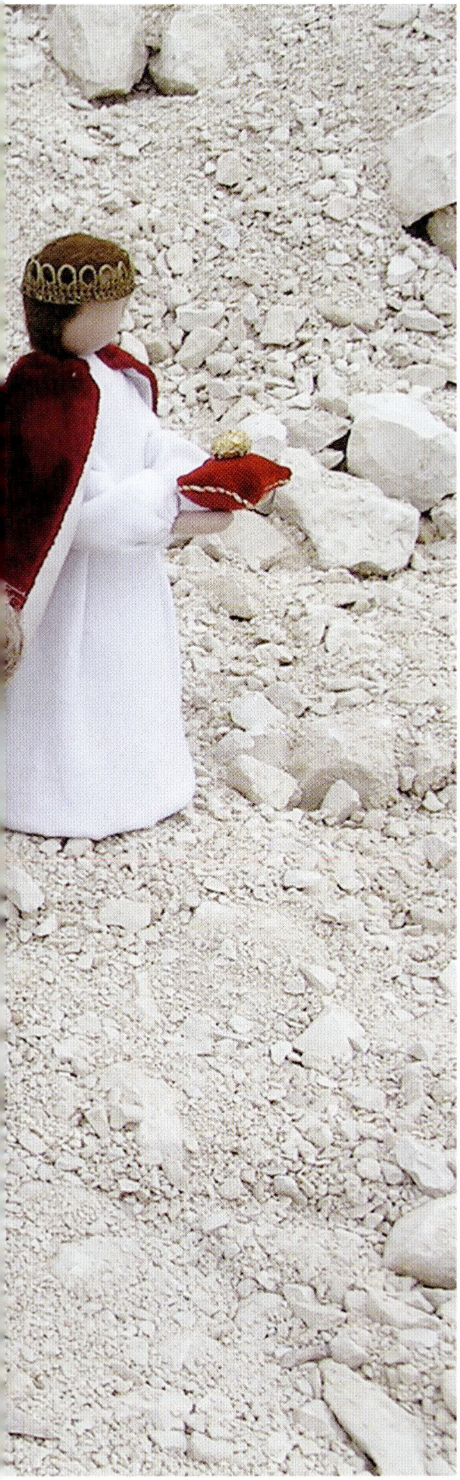

Elefant und Kamel

Das Kamel

Das Kamel besteht aus einem Drahtgestell und wird mit Schafwolle umwickelt und gefilzt, wie es bei den anderen Tieren beschrieben wurde.
Wählen Sie eine hellbraune Kamelhaarwolle. Stellen Sie nach der Anleitung das Drahtgestell her. Die Höcker werden nach Anfertigen des Grundgestells angedrahtet. Beginnen Sie am Rücken, und führen Sie den Draht zum Hals und nochmals zurück (Abb. 110).
Beinlänge: 13 cm
Rückenlänge: 14 cm
Hals: 10 cm
Kopflänge: 5 cm
Kopfbreite: 2,5 cm
Vom Rücken zum Höcker: 7 cm

Das Dromedar

Das Dromedar besitzt nur einen Höcker, während das Kamel (Trampeltier) zwei Höcker hat, ansonsten wird es auf die gleiche Weise wie das Kamel hergestellt (Abb. 111 und 112).
Beinlänge: 13 cm
Rücken: 14 cm
Hals: 10 cm
Kopflänge: 5 cm
Kopfbreite: 2,5 cm
Vom Rücken zum Höcker: 7 cm

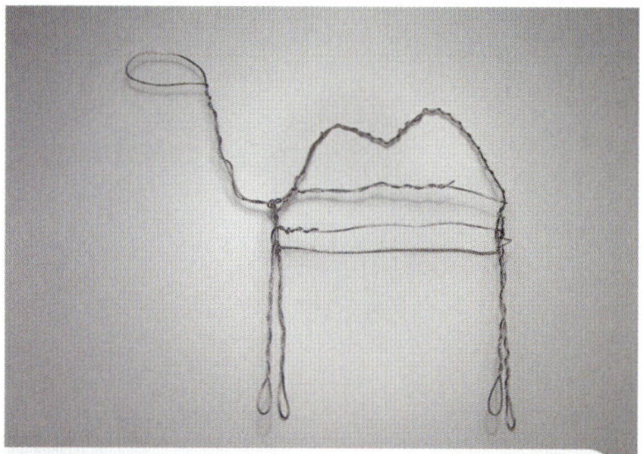

110: Das Drahtgestell für ein Kamel

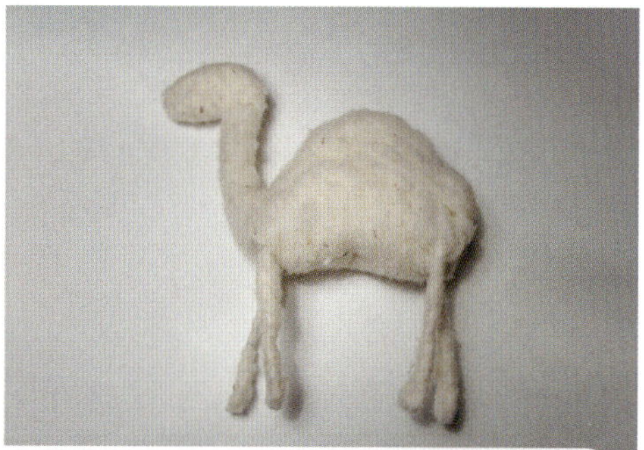

111: Mit Schafwolle umwickeltes Dromedar

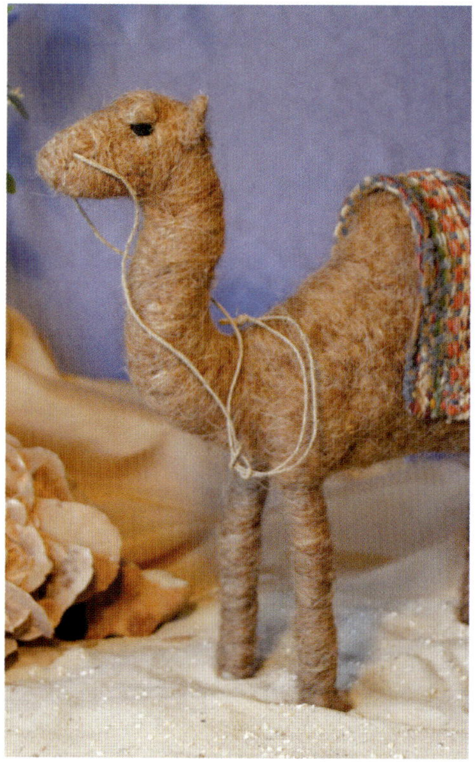

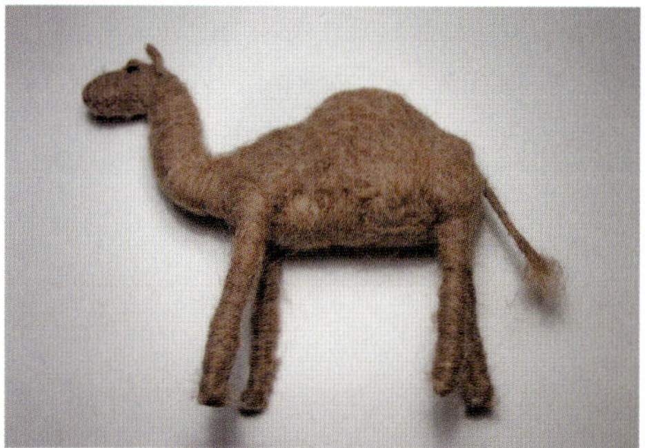

112: Das fertige Dromedar

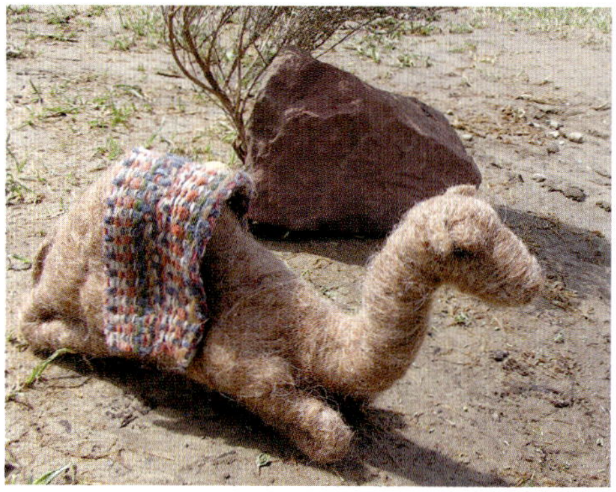

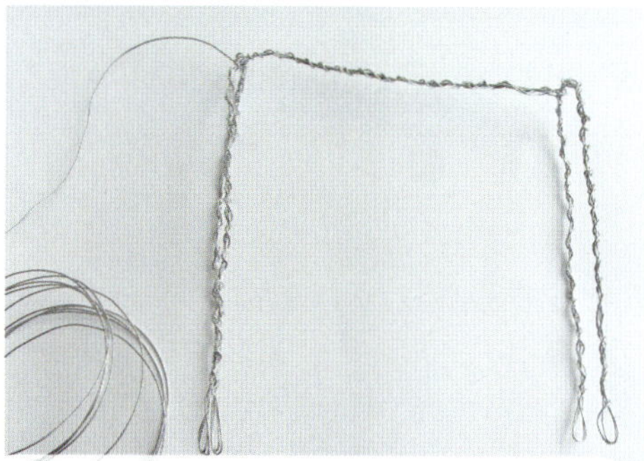

113: Drahtgestell Elefant (Beine, Rücken)

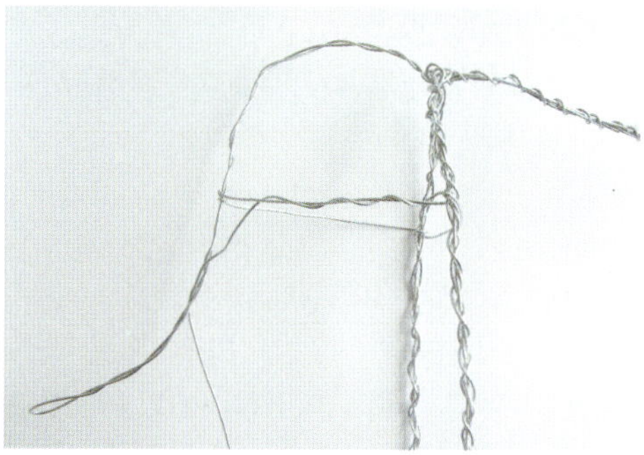

114: Kopf und Rüssel

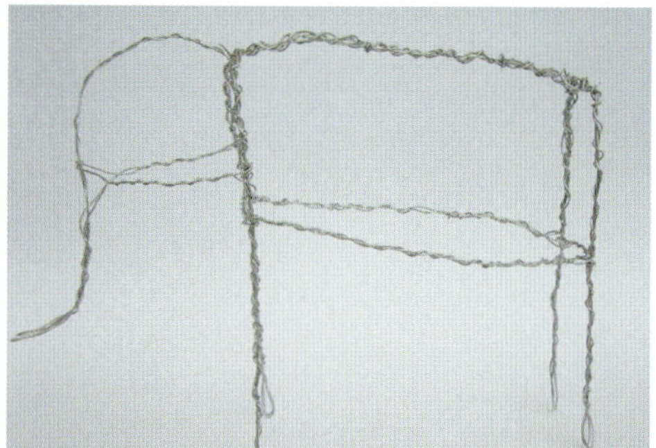

115: Das fertige Drahtgestell

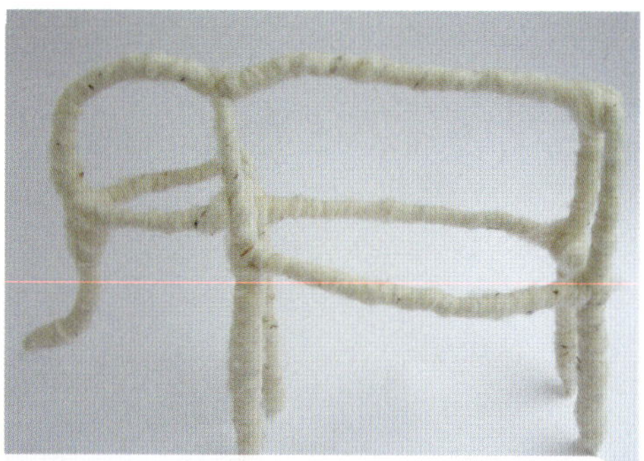

116: Drahtgestell mit Schafwolle umwickeln

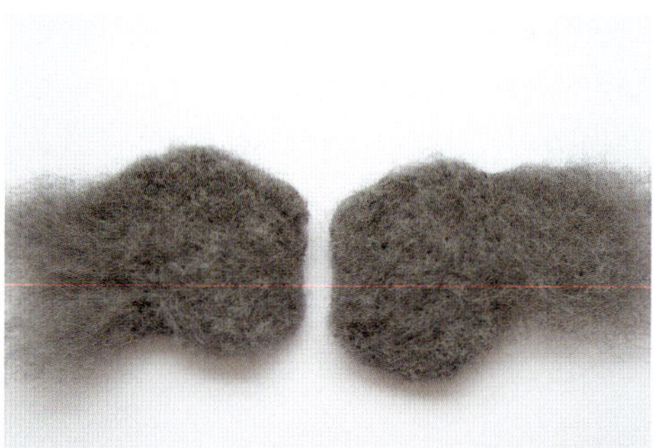

117: Die Elefantenohren

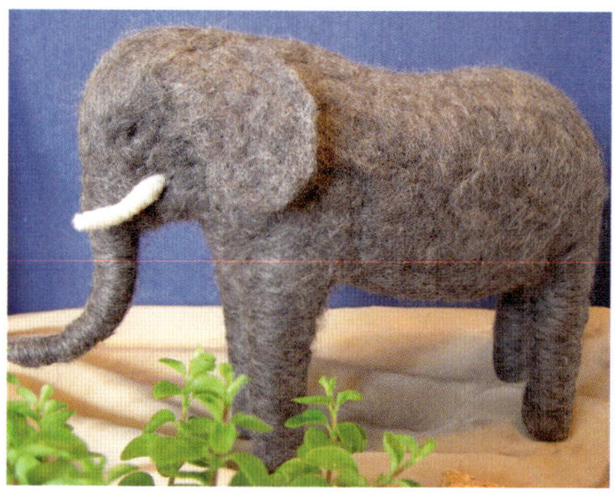

Der Elefant

Material

- verzinkter Draht
- Schafwolle weiß und grau

Maße für den Elefanten:
Hinterbeine: 21 cm
Vorderbeine: 23 cm
Rückenlänge: 19 cm
Rüssel mit Kopf: 22 cm
Bauchmitte: 8,5 cm

Beginnen Sie mit den Hinterbeinen des Elefanten. Biegen Sie den Draht nach 21 cm zur ersten Fußschlaufe um, und verdrehen Sie die zwei Drähte miteinander. Messen Sie nun für beide Beine eine Länge von 42 cm ab, und biegen Sie den Draht zur zweiten Fußschlaufe. Zur Verstärkung der Beine den Draht wieder zum ersten Fuß wickeln und dort nochmals eine zweite Fußschlaufe legen und den Draht zurück zum zweiten Fuß wickeln. Auch hier eine zweite Schlaufe legen und erst jetzt zur Mitte wickeln. Nach einer Länge von 40 cm schneiden Sie den Draht ab.
Die Verarbeitung der Vorderbeine ist wie die der Hinterbeine. Sie werden nur 4 cm länger, also 46 cm gearbeitet. Wichtig ist auch hier, dass Sie die Fußschlaufen doppelt arbeiten, aber den Draht nicht abschneiden, er wird gleich weiterverarbeitet.
Für den Rücken messen Sie 19 cm vom Draht der Hinterbeine ab und verbinden durch Umbiegen des Drahtes die Vorderbeine mit dem Rücken und den Hinterbeinen. Halten Sie den Draht der Vorderbeine so fest, dass Sie ihn gleichzeitig mit dem Draht der Hinterbeine umwickeln können. Den Draht auf der Rolle wieder zu den Vorderbeinen wickeln. Der Elefant bekommt somit eine stabile Wirbelsäule (Abb. 113).
Als Nächstes messen Sie für den Kopf mit Rüssel 22 cm ab und legen die erste Rüsselschlaufe. Wickeln Sie den Draht bis zu den Vorderbeinen zurück. Den Draht 1 m lang lassen und abschneiden.
Formen Sie einen angedeuteten Kopf und die Rüsselform, so wie es auf dem Foto gezeigt ist (Abb. 114). Der Kopf entsteht, indem Sie mit dem Draht 6 cm am Vorderbein nach unten arbeiten und dann eine Verbindung von 8 cm zum Rüssel herstellen. Wickeln Sie den Draht einmal um den Rüssel, dieser hat eine Länge von 11 cm. Fixieren Sie diesen Punkt mit der Zange, so kann nichts verrutschen. Wieder 8 cm abmessen und den Draht zum zweiten Vorderbein zurückführen und einmal um das Bein wickeln.
Die Beine des Elefanten werden 5 cm auseinandergebogen. Es wird eine Verbindung zwischen den beiden Vorderbeinen hergestellt. Der Draht wird nun wieder am Kopf entlang bis 2 cm vor dem Rüssel umwickelt, von hier aus den Draht schräg nach unten am Rüssel entlangwickeln und eine zweite Rüsselschlaufe legen. Den Draht wieder nach oben führen und ihn nun 2 cm nach dem Rüssel anlegen und um den Kopf wickeln. Den Rest des Drahtes können Sie aufbrauchen (Abb. 114).

Der Elefant bekommt wie alle Tiere zur Stabilisierung einen Rahmen um die Beine. Dazu setzen Sie den Draht am Rücken neu an. Die Hinterbeine haben eine Länge von 11 cm, die Vorderbeine werden zwei Zentimeter länger gearbeitet, also 13 cm. Führen Sie den Draht am Hinterbein nach unten, sodass Sie die angegebene Beinlänge erreichen. Fixieren Sie diesen Punkt mit der Zange, damit der Rahmen nicht mehr verrutschen kann.

Nun gehen Sie mit dem Draht zum Vorderbein, messen für die Bauchlänge 19 cm ab und umwickeln das Vorderbein. Eine zweite Verbindung entsteht nun zwischen den Vorderbeinen. Messen Sie wieder 19 cm Bauchlänge ab und gehen mit dem Draht zum zweiten Hinterbein. Die Hinterbeine 5,5 cm auseinanderbiegen, um hier eine Verbindung zwischen den Hinterbeinen herzustellen. Den Draht können Sie nun 1 m lang abschneiden und nochmals um den Rahmen wickeln.

Den Bauch zum Schluss der Arbeit etwas auseinanderbiegen, damit eine typische Bauchform entsteht. Das Drahtgestell für den Elefanten ist nun fertig (Abb. 115).

Als Nächstes wird das ganze Gestell mit weißer Schafwolle umwickelt. Nehmen Sie nur dünne, lange Stränge und umwickeln Sie öfters das Gestell (Abb. 116).

Die Beine so lange mit Wollsträngen straff umwickeln, bis Sie eine Stärke von 1,5 cm haben. Für den Kopf eine kleine Kugel formen, in den Hohlraum legen und anschließend mit Wolle umwickeln.

Formen Sie für den Bauch eine 19 cm lange Wurst mit einem Durchmesser von 10 cm.

Geben Sie diese Rolle in den Rahmen, und umwickeln Sie wieder Schicht für Schicht das Gestell. Wenn Sie zufrieden sind, wird der ganze Elefant mit einer grauen Schafwolle überzogen. Benutzen Sie immer wieder die Filznadel, um einige Konturen einzuarbeiten.

Die Ohren des Elefanten werden extra gefilzt. Nehmen Sie eine dünne Lage Wolle und filzen mit der Nadel die Ohren in Form (Abb. 117). An der Zeichnung können Sie sich orientieren, wie groß die Ohren werden können.

Legen Sie die fertigen Ohren auf den Kopf und schauen Sie mit Abstand, ob sie an der richtigen Stelle sitzen, bevor Sie sie festfilzen.

Auch der Schwanz des Elefanten wird extra gefilzt und anschließend aufgefilzt.

Die Stoßzähne werden 5 cm lang. Nehmen Sie einen 25 cm langen Draht, biegen ihn nach 5 cm um und umwickeln ihn mit weißer Schafwolle. Den Anfang und das Ende des Stoßzahnes können Sie mit Holzleim fixieren. Fädeln Sie den Draht an der richtigen Stelle durch den Elefanten durch und stellen den zweiten Stoßzahn auf die gleiche Weise her.

Wenn Sie möchten, können Sie schwarze Glasperlen als Augen aufnähen. Nun ist der Elefant fertig.

Zum Schluss können Sie dem Elefanten noch ein paar Schmuckstücke am Kopf anbringen und ihm eine Decke über den Rücken legen.

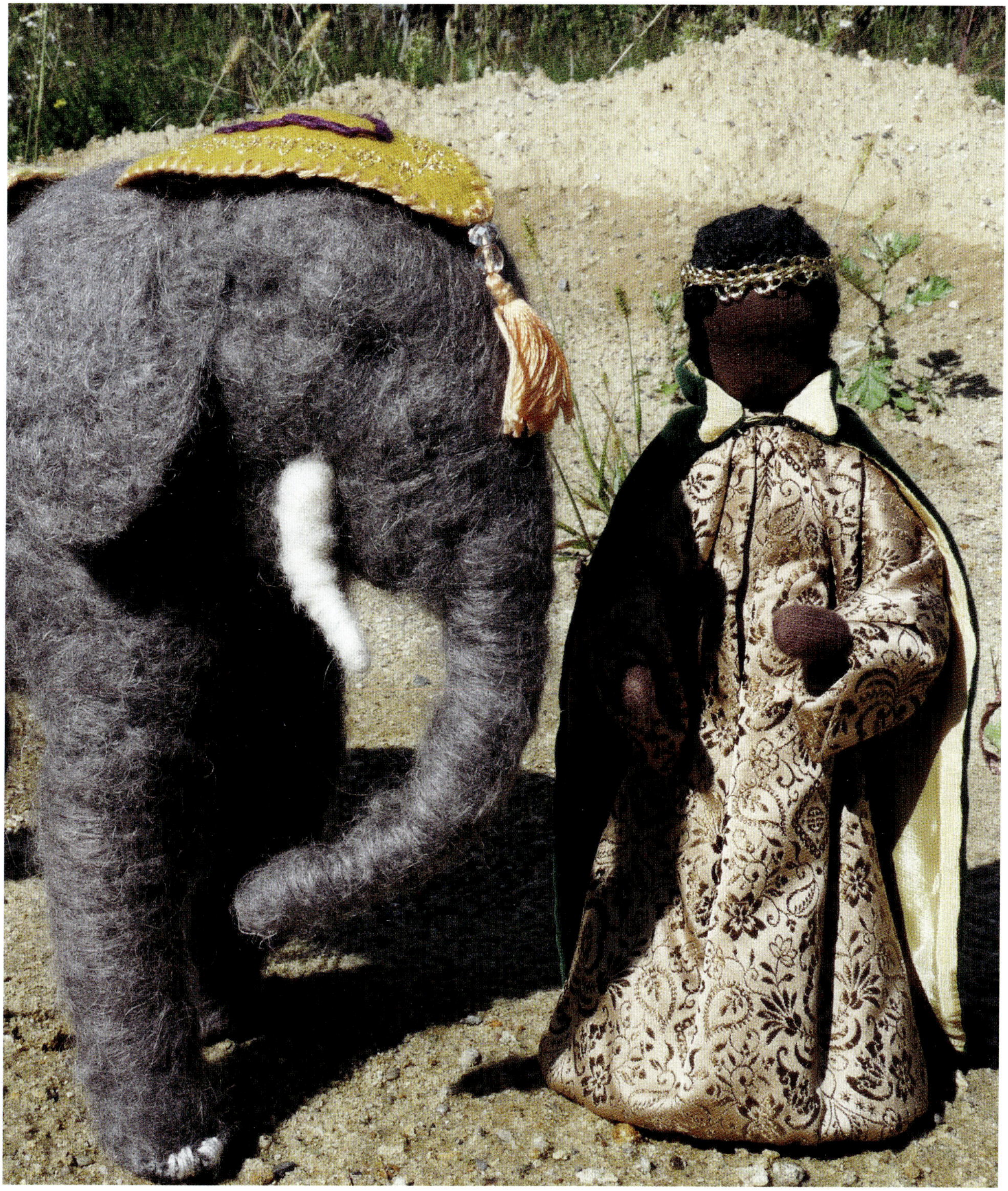

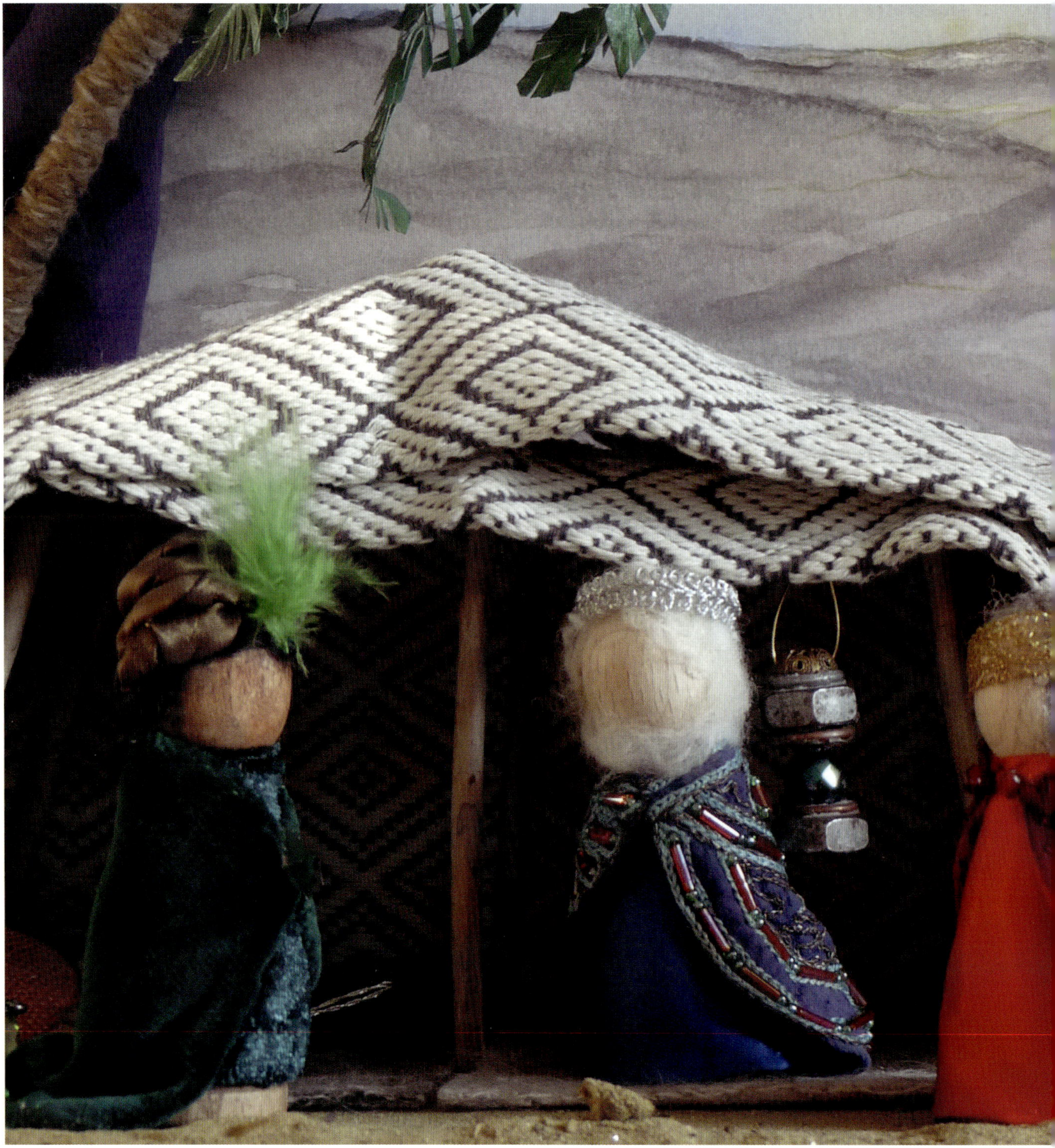

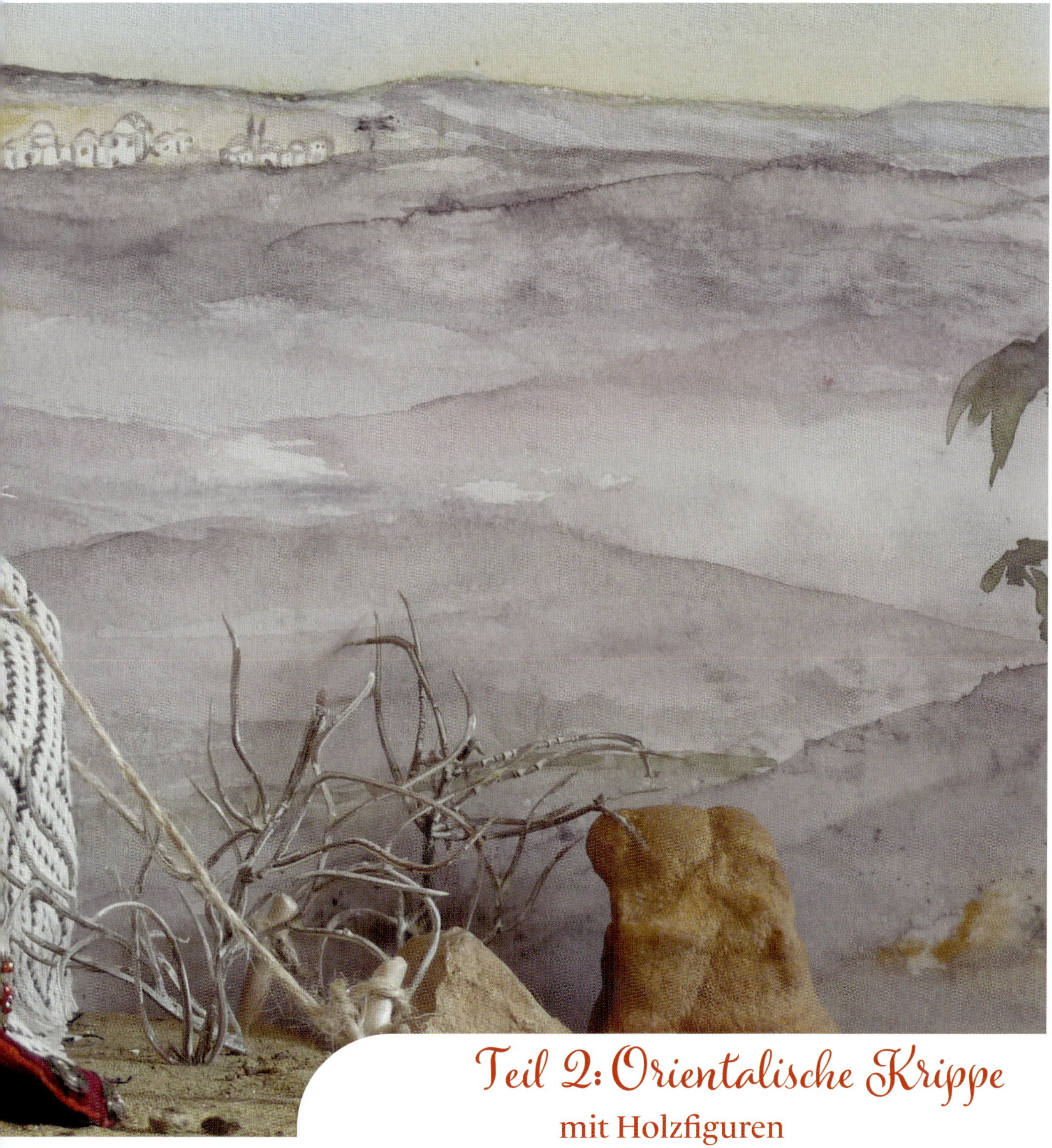

Teil 2: Orientalische Krippe

mit Holzfiguren

Die orientalische Krippe

Eine spannende Alternative zu den im ersten Teil beschriebenen Krippenfiguren aus Drahtgestell ist die Herstellung einer sogenannten orientalischen Krippe mit entsprechenden Figuren. Der Orient oder Nahe Osten – früher auch als «Morgenland» bezeichnet – liegt, vom «Abendland» aus gesehen, in jener Himmelsrichtung, in der die Sonne aufgeht. Jesus wurde in Bethlehem geboren und lebte in Galiläa und Judäa. So kann es auch reizvoll sein, eine Krippe zu gestalten, die an die dortigen Landschaften und Lebensweisen angelehnt ist.

Im Orient – oder genauer: in der Levante, d.h. in den östlichen Mittelmeerländern – sind die Häuser meist weiß getüncht, um die starke Sonneneinstrahlung abzumildern und die Innenräume kühl zu halten. Oft haben die Häuser eine Kuppel. In sehr wasserarmen Gegenden wachsen Palmen, stachelige Büsche und ölhaltige Pflanzen wie Olivenbäume; Feigen, Datteln und Trauben werden geerntet. Die Menschen tragen gerne gewickelte Tücher als Kopfbedeckung zum Schutz vor Wärme und Staub.

Um Ihnen diese Stimmung anschaulicher zu machen, habe ich eine solche Landschaft – nach meinen Vorstellungen – mit ihren typischen Häusern, einem typischen Zelt und mit Palmen gestaltet. Anregungen und Anleitungen zum Nachbauen folgen im Anschluss.

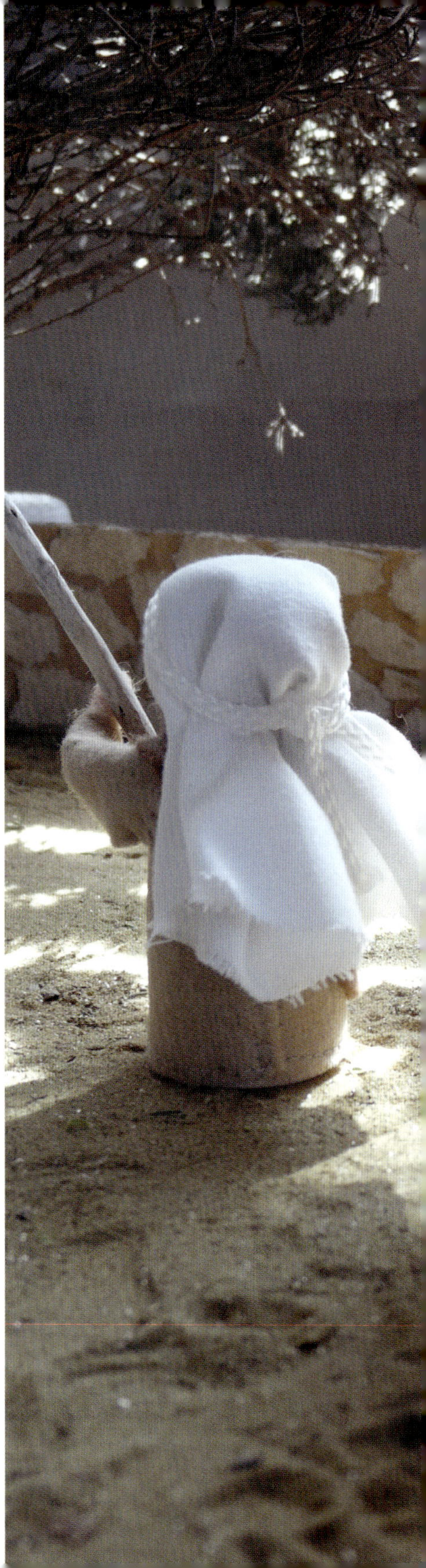

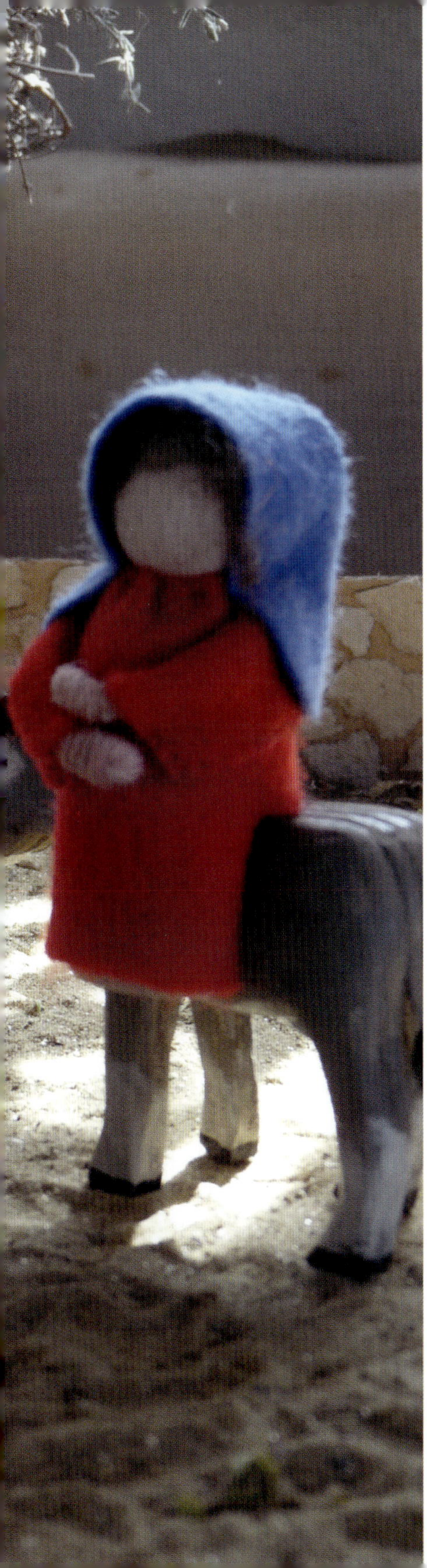

Inspiration für die Materialauswahl

Das Geschehen der Vorweihnachtszeit ist voller freudiger Erwartung und von Lebendigkeit geprägt. Nichts steigert mehr diese Spannung, als wenn Sie die Landschaft stückchenweise aufbauen. Jeden Tag können kleine Elemente dazukommen, die das Bild ergänzen: ein besonderer Stein, ein kleiner Stall, später ein Tierlein darin, ein neues Haus, ein gewebtes Körbchen oder ein Krug. So werden die Kinder täglich mit Freude schauen und staunen, was heute wohl Neues aufgetaucht ist.

Wenn Maria und Josef sich auf die weite Reise begeben, kann auch dieser Weg lebendig gestaltet werden: Sie können Ihre Figuren etwa über eine Bahn aus Sand laufen lassen. Dafür wurde eine sitzende Maria dargestellt, damit sie auf ihrem kleinen Esel reiten kann. Entlang des Weges können täglich Ergänzungen dazukommen.

In der Geschichte *Marias kleiner Esel* von Gunhild Sehlin, dem Buch *Das Licht in der Laterne* von Georg Dreißig (beides im Verlag Urachhaus erschienen) oder den *Kindheitslegenden* von Jakob Streit (Verlag Freies Geistesleben) finden Sie einen Faden für Ihre Erzählung. Natürlich können Sie sich auch eigene Geschichten ausdenken.

Das freudige Miteinander um diese Krippenlandschaft ist ein zentraler Punkt im Advent, das die Innigkeit und Wärme dieser besonderen Zeit unterstützen kann. In welcher Reihenfolge und welchem Umfang Sie beginnen wollen, bleibt Ihnen überlassen.

Arbeitsplatz, Werkzeuge und Materialien

Ich liebe es, bei meinen Arbeiten flexibel zu sein, daher habe ich immer mehrere Arbeitsplätze, an denen ich beschäftigt bin. Wenn das Licht gerade gut ist, nutze ich es spontan und widme mich der Näharbeit oder dem Filzen der Tiere; in der Zwischenzeit kann vielleicht gerade ein Gegenstand trocknen, den ich vorher bearbeitet habe.
Die kleinen Sägearbeiten werden auf meiner kleinen Werkbank ausgeführt, da ich dort eine geeignete Arbeitsunterlage habe. Sie ist wichtig, um Verletzungen zu vermeiden.

Werkzeuge: Für die in den folgenden Kapiteln beschriebenen Figuren, Häuschen oder Tiere habe ich eine kleine Säge, einen Hammer, Schleifpapier, eine Zange, einen Handbohrer oder die Bohrmaschine gebraucht. Zum Nähen der Kleidung genügt es, Nähnadeln, Nähgarne, Stickfäden in verschiedenen Farben und eine Schere zur Hand zu haben. Um die Tiere zu filzen, wurden normale Filznadeln und eine sehr dicke Schaumstoffunterlage benutzt. Außerdem sind Holzleim und Heißkleber nützliche Hilfsmittel. Für die Farbgestaltung habe ich mit einem Mix aus Acryl- und Aquarellfarben gespielt.

Materialien: Sowohl für die im ersten Teil beschriebenen Figuren mit Drahtgestell als auch für die im zweiten Teil vorgestellten Kegelfiguren aus Holz sind die verwendeten Materialien oft liebgewonnene Erinnerungsstücke: Geschenktes, Gebrauchtes oder gefundene Kostbarkeiten, wie die Steine aus Bethlehem und aus der Wüste Petra. Oft verwende ich aber auch alltäglich anfallende Verpackungsmaterialien, wie Eierkartons, Pappschachteln, Knoblauchsäckchen, die als Fenstergitter dienen usw. Für die Landschaftsgestaltung benutze ich Sand, Moos, Schwemmholz vom Bodensee und Tücher, die schon von der Gestaltung des Jahreszeitentischs vorhanden sind. Die Wertschätzung dieser Materialien und deren verantwortungsvoller Umgang sind mir sehr wichtig, da ich so erzogen wurde, aus wenig etwas Neues zu zaubern. Dafür bin ich sehr dankbar, weil diese Erfahrung mich bis heute prägt. Ein solcher Materialumgang macht viel Spaß und regt die Fantasie an, denn jeder hat einen anderen Blick auf die Dinge.

Um Ihnen eine Inspiration für die Vielfalt der verwendeten Materialien, Accessoires und der verschiedenen Schnittmöglichkeiten bei der Figurengestaltung zu geben, habe ich dies in den bunten Kreisen darzustellen versucht (siehe z.B. S. 100 und 104 bzw. S. 133 ff.).

Seien Sie kreativ, denn was immer Sie an Material finden, das können Sie nutzen, um Ihre eigenen Kompositionen zu zaubern. Auf jeden Fall werden Ihre Krippenfiguren und das Drumherum dadurch sehr persönlich und besonders sein.

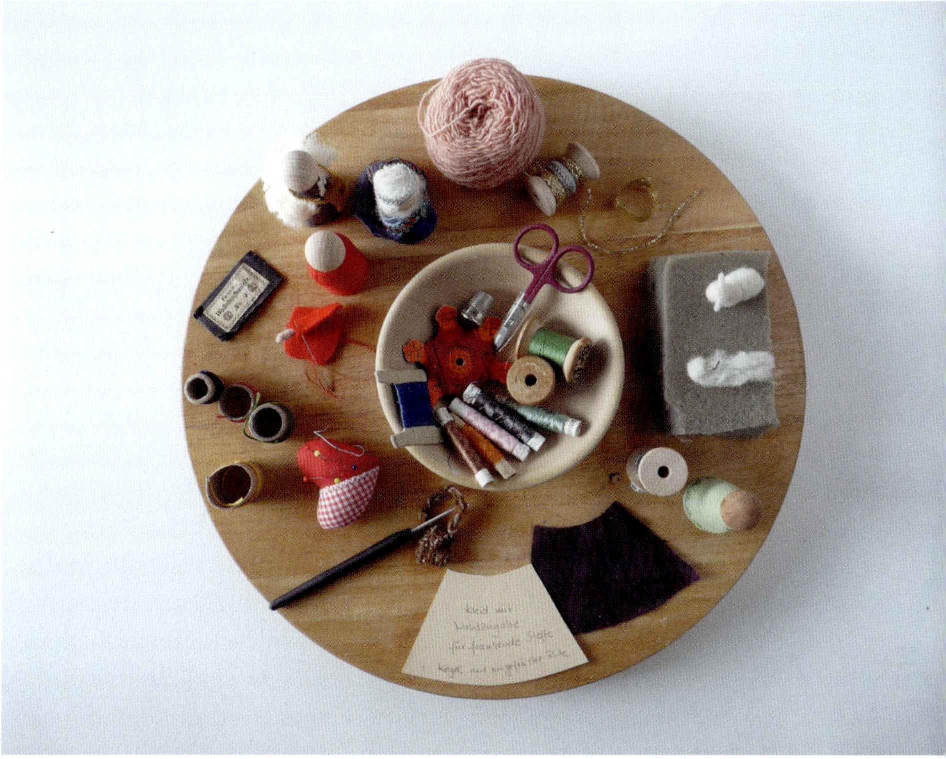

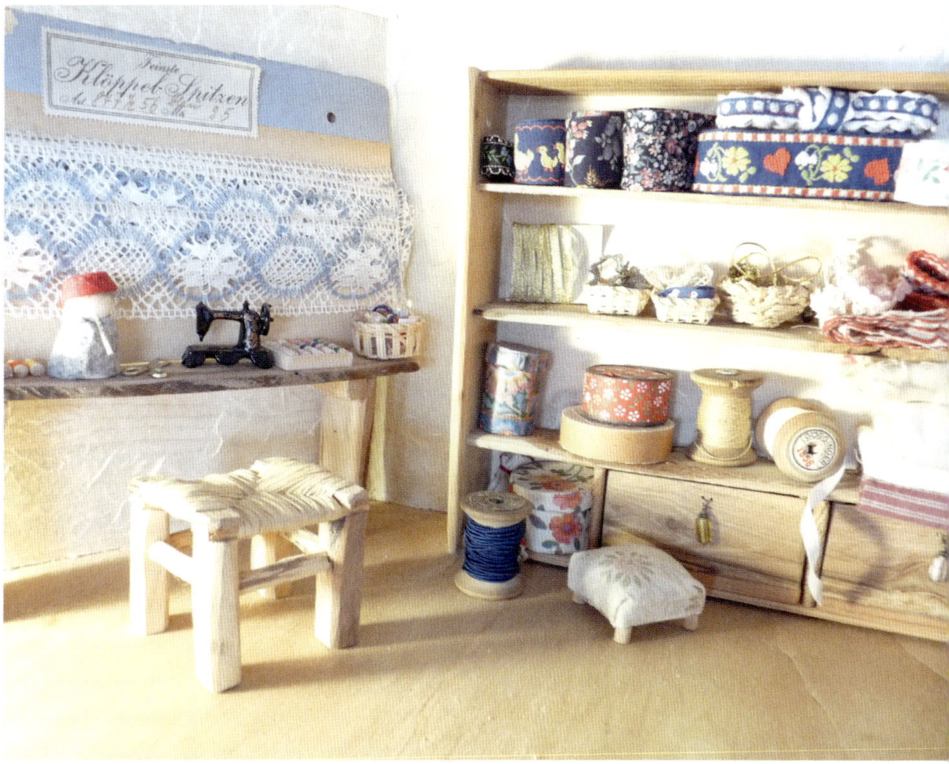

Die Holzkegelfiguren

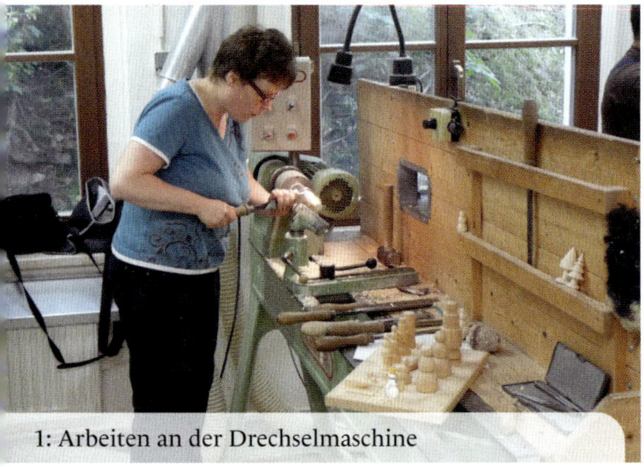

1: Arbeiten an der Drechselmaschine

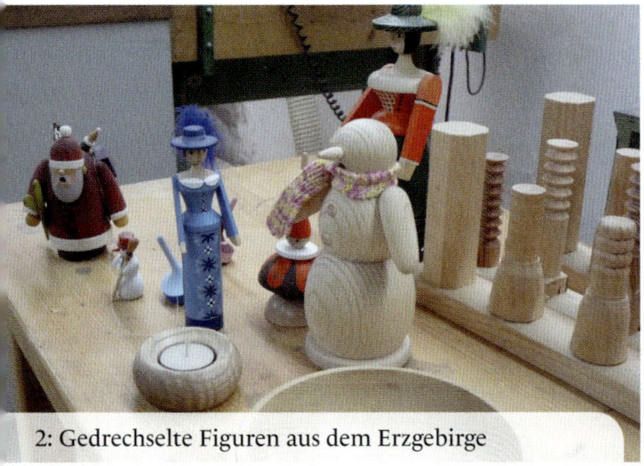

2: Gedrechselte Figuren aus dem Erzgebirge

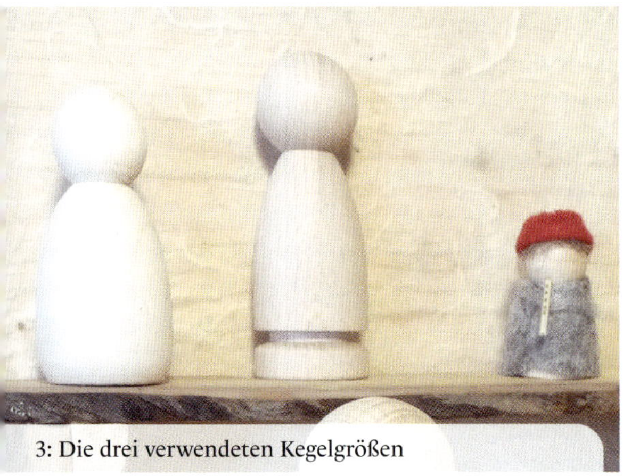

3: Die drei verwendeten Kegelgrößen

Jeder Holzkegel erhält durch das Drechseln seine Form. Er kann je nach Land, Kultur und Nachfrage variieren. Das Drechseln ist ein sehr altes Handwerk, das schon die alten Ägypter um 1500 v. Chr. kannten. In Deutschland war die Kunst des Drechselns oder, wie man früher sagte, des Drehens vor allem in waldreichen Gegenden verbreitet. Noch heute ist die Herstellung gedrechselter Figuren im Erzgebirge ein wichtiger Industriezweig (Abb. 1 und 2).
Es können fast alle Holzarten gedrechselt werden. Die hier gezeigten Holzkegel sind aus unbehandeltem, nicht gewachstem und nicht lackiertem Buchenholz. Dieses Holz ist sehr hart, hat kurze Fasern und besitzt eine glatte Oberfläche. Daher ist es gut zum Basteln und Bemalen geeignet.
Es gibt auch Holzkegelfiguren aus Pappelholz. Dieses ist jedoch sehr weich, hat lange Holzfasern und daher eine raue, ungleichmäßige Oberfläche.
Die Holzkegel werden in verschiedenen Formen und Größen angeboten. Im Buch werden drei Figurengrößen gezeigt (Abb. 3).

1. Abmessungen des langen Figurenkegels (Engel):
Durchmesser Standfläche: 3,5 cm
Durchmesser Kopf: 2,5 cm
Gesamthöhe: 9 cm

Alle anderen Figurenkegel haben eine eingefräste Rille.

2. Abmessungen der anderen Figurenkegel:
Durchmesser der Standfläche: 2,6 cm
Durchmesser des Kopfes: 2,2 cm
Gesamthöhe: 7,3 cm

3. Abmessung des bauchigen Figurenkegels (Hirtenkind):
Durchmesser der Standfläche: 2,2 cm
Durchmesser des Kopfes: 1,3 cm
Gesamthöhe: 3,8 cm

Sie können jede andere beliebige Holzkegelfigur verwenden, denn die Herangehensweise der Schnittentwicklung ist immer gleich.

Schnitterstellung

Da es die Holzkegelfiguren in vielen Varianten und Abmessungen gibt, ist es nicht möglich, für jede Holzkegelfigur einen passenden Schnitt zu haben. Daher zeige ich im folgenden Kapitel, wie man einen Grundschnitt für ein eng anliegendes Kleid und eine Kappe herstellt und wie Sie dann Veränderungen vornehmen können.

Material: Küchenrolle

Schnitt für ein eng anliegendes Kleid

Schneiden Sie zunächst ein grobes Stück, das den Körper gut umschließt und ca. 1 cm überlappt, vom Küchenpapier ab (Abb. 4 und 5). Legen Sie das Stück um den Körper und markieren Sie mit einem Bleistift die Halspartie und die Saumkante und schneiden dies dann aus (Abb. 6 und 7). Jetzt das Papier wieder um den Körper legen und an der späteren hinteren Mitte das Papier zusammenkneifen und die Form des Kegels mithilfe einer Nadel abstecken und wieder mit einem Stift anzeichnen (Abb. 8). Das Schnittmuster wieder abnehmen und vor sich hinlegen. Nun ist schon eine Form zu erkennen. Das Schnittmuster formschön auszeichnen, sodass weiche Übergänge entstehen; danach ausschneiden (Abb. 9).

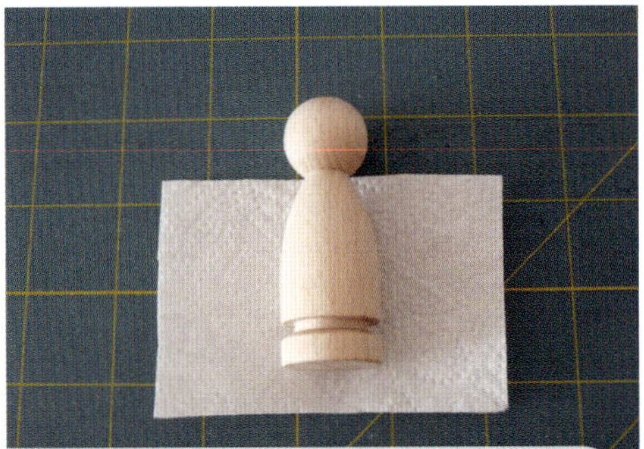
4: Schnitterstellung mittels Küchenpapier

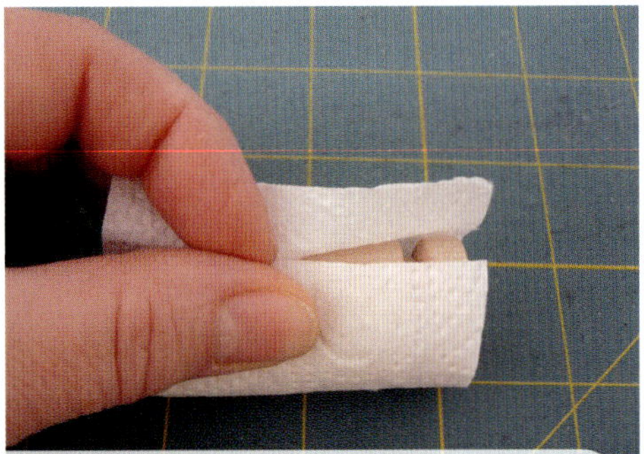
5: Den Körper gut umschließen

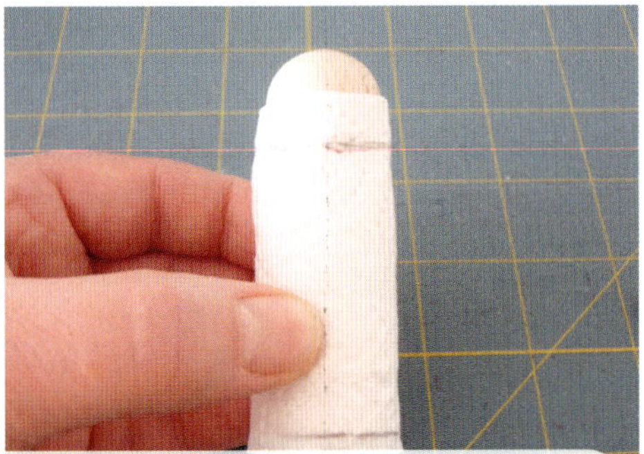
6: Halspartie und Saumkante markieren

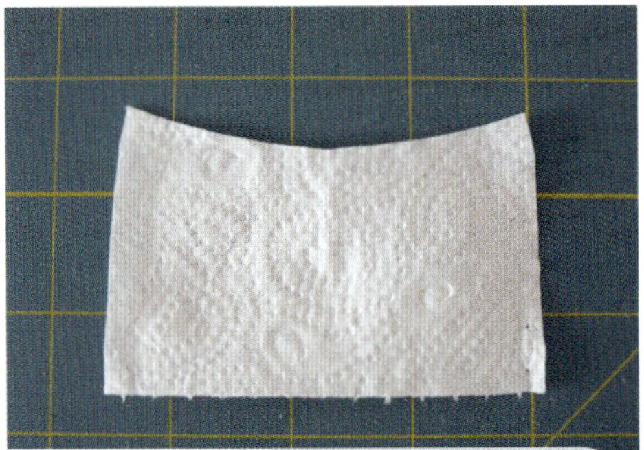
7: Ausschneiden

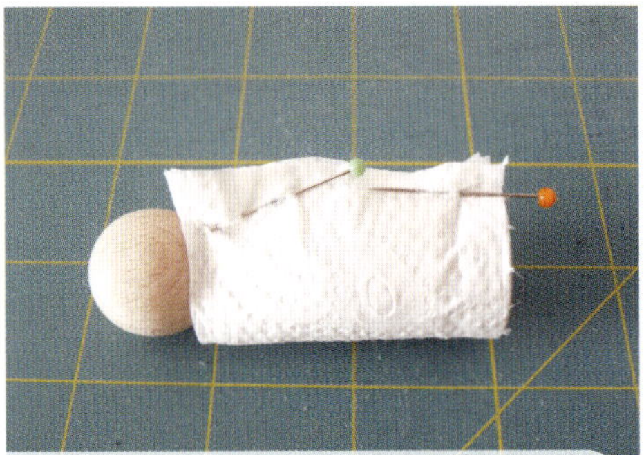
8: Kegelform abstecken und anzeichnen

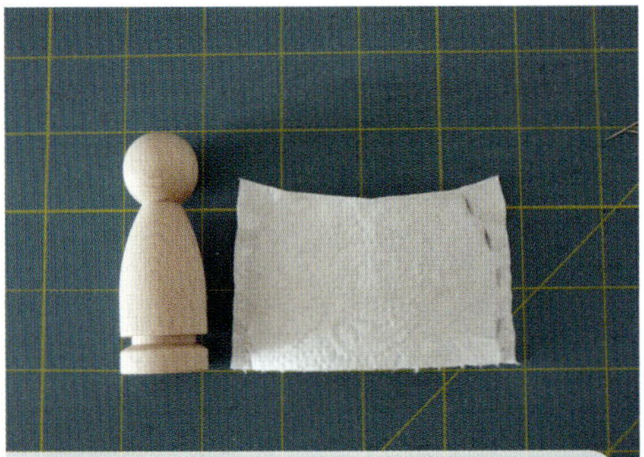
9: Schnittmuster ausschneiden

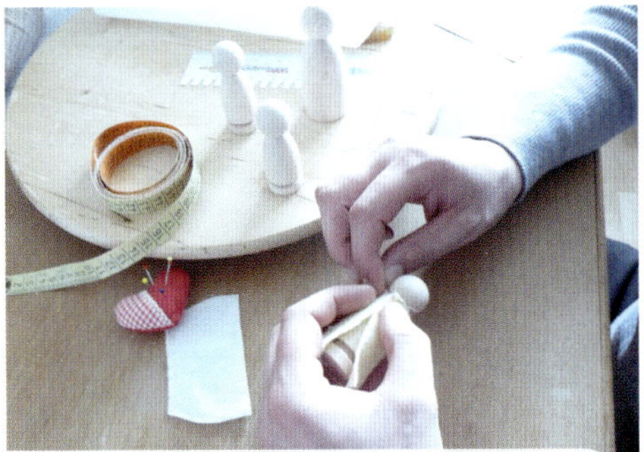
10: Kleid mit Saumzugabe

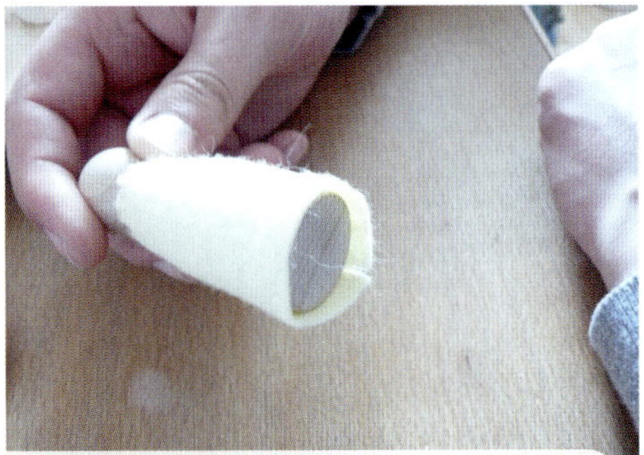
11: Saumzugabe 0,7 – 1 cm

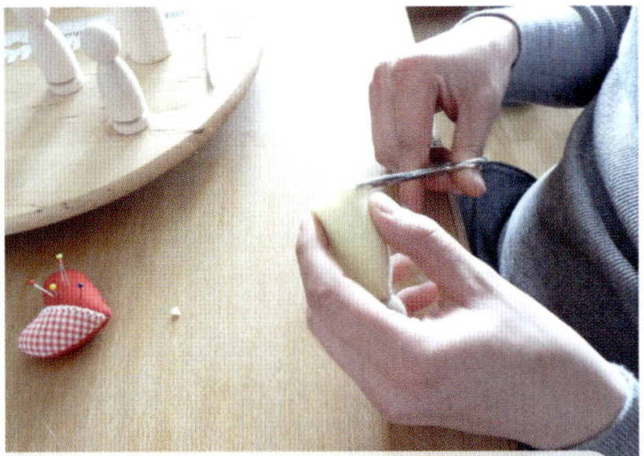
12: Saumlinie an der Figur abschneiden

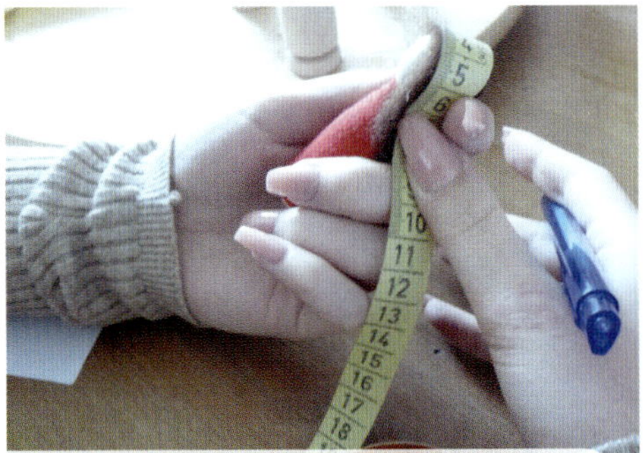
13: Kapuze für Marias Mantel 6 cm

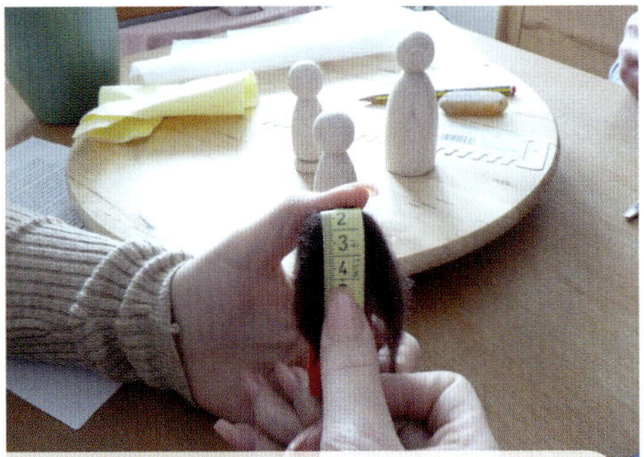
14: Hinterkopf 4 cm

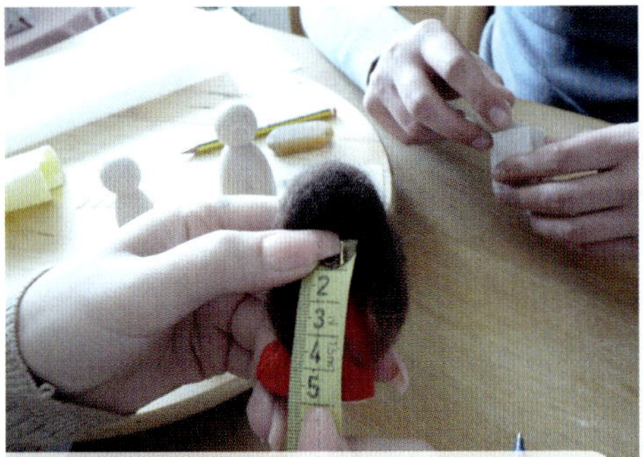
15: Rückenlänge 5,5 cm

Nähen Sie aus diesem eng anliegenden Kleidergrundschnitt ein Muster. Verwenden Sie ähnliche Stoffe, die die Figuren auch später tragen: Filz oder gewebte Stoffe. Geben Sie zunächst nur an der hinteren Mitte eine Nahtzugabe von 0,3 cm zum Zusammennähen dazu.
Wenn Sie nach dem Probenähen den Wunsch haben, das Kleid leicht ausgestellt zu nähen, können Sie Folgendes tun: Auf beiden Seiten von der Saumlinie auslaufend bis ca. zur Mitte des Grundschnittes, wie auf dem Foto ersichtlich, 0,7–1 cm zugeben. Zu beachten ist dann, dass sich die Saumlinie verändert. Daher ist es auch hier von Vorteil, ein Muster zu nähen. So können Sie die Saumlinie direkt an der Figur abschneiden und haben dann ein passgenaues Schnittmuster (Abb. 10–12). Das ist zwar zunächst mehr Arbeit, aber es lohnt sich (siehe Schnittmuster S. 141).
Um es beim Zuschnitt einfacher zu haben, zeichne ich mir danach das Muster nochmals auf eine Pappe und gebe überall eine Nahtzugabe von 0,3 cm dazu. So muss beim Zuschnitt von fransenden Stoffen nicht mehr daran gedacht werden. Bei Filzstoffen benötigt man nur an der hinteren Mitte eine Nahtzugabe.
Mit diesem Grundschnitt des eng anliegenden Kleids lassen sich die Königsmäntel und Umhänge für die Hirten herstellen (Schnittmuster S. 141).

Marias Mantel

Hier folgt die Anleitung für Marias weit fallenden Mantel.

Maßangaben

- Kopf (gemessen vom Hals über den Scheitel zur anderen Seite des Halses; die Haare wurden Maria schon aufgeklebt): für die dargestellte Figur sind dies 6 cm (Abb. 13)
- Hinterkopf (gemessen vom Scheitel bis zum Nacken): 4 cm (Abb. 14)
- Rückenlänge (gemessen vom Nacken bis zum Saum): 5,5 cm (Abb. 15)
- Den Saumumfang habe ich an der Figur angepasst, da dies vom Stoff abhängig ist. Die Ausführung des Schnittes ist aus dem Schnittmuster S. 140 ersichtlich.

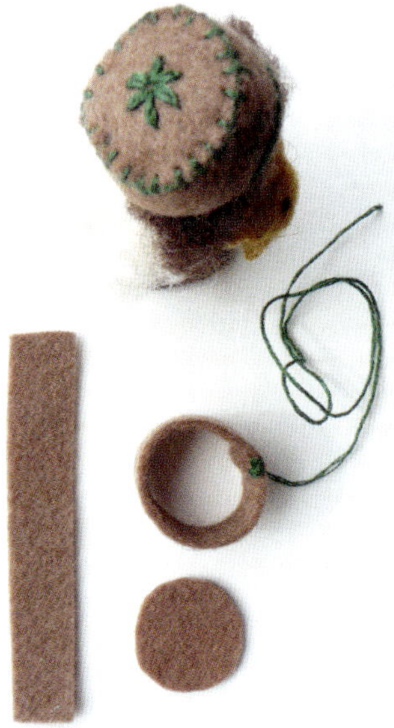

16: Kappe für einen Hirten

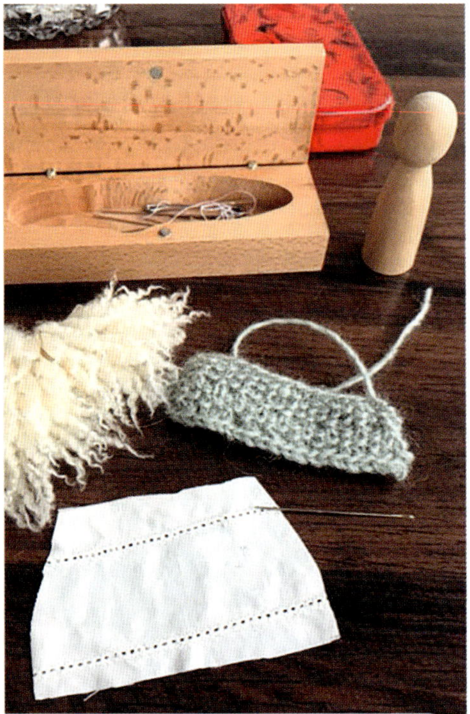

17: Kleider für die Kegelfigur

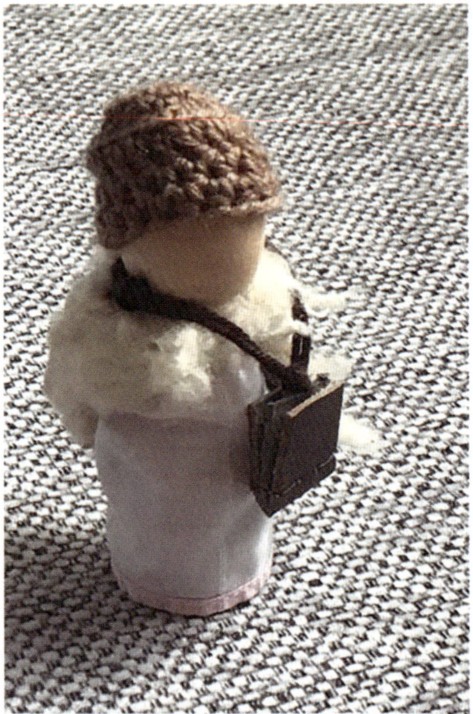

18: Figurenbeispiel

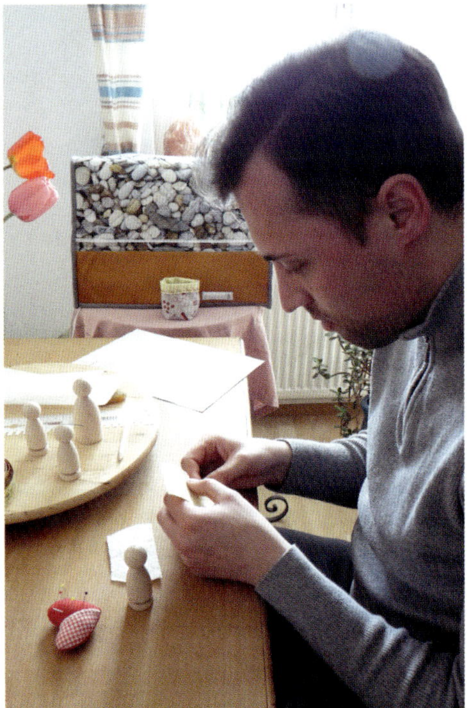

19: Nähen eines ausgestellten Kleids

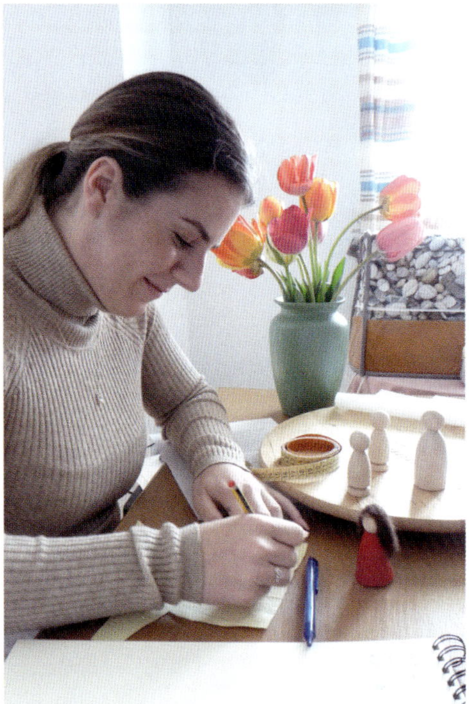

20: Bei der Entwurfsarbeit

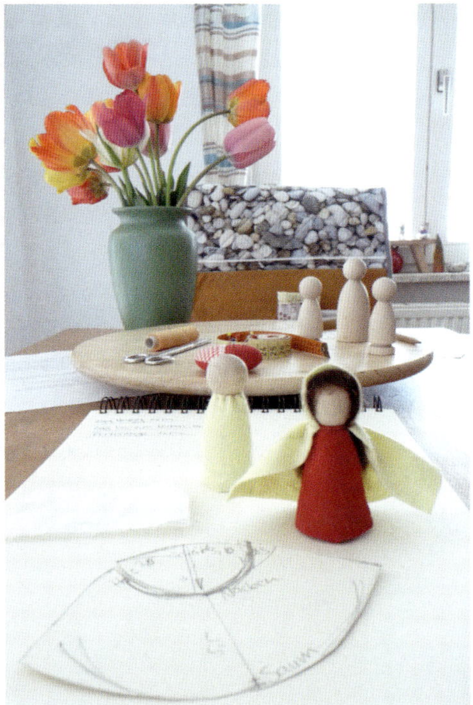

21: Maria mit dem Probeumhang

Kappe

Die Kappe besteht aus zwei Teilen, dem Kappenring und dem Kappendeckel. Kappenring: Messen Sie zuerst den Kopfumfang des Holzkegels, wenn bereits die Haare aufgeklebt sind. Bei der vorgestellten Figur beträgt der Kopfumfang 8 cm. Das heißt, für den Streifen zeichnen Sie 8 cm plus eine Nahtzugabe von 0,3 cm und eine Breite von ca. 1,2 cm auf.
Den Kreis für den Kappendeckel ermitteln Sie, indem Sie den Streifen überlappend zum Kreis legen und den entstandenen Durchmesser messen. Der Kappendeckel braucht keine Nahtzugabe, da er später nicht verstürzt zusammengenäht wird.
Die Kappe kann mit Punkten, Blüten oder anderen Stickereien bestickt werden (Abb. 16).

Figurenbeispiele

Hier zeige ich Ihnen ein paar Figuren, die meine «Probenäherinnen und -näher» hergestellt haben. Ein herzliches Dankeschön an Ramona, an Jens Eulenberger, Kim Steinbach und an Jonas! Ramona und Jens haben andere Figurenkegel als die hier vorgesschlagenen verwendet. Wie man sieht, sind auch diese sehr schön geworden (Abb. 17–19).
Ein Tipp der «Probenäher»: Geben Sie den Hirten ebenfalls Namen. Ramona hat ihre drei Hirten Henoch, Nathanael und Elijakim genannt. Sie war sehr oft mit einer Hilfsorganisation in Israel, daher diese Idee.
Jonas hat ein ausgestelltes Kleid probiert und Kim den Mantel für ihre Maria (Abb. 20–21).

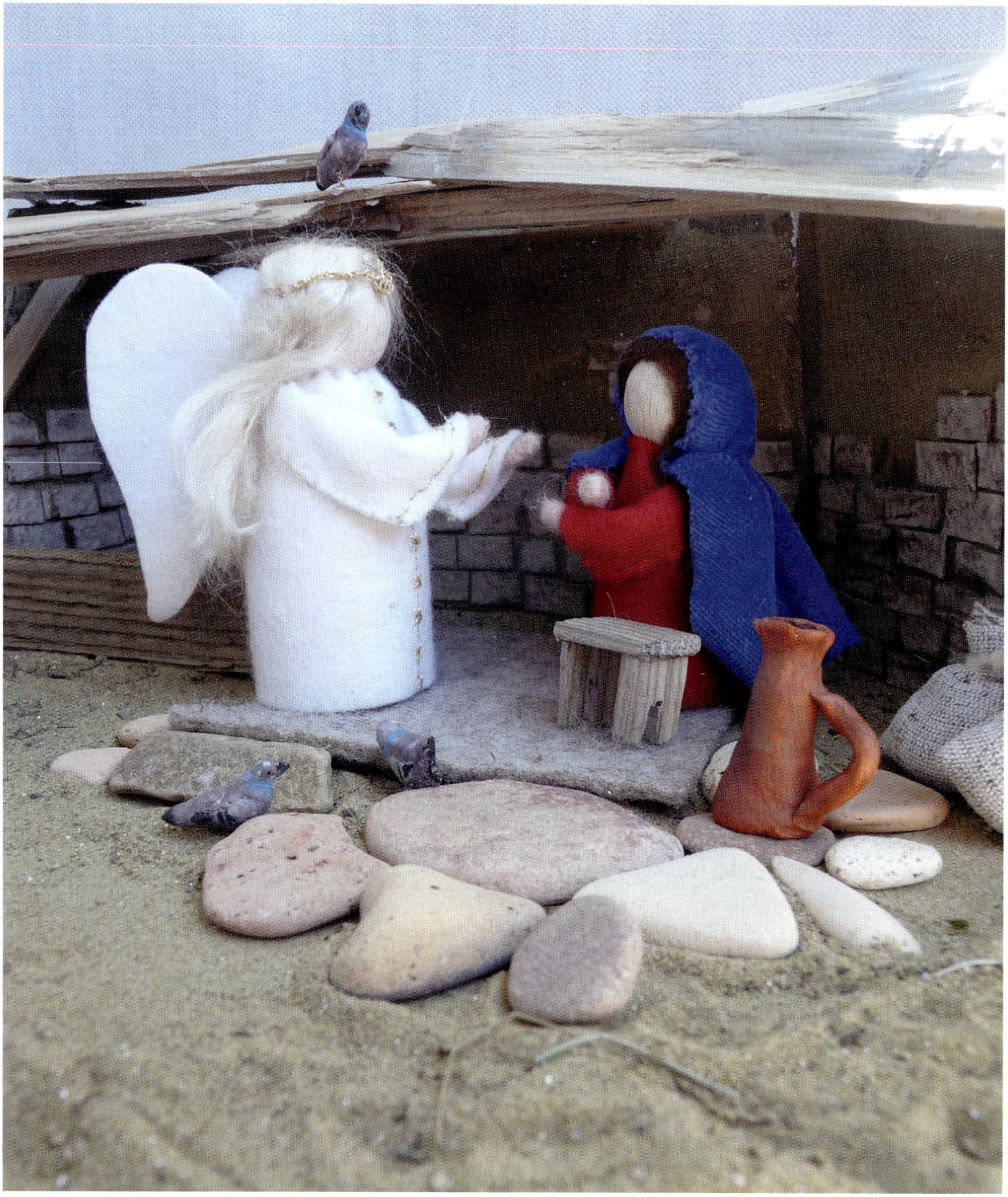

Der Engel

Engel sind für einzelne Menschen zeitweise ein Begleiter, Wegweiser oder Beschützer. In vielen Religionen sind sie die Überbringer göttlicher Nachrichten.
Auch im zweiten Teil dieses Buches, bei den Holzkegelfiguren, gibt es eine Anleitung für den Engel Gabriel, der Maria die frohe Botschaft verkündet und den Hirten und Königen den Weg zum Stall weist. Abbildung 22 zeigt die dafür verwendeten Materialien (siehe auch S. 133).

Material für den Engel

- weiße Stoffe oder Filz
- eventuell Goldpapier
- helle Haarwolle
- ein Stern mit Stöckchen

Die lange Engelfigur wird, wie im Kapitel «Maria, Josef und das Jesuskind» (siehe S. 100ff.) beschrieben, mit Armen oder ohne Arme angefertigt.
Der Engel trägt helles Haar und einen Haarreif aus einem gehäkelten Luftmaschenring (Abb. 23).
Die Form für den Flügel kann verschieden sein. Auf S. 142 zeige ich Ihnen drei Formen, die zur 9 cm langen Engelfigur passen (siehe Schnittmuster, S. 142f.). Papier, Stoff oder Filz können als Material zum Einsatz kommen.
Angenäht wird der Flügel an der hinteren Naht des Kleides.
Der Sternenstab besteht aus einem 10,5 cm langen Stab. Als Stern dient mir ein Weihnachtsstern aus der Dekoabteilung. Befestigen Sie den Stern am Stab und nähen diesen an die Figur (Abb. 24).

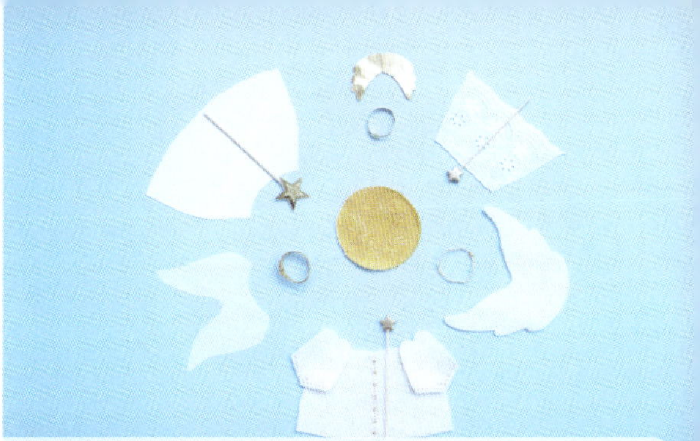

22: Benötigte Materialien

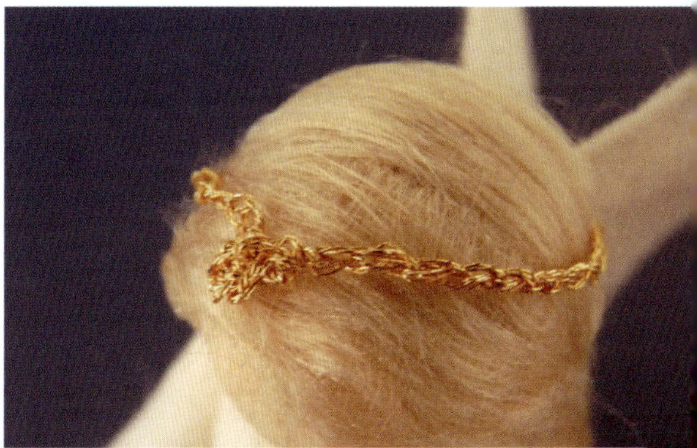

23: Reif aus gehäkelten Luftmaschen

24: Engelfigur mit Stern und Stab

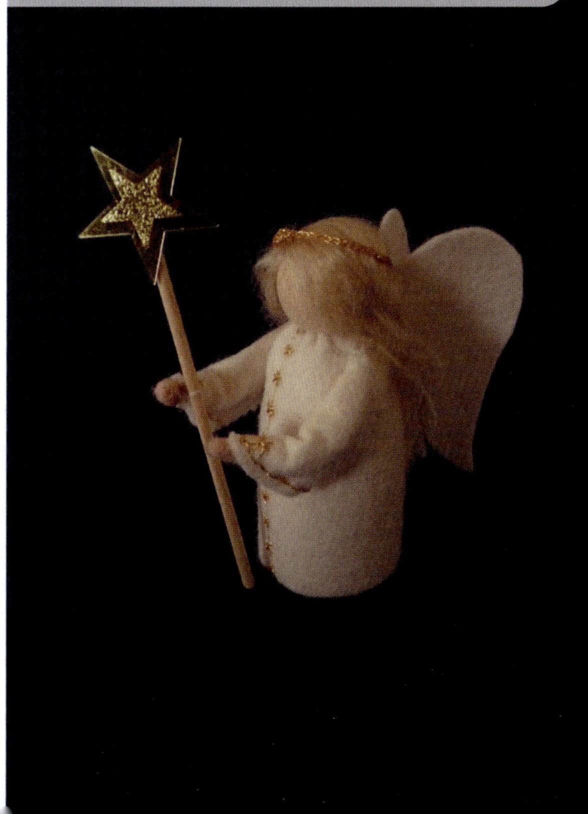

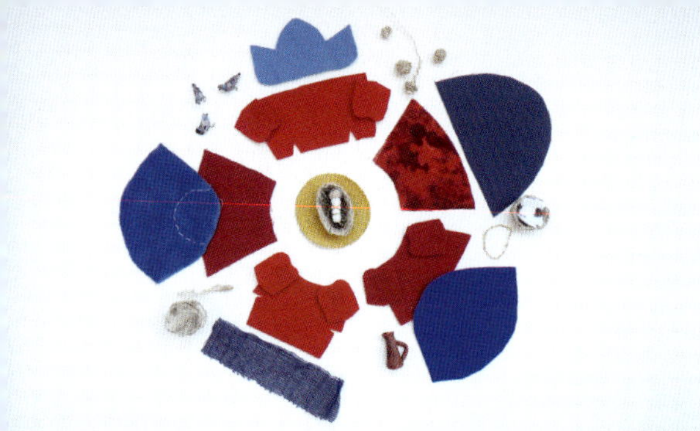

25: Materialien für die Maria

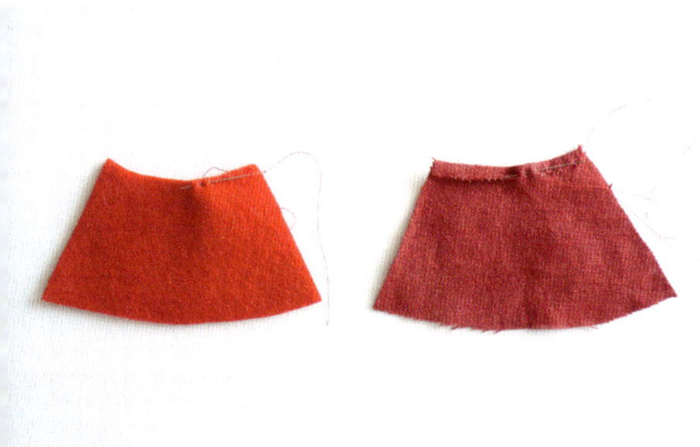

26: Kleid aus Filz oder aus Stoff

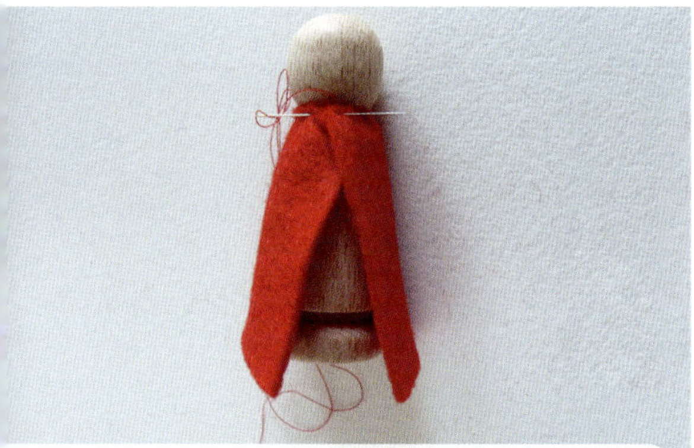

27: Halsausschnitt festnähen

28: Rückennaht des Kleids

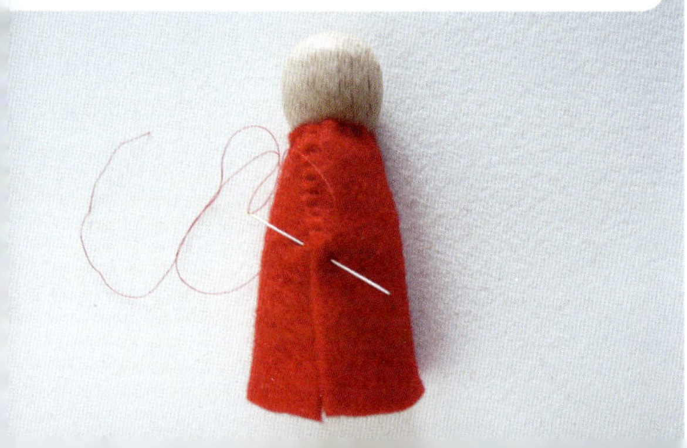

Maria, Josef und das Jesuskind

In diesem Kapitel erkläre ich anhand der Maria, wie Sie die Figuren mit und ohne Arme nähen können. Wenn Sie mögen, können Sie alle Figuren entweder mit oder ohne Arme herstellen, aber auch ein Mix hat seinen Reiz.

Maria ohne Arme

Material

- roter und blauer Stoff
- braune Wolle für die Haare
- passendes Nähgarn

Im Kreis der Maria (Abb. 25, siehe auch S. 134) sehen Sie neben den Gewändern auch typische Utensilien bzw. Gebrauchsgegenstände, wie den Wasserkrug, Spindeln, um die Wolle zu spinnen, kleine geflochtene Körbe und die genähten Kleider für das ungeborene Kind.

Nachdem Sie sich einen Grundschnitt angefertigt haben, schneiden Sie den Stoff Ihrer Wahl zu. Bei Filz beginnen Sie den Halsausschnitt schmal von der Kante weg mit kleinen Heftstichen zu nähen. Bei fransenden Stoffen die Nahtzugabe umschlagen und festnähen (Abb. 26).

Den Faden nicht abschneiden, sondern festziehen, sodass sich der Halsausschnitt gut um den Hals der Figur legt. Die hintere Mitte bei Filz überlappend, bei fransenden Stoffen die Nahtzugabe einschlagen und mit einem Matratzenstich zusammennähen; den Faden am Saum vernähen (Abb. 27 und 28).

Bei Filz muss der Saum nicht umgenäht werden. Verwenden Sie fransende Stoffe, dann die Nahtzugabe einschlagen und mit einem beliebigen Stich umnähen. Sie können hier verschiedene Ziersticke verwenden, z.B. den Kettenstich, den Steppstich oder vielleicht einen Stich mit Sternen (Abb. 29). Damit ist das Kleid fertig.

Haare: Für die Haare wurde eine kleine braune Wollflocke mit Holzleim aufgeklebt. Lassen Sie sie erst trocknen, bevor Sie der Figur den blauen Mantel anziehen (Abb. 30).

Marias Mantel

In der Zwischenzeit haben Sie nach der Anleitung (siehe Kapitel «Schnitterstellung», S. 93ff.) den Mantelschnitt hergestellt und aus blauem Stoff ausgeschnitten.

Verwenden Sie einen fransenden Stoff; dann den gesamten Mantel einmal umschlagen und festnähen. Bei einem Filz ist dieser Arbeitsschritt nicht nötig (Abb. 31).

Um den Mantel Ihrer Maria anziehen zu können, die Halslinie mit kleinen Heftstichen nähen, den Faden strammziehen und die Weite gleichmäßig verteilen (Abb. 32). Den Mantel mittig auf den Kopf legen und an der Figur zurechtzupfen. Wenn Sie zufrieden sind, wird er mit wenigen Stichen am Kleid angenäht (Abb. 33). Damit ist der Mantel fertig (Abb. 34).

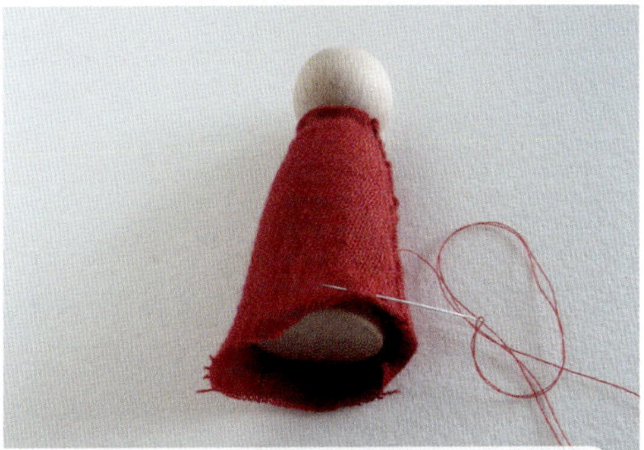
29: Saum nähen

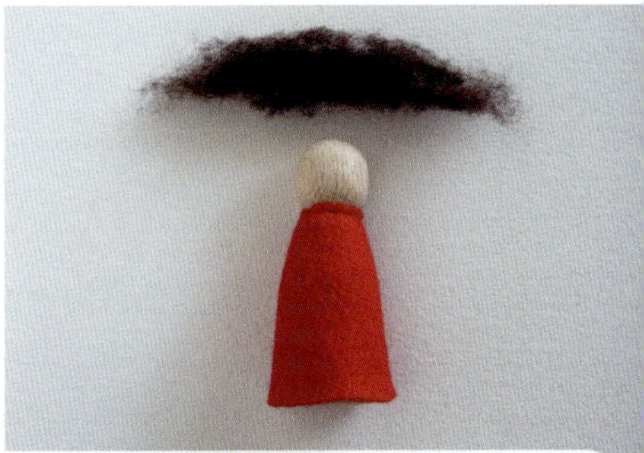
30: Haare für die Maria

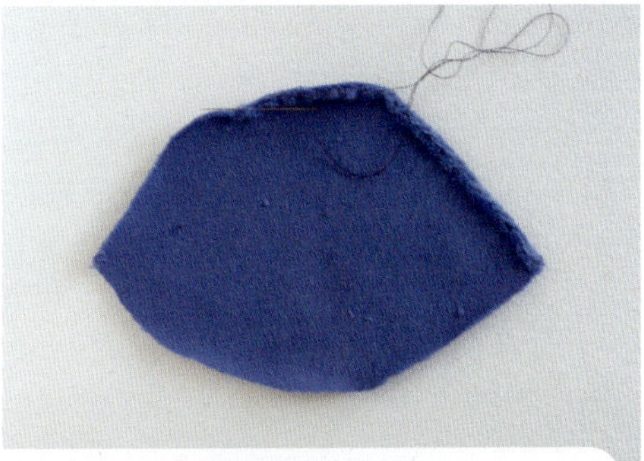
31: Den Mantel nähen

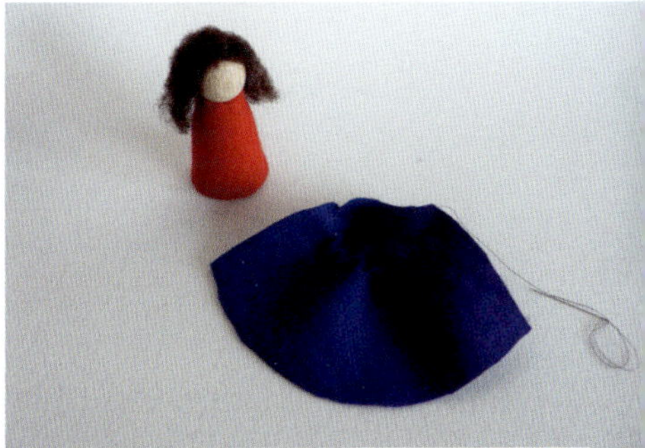
32: Halslinie mit Heftstichen nähen

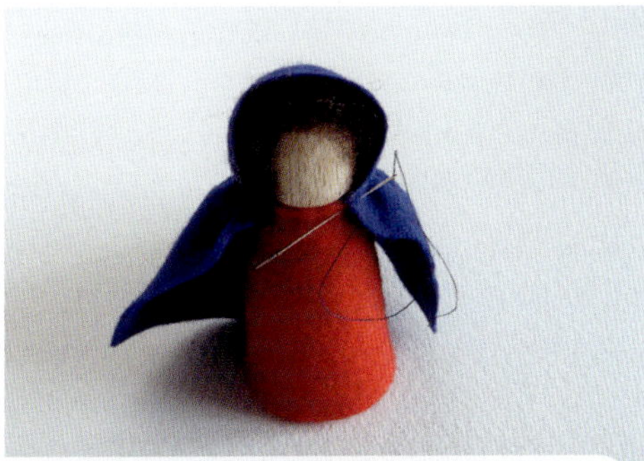
33: Den Mantel am Kleid festnähen

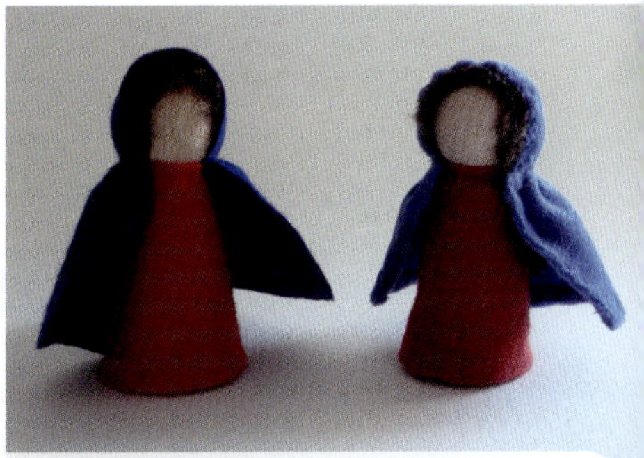
34: Figuren mit fertigen Mänteln

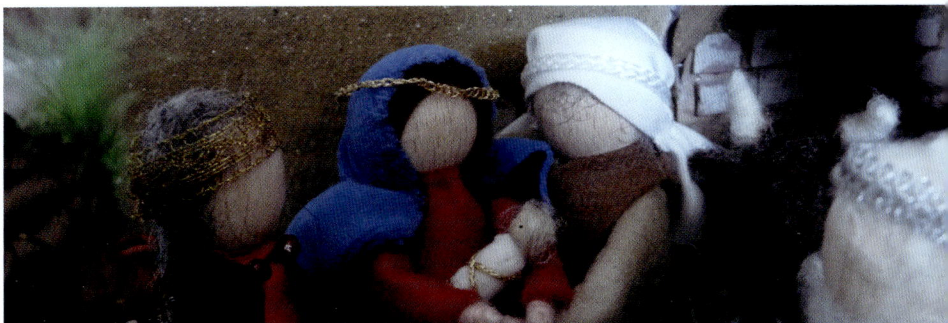
35: Maria mit goldenem Reif

Maria mit Armen

Sie können die Maria auch *schwanger* oder *sitzend* darstellen. In diesem Fall würde ich sie mit Armen herstellen; dies ergibt ein harmonischeres Bild, wenn Maria auf ihrem Esel sitzt oder neben ihm herläuft. Hierfür müssen Sie neue Schnitte anfertigen.

Für eine sitzende Maria den Figurenkegel in Form sägen und als Andeutung der Schwangerschaft den Bauch mit Eierkarton bekleben oder ein Kügelchen Wolle unter das Kleid schieben (Abb. 36).

Der Schnitt wird wieder mit einem Stück Küchenrolle hergestellt. Hier seitlich rechts und links einen Abnäher kneifen, der später auch mit kleinen Stichen genäht werden muss (Abb. 37).

Das Schnittmuster der stehenden Maria können Sie auch für die sitzende Maria verwenden – mit folgender Änderung: Auf Sitzhöhe so tief einschneiden, dass an den «Beinen» das Schnittmuster eingeschlagen und mit einer kleinen Nahtzugabe versehen werden kann (Abb. 38). Bei diesem Kleid zuerst die Abnäher nähen und dann den Halsausschnitt und die hintere Mitte wie gewohnt zusammennähen (Abb. 39 und 40).

Arme

Material

- Pfeifenputzer
- rosa gefärbte Wolle (das kann Schafwolle, Strickwolle o.Ä. sein)
- Holzleim

Beide Hände werden an einem Stück hergestellt. Umwickelt werden die Hände mit Wolle, Strickwolle oder ähnlichem Material. Der Pfeifenputzer wird rechts und links ein Stück umgebogen, sodass die Rundung dünn mit Wolle umwickelt werden kann. Nach dem Umwickeln können Sie die Rundung zusammendrücken und den Pfeifenputzer bis zu einer Länge von 4 cm fest mit Wolle umwickeln. Auf der anderen Seite verfahren Sie gleich (Abb. 41).

Zum Schluss mit etwas Holzleim beide Hände einreiben. So behalten die Arme ihre Form. Lassen Sie die Arme gut trocknen.

Jetzt den Pfeifenputzer teilen und auf 5 cm Länge abschneiden und das Ende 0,5 cm umbiegen, damit der Draht nicht durchstechen kann. Für die Engelfigur die Größe gegebenenfalls anpassen. Wenn Sie jedoch den Engel in gleicher Größe wählen wie die anderen Figuren, bleibt die Länge der Arme gleich.

Für den Ärmel habe ich ein Rechteck von 4,5 x 3,5 cm geschnitten und an der Armkugel etwas abgerundet.

In die Mitte des Ärmels den Pfeifenputzer so platzieren, dass die Hand ein wenig übersteht. Nähen Sie den Pfeifenputzer fest und gehen gleich mit demselben Faden zur Ärmelnaht über und schließen diese (Abb. 42).

Befestigen Sie nun beide Ärmel, sodass die Abnäher bedeckt sind (Abb. 43).

So ist auch das Kleid mit Ärmeln fertig. Nun können Sie die Haare aufkleben (Abb. 44).

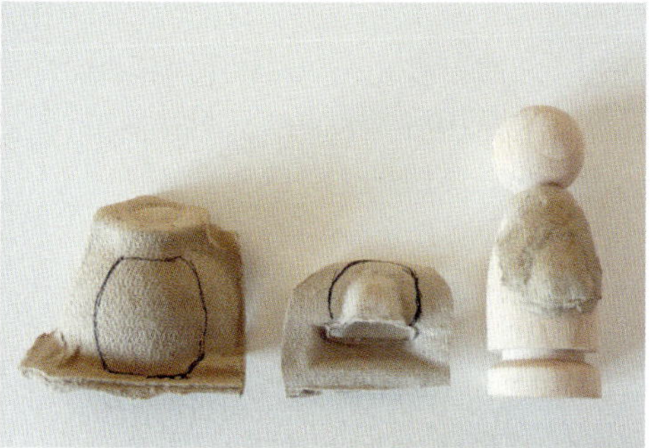
36: Kegel für die schwangere Figur bearbeiten

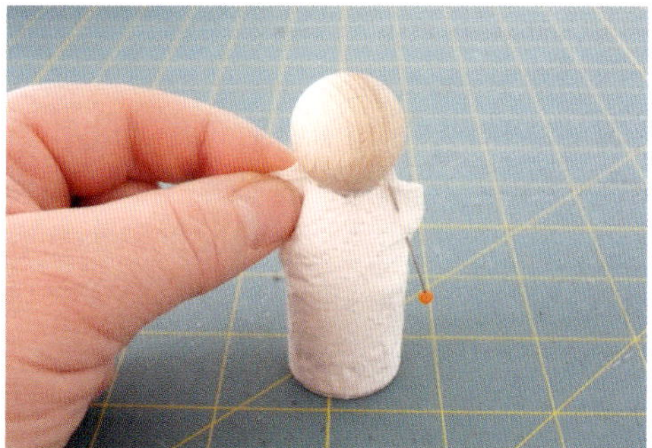
37: Abnäher für Kleid der schwangeren Maria

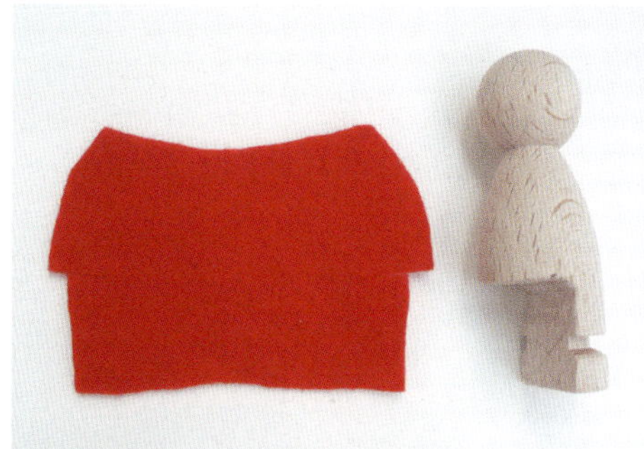
38: Schnitt für sitzende Figur

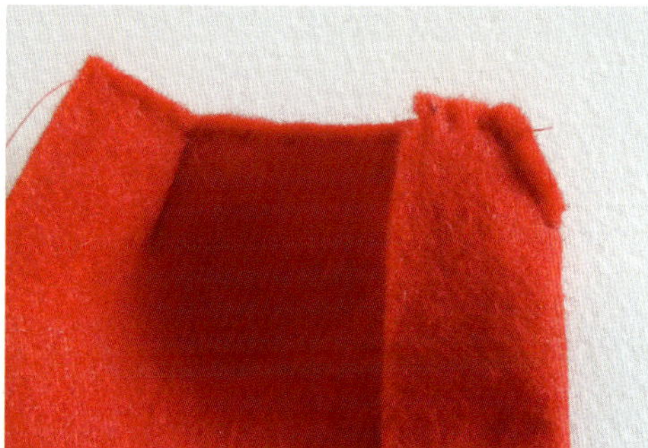
39: Halsausschnitt für Marias Kleid

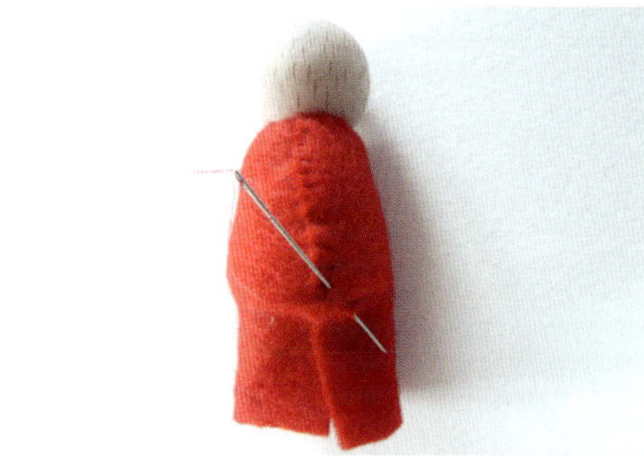
40: Rückennaht der sitzenden Maria

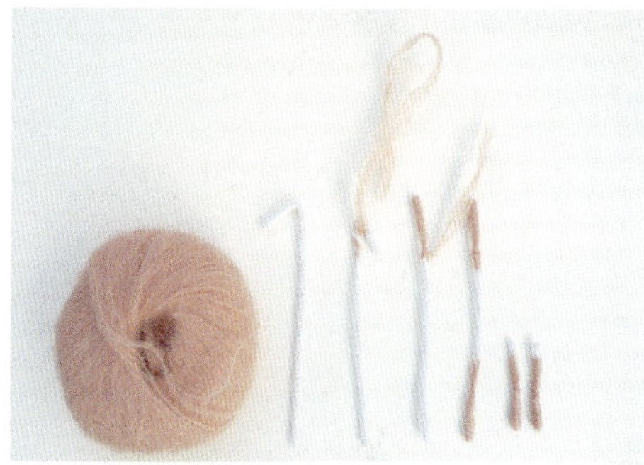
41: Herstellung der Arme

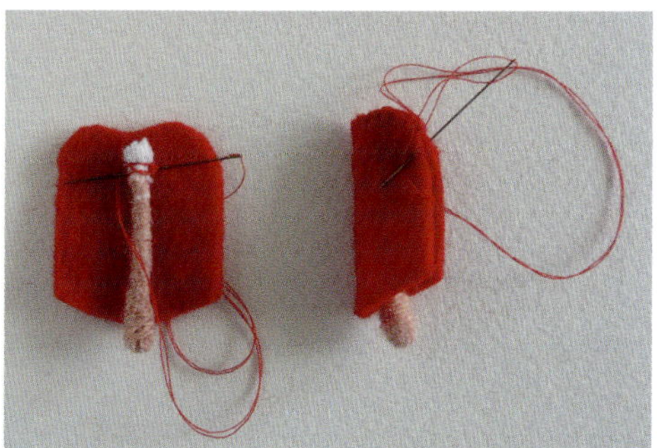
42: Pfeifenputzer in den Ärmelstoff nähen

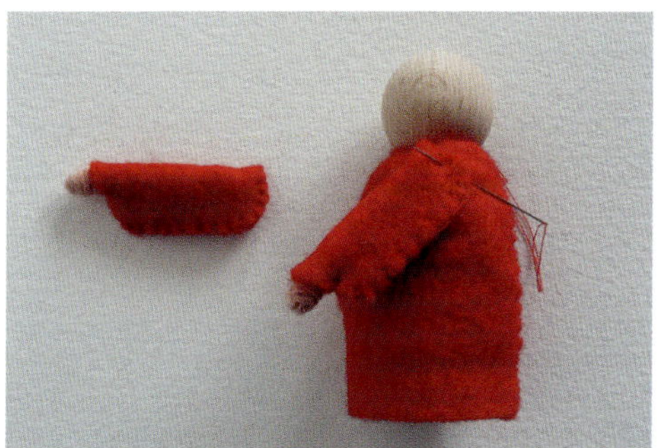
43: Ärmel befestigen

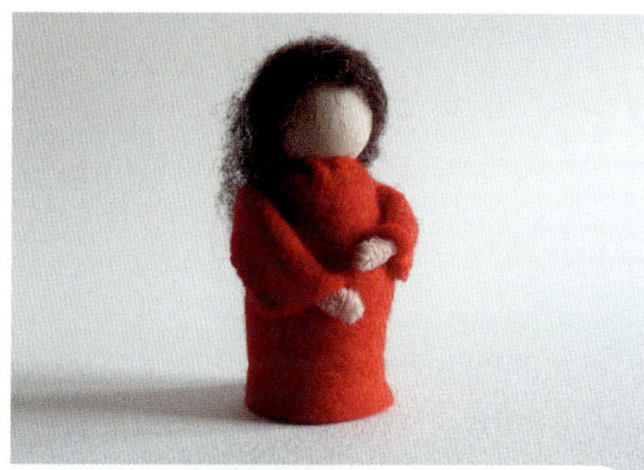
44: Haare aufkleben

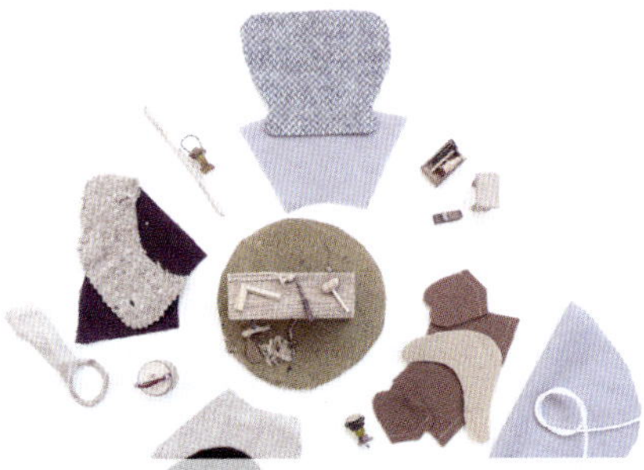

45: Materialien für Josef

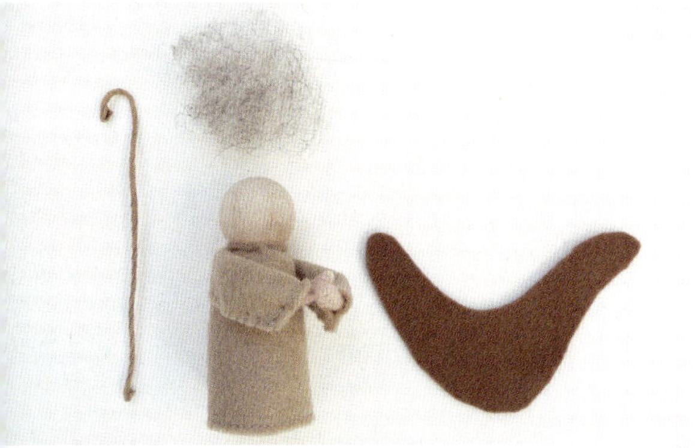

46: Weitere Utensilien für Josef

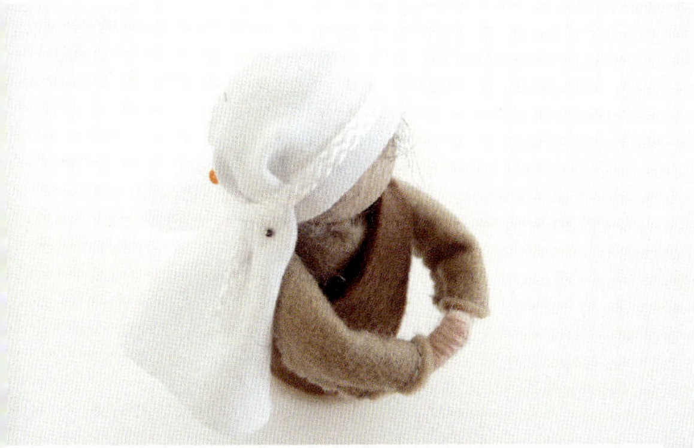

47: Die fertige Figur

Marias Krone

Im Lukas-Evangelium wird die Geburt Jesu in einem Stall dargestellt. Die himmlischen Scharen erscheinen den Hirten auf den Feldern und verkünden die frohe Botschaft. So begeben sich die Hirten mit ihren Herden nach Bethlehem und finden das Kind in einer Krippe. Im Matthäus-Evangelium wird geschildert, wie Priesterkönige (Eingeweihte, Gelehrte) dem leuchtenden Stern im Osten folgen. Sie finden das Kind und bringen königliche Geschenke mit: Gold, Weihrauch und Myrrhen.

Um diesen Unterschied zu betonen, bekommt die Maria bei der Anbetung der Könige einen zarten goldenen Reif. Diese Krone ist symbolisch gemeint und unterstreicht Marias königliche Würde. Den goldenen Reif können Sie mit wenigen Luftmaschen häkeln, zusammennähen und der Maria am Dreikönigstag aufsetzen (Abb. 35, S. 101).

Josef

Josef wird in der orientalischen Krippe mit einer Kopfbedeckung dargestellt, einer Art Kopftuch, das bis in die Stirn reicht und durch einen Schnurreif gehalten wird (Abb. 47). Er hält einen Stab und eine Laterne. In dem Kreis für Josef (Abb. 45, siehe auch S. 135) sehen Sie die unterschiedlichen Gewänder, und zur individuellen Gestaltung der Kulisse zeige ich den Beruf des Handwerkers Josef.

Ihren Josef nähen Sie mit einem Gewand nach der Anleitung von Marias Kleid. Die Haare haben einen helleren Farbton, als Maria ihr Haar trägt (Abb. 46).

Schauen Sie Josef bei der Arbeit über die Schulter, und entdecken Sie dabei, was er in seiner Werkstatt alles herstellt. Da ich das Handwerk liebe, wurde die Szene rechts etwas ausgiebiger bestückt. Die kleinen Figuren habe ich gedrechselt und aus Schwemmholz vom Bodensee die Werkbank und den kleinen Hocker gebaut.

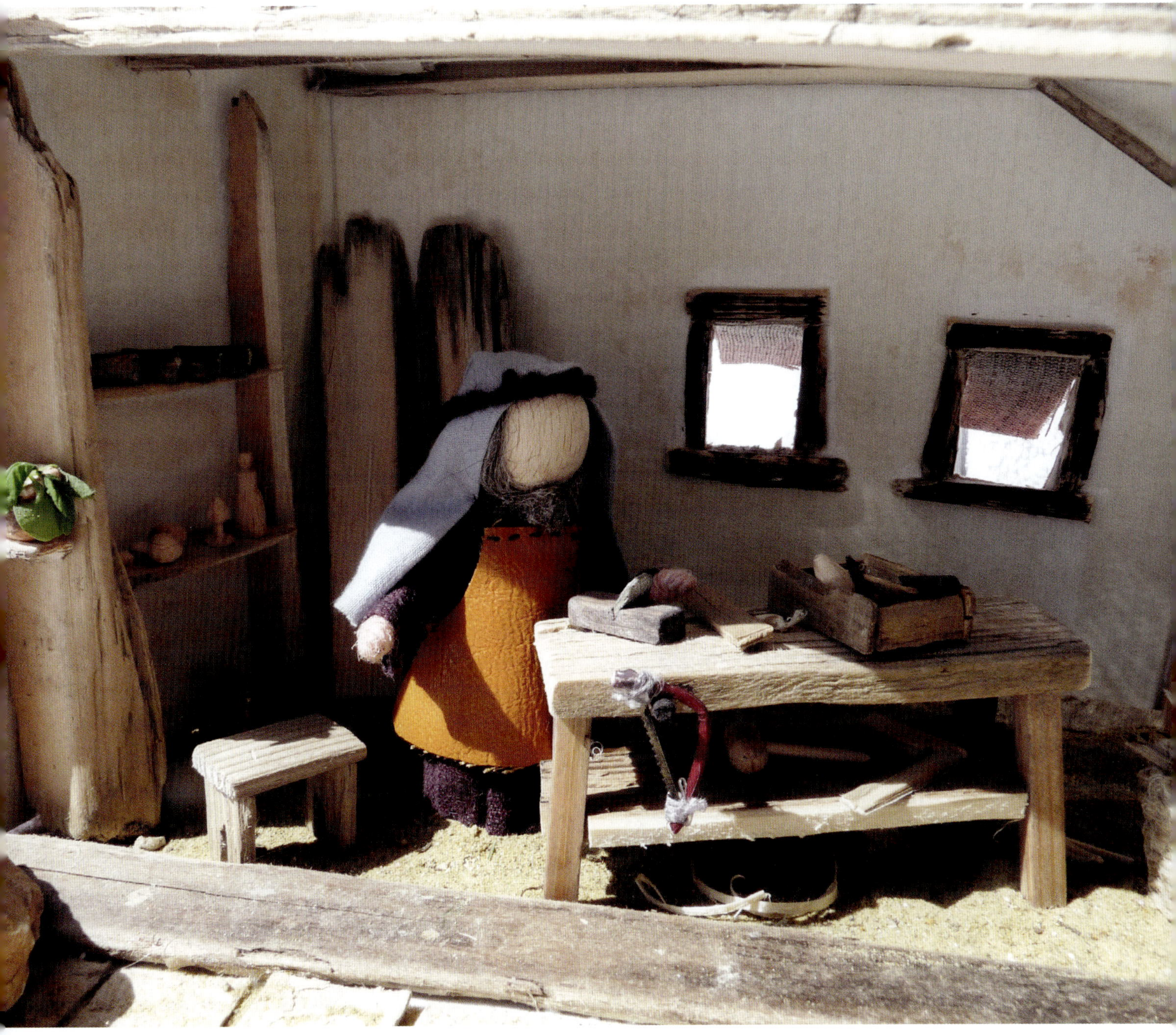

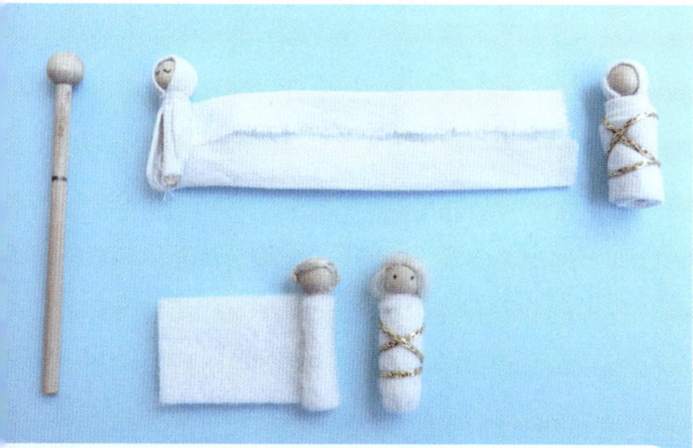

48: Zwei Varianten für das Jesuskind

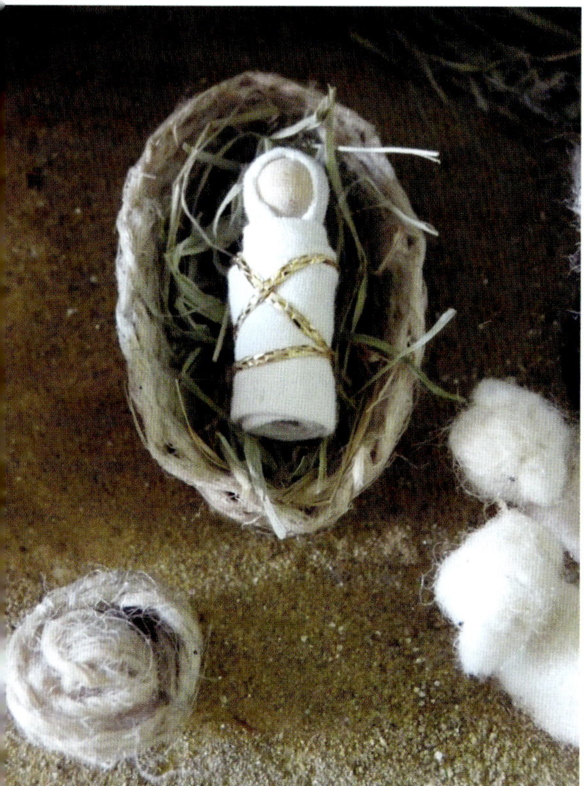

49: Das Kind in der Krippe (Variante 2)

Jesuskind

Material

- 1 Schaschlikstäbchen
- 1 Holzperle 8 mm Durchmesser
- weißer Stoff oder Wollfilz
- ganz wenig Wolle für die Haare
- goldener Faden oder ähnliches Material
- Holzleim

Jesuskind, 1. Variante:

Die 1. Variante für das Jesuskind (Abb. 48, unten) wird aus *Wollfilz* gefertigt.

Das Kind wird 2,8 cm lang. Deshalb benötigen Sie ein 2,5 cm langes Stück vom Schaschlikstäbchen. Kleben Sie die Holzperle auf und lassen Sie sie trocknen.

In dieser Zeit können Sie den Körper vorbereiten. Schneiden Sie aus weißem Wollfilz einen 4 x 1,5 cm breiten Streifen zu. Den Filzstreifen mit etwas Holzleim um das Stäbchen mit Kopf wickeln. Für die Haare eine kleine Wollflocke aufleimen. Ebenfalls gut trocknen lassen.

Zum Schluss mit einer goldenen Schnur das Jesuskind kreuzweise einbinden und annähen.

Jesuskind, 2. Variante:

In der 2. Variante (Abb. 48, oben) bekommt das Jesuskind eine Kapuze, und es wird in einen weißen Stoff gehüllt. Die Vorbereitung ist gleich wie bei der 1. Variante.

Schneiden Sie einen Streifen Stoff von 8 x 4 cm (er dient dem Einwickeln des Kindes). Der zweite Streifen von 5 x 3 cm ist für die Kapuze vorgesehen.

Begonnen wird mit der Kapuze. Falten Sie den Stoff so, dass keine Fransen mehr sichtbar sind, und legen ihn fest um den Kopf. Der Hals wird mit einem festen Garn abgebunden.

Der Streifen zum Einwickeln wird so gefaltet, dass jeweils eine Seite zur Mitte hin eingeschlagen wird. Kleben Sie ihn dann um das Stäbchen.
Auch hier einen goldenen Faden kreuzweise um das Jesuskind legen und annähen (Abb. 49).

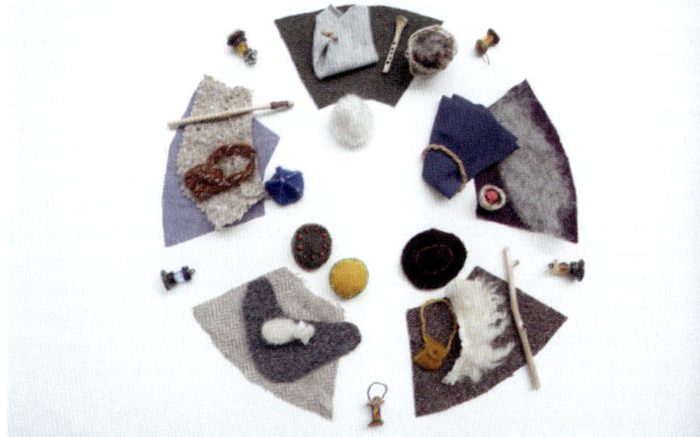

50: Materialien für die Hirten

Die Hirten

Die naturverbundenen Hirten bekommen schlichte Kleidung, mit Umhängen in verschiedenen Formen aus Fell oder Wolle, die in der kalten Nacht die Hirten gut wärmen. Als Kopfbedeckung werden Kappen, Tücher mit Schnurreif getragen. Im Gegensatz zu den drei Königen bringen die Hirten lebensnotwendige Gaben, wie Brot, Eier, Mehl, Wolle und ein Lamm, für das Jesuskind mit. Abb. 50 (siehe auch S. 136) zeigt beispielhaft die verschiedenen Materialien, die Sie verwenden können.
Bei der Herstellung der Hirten wird wieder der Schnitt für das Kleid verwendet (S. 93ff.).
Umhänge, Ponchos oder Mäntel können Sie direkt an der Figur anpassen; oder Sie erstellen sich ein Muster.
Die Kappe können Sie nach dem Grundschnitt für eine Kappe nähen (S. 97). Möglich ist auch ein Tuch, das einfach um den Kopf gelegt wird und mit einer Schnur gehalten wird. Vielleicht häkeln oder stricken Sie auch eine Mütze. Alles ist möglich.
Um die Hirten noch stimmungsvoller dekorieren zu können, geben Sie ihnen Stöcke, Laternen, Taschen, Flöten, Brot und Schäfchen mit auf die Weide (Abb. 51).

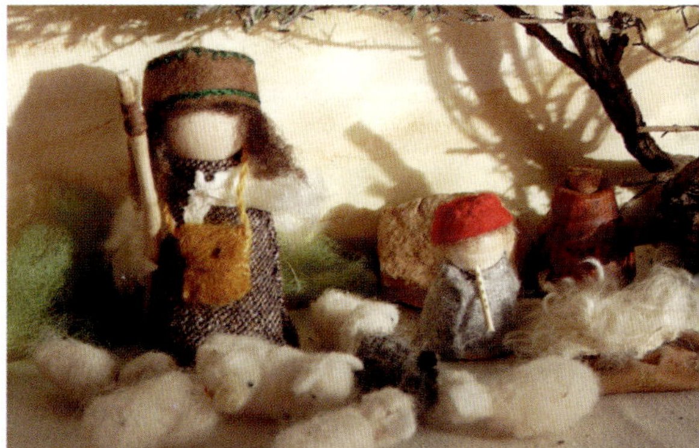

51: Die Hirten auf dem Feld

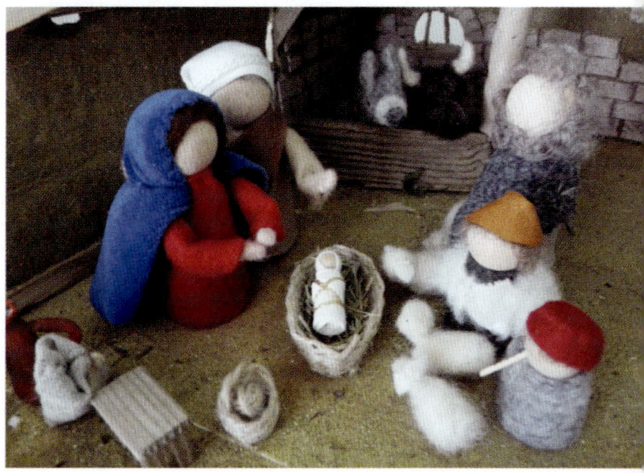

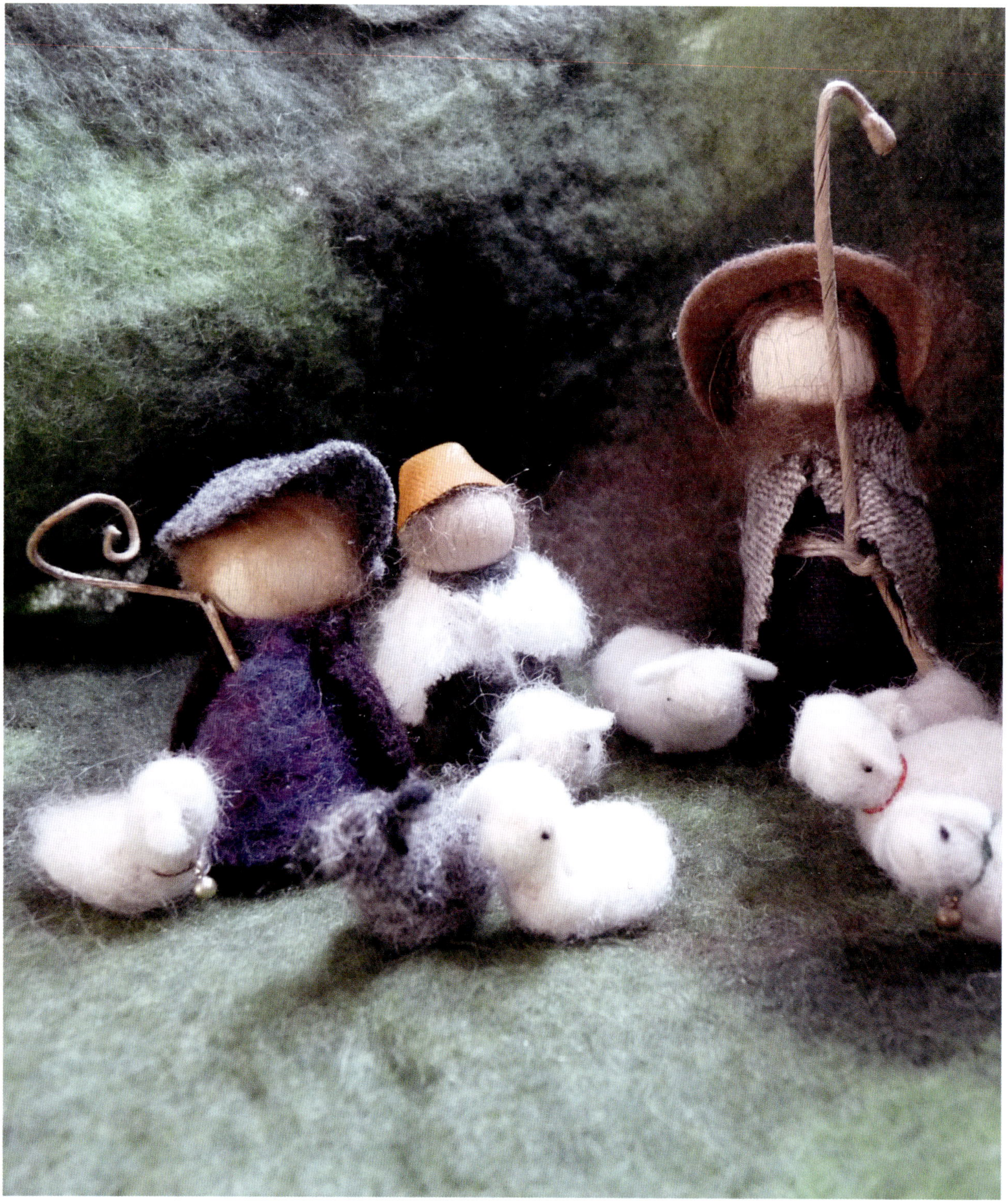

Laternen

Material

- verschiedene Knöpfe mit und ohne Ösen, mit Schnörkel oder Dirndlknöpfe, rostige Muttern, Unterlegscheiben oder Dichtungsringe aus der Werkstatt
- Perlen vom Modeschmuck
- evtl. ein dünner Draht
- Universalleim, der für alle Materialien geeignet ist

Ich zeige Ihnen an einem Beispiel, dass Laternen nicht immer nur aus Holz sein müssen. Das eine oder andere Material haben Sie sicher auch zu Hause.

Die Herstellung einer Laterne ist ein einfaches, kreatives Projekt. Es macht Spaß zu sehen, was für Schätze man zu Hause hat und was daraus entstehen kann (Abb. 52).

Stapeln Sie die Knöpfe, Muttern und Perlen, enden Sie mit einem Knopf, der eine Öse zum Befestigen hat. Diese Öse ist zugleich die Aufhängung für den Draht. Die Knöpfe mit einem guten Kraftkleber zusammenkleben (Abb. 53).

Entweder Sie belassen die Laternen so, oder Sie bemalen die Knöpfe mit Acrylfarben nach Lust und Laune. Als Aufhängung dient ein einfacher dünner Draht, der in den letzten Knopf eingearbeitet wird.

So eine schöne Laterne trägt auch Josef gern. Auch in dem Zelt für die Heiligen Drei Könige sieht sie sehr dekorativ aus (siehe das Foto auf S. 86).

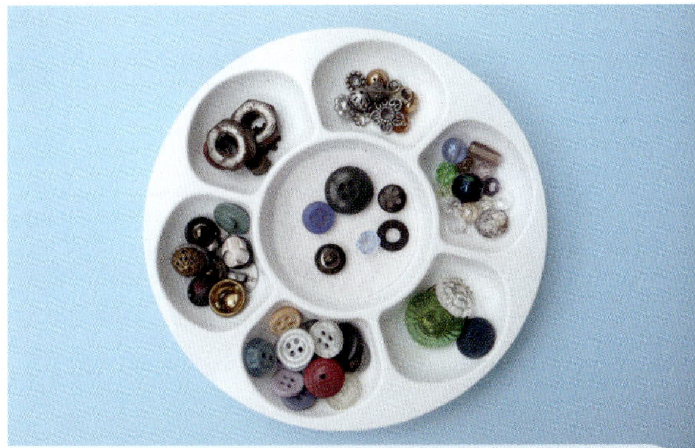

52: Materialien für die Laternen

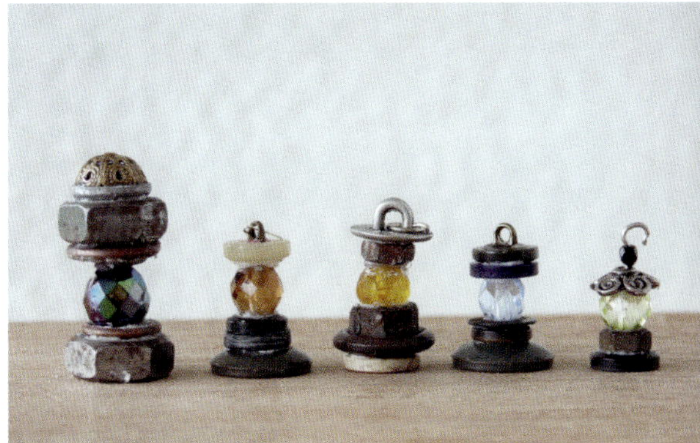

53: Fertige Laternen

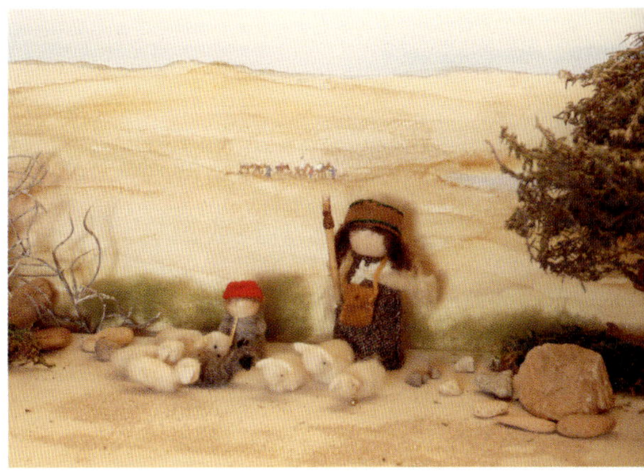

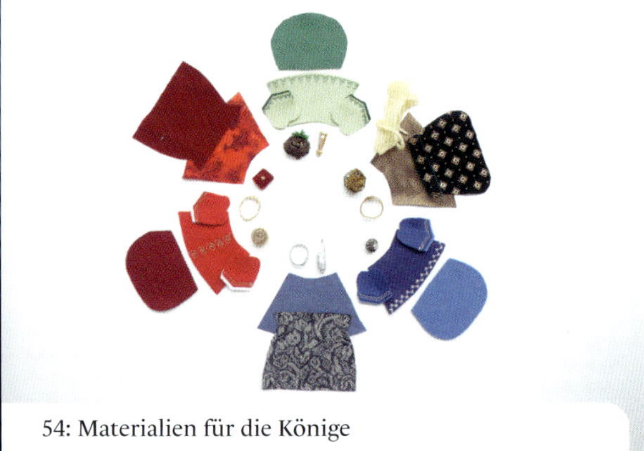

54: Materialien für die Könige

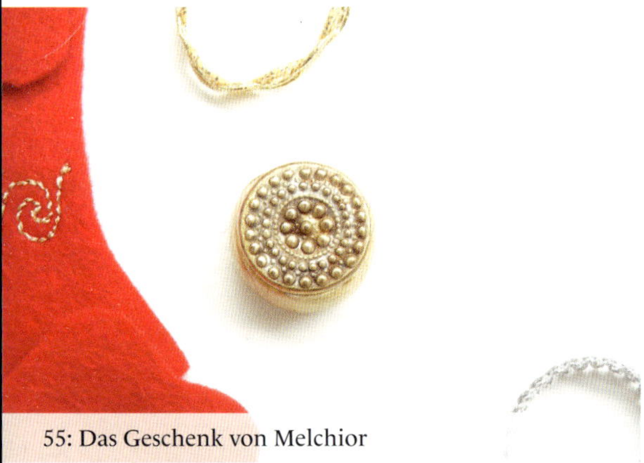

55: Das Geschenk von Melchior

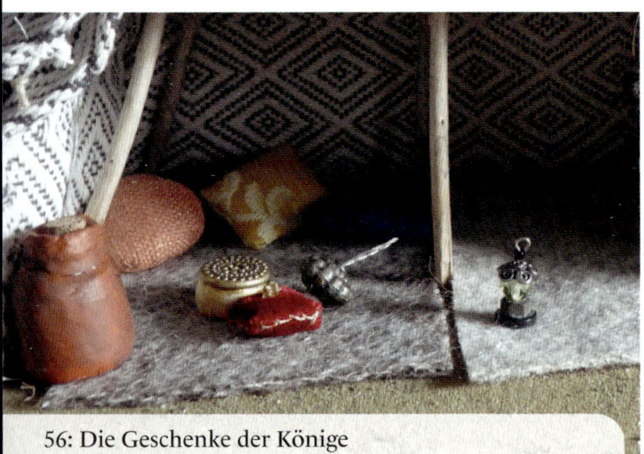

56: Die Geschenke der Könige

Die Heiligen Drei Könige

Die drei Könige folgten, wie die Hirten, dem neu aufgegangen Stern zur Krippe nach Betlehem. Caspar, Melchior und Balthasar verkörpern die Kontinente Afrika, Asien und Europa sowie die Lebensphasen Jugend, Erwachsensein und das Alter. Die überbrachten Geschenke Gold, Myrrhe und Weihrauch haben ebenfalls eine Symbolik. So steht das Gold als würdiges Geschenk für einen König, die Myrrhe gilt als Heilpflanze und ist somit passend für einen Heiler. Und Weihrauch ist das angemessene Geschenk für einen Priester.

Die Kleider sind daher aus edlen Stoffen und mit Perlen und Borten bestickt worden. Sehen Sie im Kreis der Könige ein paar Inspirationen (Abb. 54 bzw. S. 137).

Die Mäntel

Gestalten Sie die Mäntel in passenden Farben zum Kleid des Königs. Sie haben hier viele Möglichkeiten; probieren Sie verschiedene Varianten aus. Wichtig ist, dass sie sich von den anderen Figuren abheben.

Kopfbedeckung

Die angemessene Kopfbedeckung der drei Könige kann ein Turban, eine gehäkelte Krone oder eine Borte sein. Ein Turban für die hier abgebildete Größe benötigt einen Stoffstreifen von 50 x 3 cm. Er wird in sich verdreht, ähnlich wie eine Schnecke aufgedreht und gleichzeitig zusammengenäht. Schmücken Sie den Turban mit einer Feder oder mit Perlen.

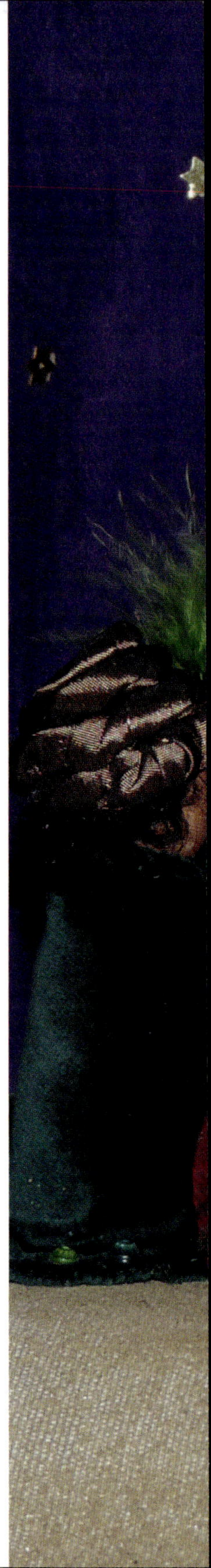

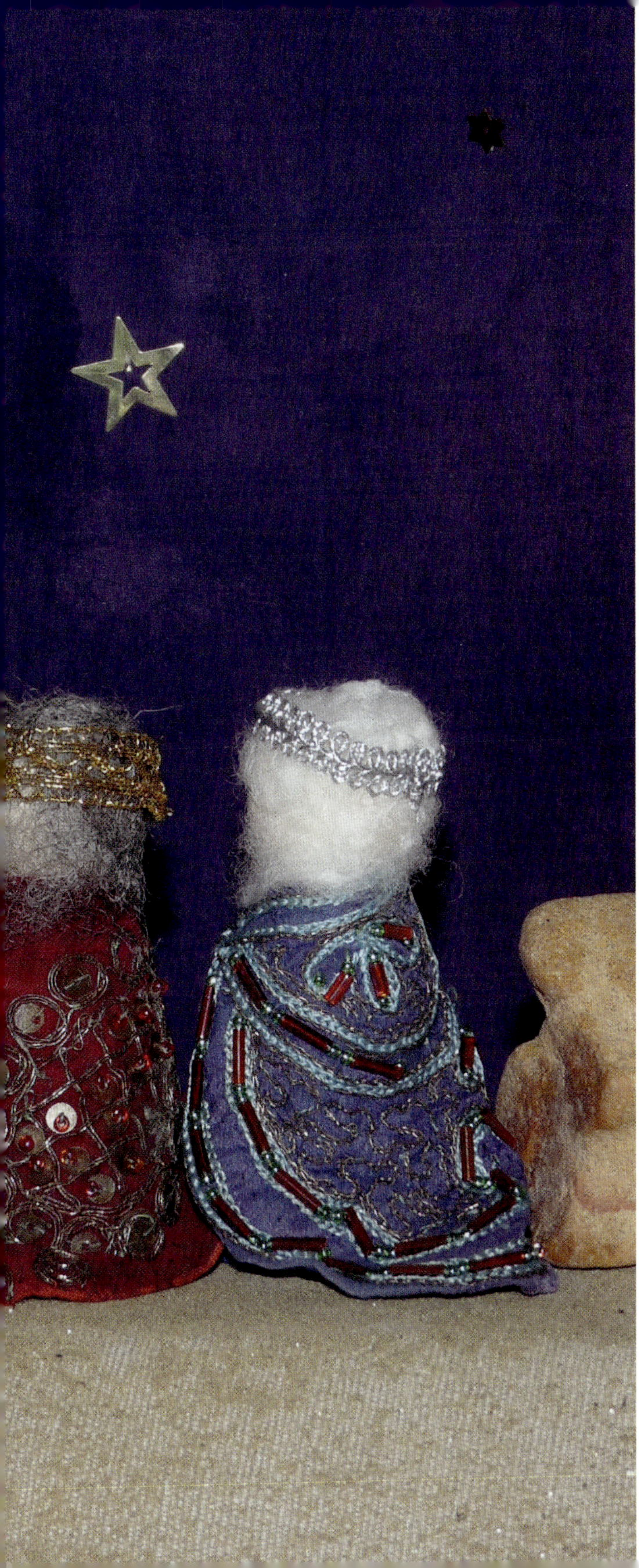

Geschenke

Bei den Geschenken der Könige habe ich einen alten Knopf und eine alte Perle verwendet. Das Kissen für den König Melchior wurde genäht, es hat eine Größe von 6 x 3 cm im Stoffbruch. Nähen Sie es von Hand und stopfen etwas Schafwolle hinein. Mit einem goldenen Faden sieht es noch edler aus. Als Symbol für das Gold eine kleine goldbemalte Perle aufnähen.

Eine weitere Variante für ein Geschenk von Melchior: Aus einer Modelliermasse eine Art Gefäß modellieren und einen alten Knopf hineindrücken. Nach dem Trocknen das Gefäß golden anmalen (Abb. 55).

Das Weihrauchgefäß ist aus einer Perle und einem kleinen Standfüßchen gemacht, das von einer Perlenkette stammt. Beides zusammengeklebt ergibt ein schönes Gefäß.

Die Myrrhe kann man entweder als Zweig oder in einem Gefäß darstellen.

Abb. 56 zeigt die Geschenke, aber Sie können selbst nach geeigneten Materialien suchen und dann ganz individuell gestalten.

Um auch für die drei Könige eine Kulisse zu inszenieren, kann man z.B. ein Zelt bauen (siehe S. 126ff.).

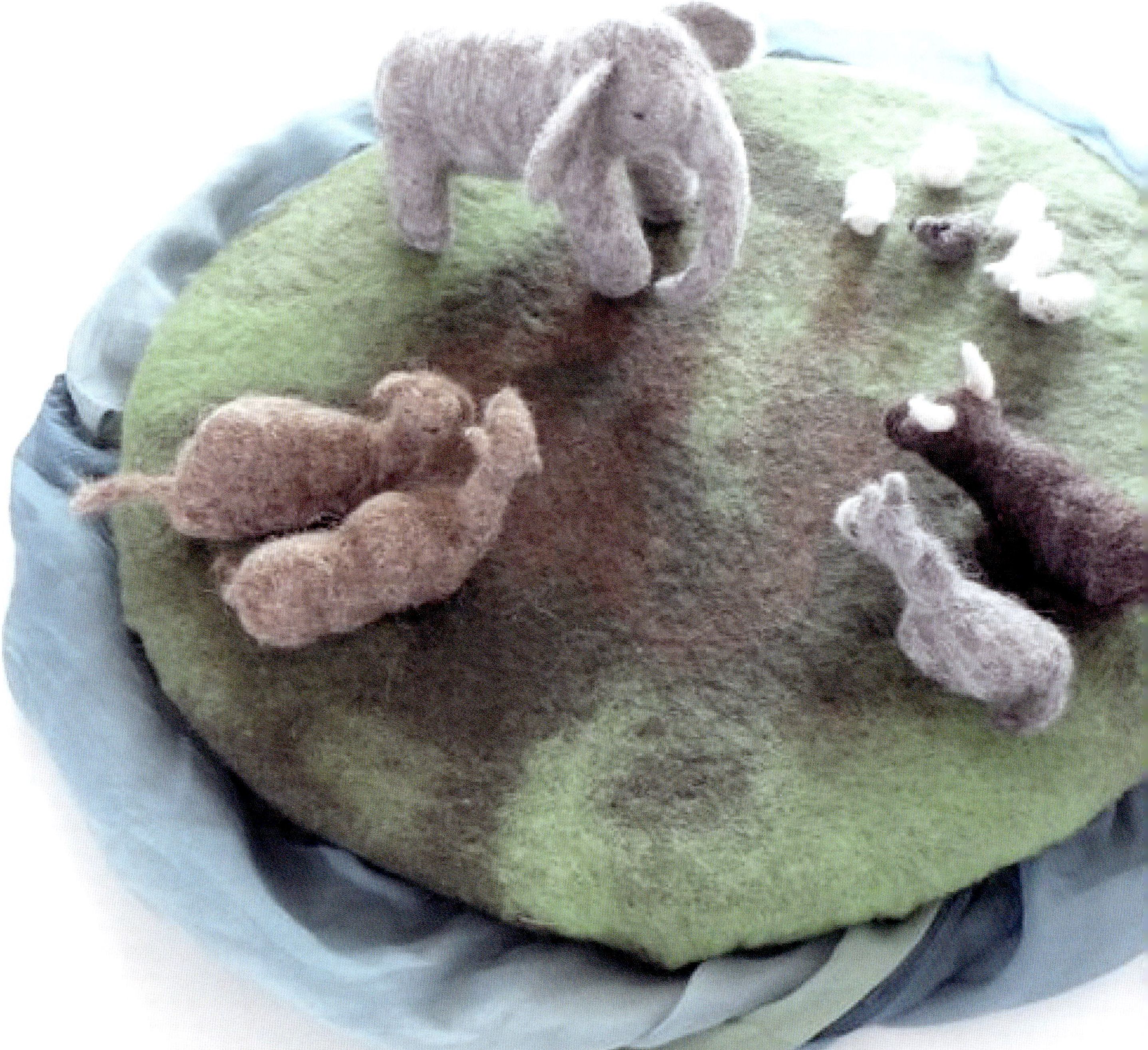

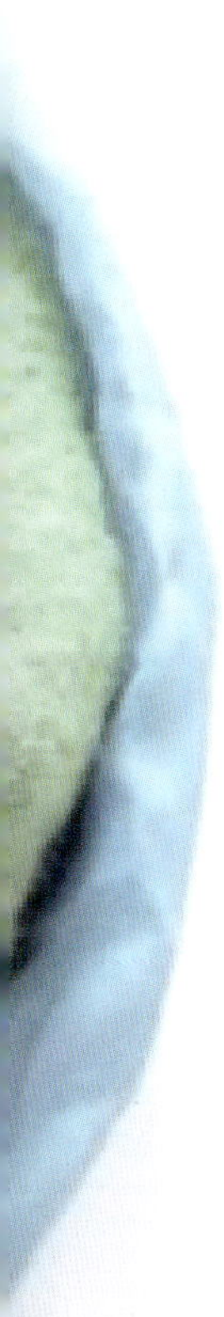

Die Tiere

Anleitung zum Nadelfilzen

Die Tiere in den folgenden Kapiteln werden trocken mit einer Filznadel gefilzt. Die Filznadel ist eine großartige Erfindung! Der Umgang mit ihr ist für mich wie Zaubern … Der Name irritiert etwas, da diese Nadel keine Öse hat; vielmehr ist sie ein spitz zulaufendes Eisenstück mit einem dreieckigen Ende und einem querliegenden Griff, der als Halterung dient. Die Nadelspitze ist sehr spitz geschliffen und daher manchmal auch gefährlich. Das Besondere an der Filznadel sind die kleinen rauen Erhebungen, die beim Arbeiten die Wollfasern in den Untergrund ziehen und die Wollfasern dadurch verfilzen.

Tipps im Umgang mit der Filznadel

- Die Filznadel immer gerade in die Fasern führen! Nicht seitlich abknicken, denn die Spitze ist dünn und kann leicht brechen.
- Mit dem Trockenfilzen können Sie bei jedem Arbeitsschritt Wolle, auch farblich andere Wolle, anstückeln. So lassen sich separate Teile wie die Ohren, die Schnauze oder die Höcker der Kamele filzen.
- Wichtig beim Trockenfilzen: Je öfter in das zu filzende Objekt gestochen wird, desto fester und kleiner wird es. Daher sieht die Menge an Wolle am Anfang sehr viel aus, aber das täuscht, denn die Wolle schrumpft sehr schnell.
- Es ist gut, wenn Sie die Filztechnik an einem Teststück probieren.
- Benötigen Sie eine flache, relativ glatte Fläche, etwa die großen Elefantenohren, dann filzen Sie wie gewohnt vor und bügeln das Stück mit Dampf etwas glatt.

Die beschriebenen Tiere in den folgenden Kapiteln sind proportional auf die im Buch verwendeten Figurenkegel abgestimmt. Wenn Sie andere Größen verwenden, müssen Sie die Tiere gegebenenfalls anpassen.

Das Schäfchen

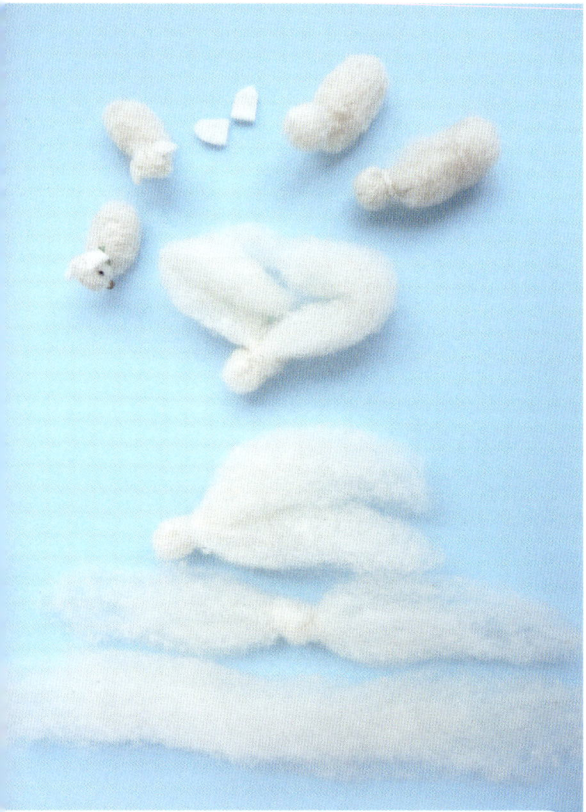

57: Ein Schäfchen herstellen

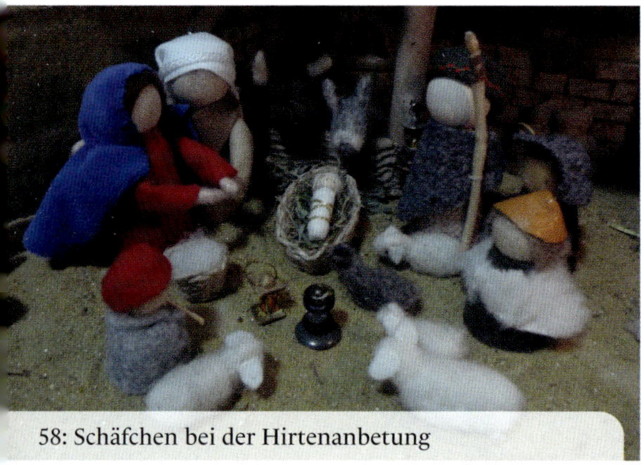

58: Schäfchen bei der Hirtenanbetung

Material

- weiß kardierte Wolle
- ein Rest weißen Wollfilz und passendes Nähgarn
- schwarzes Stickgarn für die Augen

Für ein Schäfchen nimmt man einen Wollstrang von 17 x 4 cm (Abb. 57; Reihenfolge der Arbeitsschritte von unten nach oben). In dessen Mitte wird ein Knoten gemacht. Je strammer der Knoten gezogen wird, desto kleiner und fester wird der Kopf. Eine Hälfte des Strangs über den Kopf klappen und mit der Filznadel ringsherum so einstechen, dass der Hals angedeutet wird. Für den Bauch nun beide Strangenden nach innen einschlagen; er sollte oval (ca. 2,5 – 3 cm) modelliert werden. Der Unterbauch wird flach gearbeitet, damit das Schäfchen gut liegen kann.
Die Ohren werden aus weißem Filz zugeschnitten und mit einigen Stichen am Kopf festgenäht.
Wenn Sie dem Schäfchen Augen machen, nehmen Sie schwarzes Stickgarn und führen es einmal auf Augenhöhe durch den Kopf und schneiden die Enden rechts und links ab.
Jetzt ist Ihr Schäfchen fertig (Abb. 58). Auf diese Weise können Sie eine ganze Schafherde herstellen (siehe auch das Foto auf S. 108).

Tipp

Verwenden Sie auch gern einmal graue oder braune Filzwolle.

Der liegende Esel

Material

- graue und etwas weiße Schafwolle
- schwarzes Stickgarn für die Schnauze und die Augen

Wie beim Schäfchen beschrieben, ist die Grundlage für die Herstellung des liegenden Esels die Knotentechnik (Abb. 59). Da die Kegelfiguren so klein sind, haben die dazu passenden Tiere inwendig keinen Draht. Der Esel wird aus grauer Wolle gefilzt. Dafür wird ein Wollstrang von 40 x 5 cm benötigt.

Für den Kopf ca. 13 cm von einem Strangende einen dickeren, länglichen Knoten formen. Schlagen Sie den kurzen Strang über den Kopf und filzen ihn mit der Filznadel fest. Da ein Esel einen dickeren Hals hat, ziehen Sie die Wolle so zurecht, dass der Hals entsteht.

Die restlichen zwei Strangenden so nach innen schlagen, dass ein Bauch geformt wird. Er ist oval, länglich und nach hinten verjüngt. Als Orientierungshilfe für die Proportion kann man sagen, dass der Eselskopf etwa die Größe des Kopfs der Kegelfigur hat. Der Eselskopf passt somit zweieinhalbmal in den Bauch. Formen Sie den Körper aus, indem Sie mit der Filznadel die umgeknickten Beine leicht andeuten. Der Schwanz ist 3 cm und die Ohren sind 1,5 cm lang.

Die Schnauze des Esels wird mit weißer Schafwolle aufgefilzt. Die Ohren werden einzeln geformt und dann am Kopf angebracht. Alternativ können Sie auch für die Ohren Filzreste verwenden und sie dann aufnähen. Wenn Sie für den Esel Augen möchten, sticken Sie sie mit schwarzem Stickgarn seitlich auf (Abb. 60).

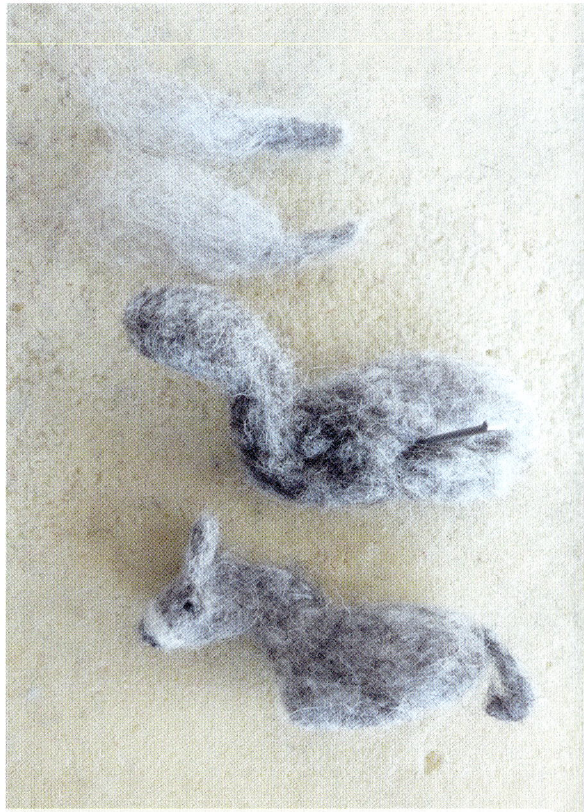

59: Einen Esel herstellen

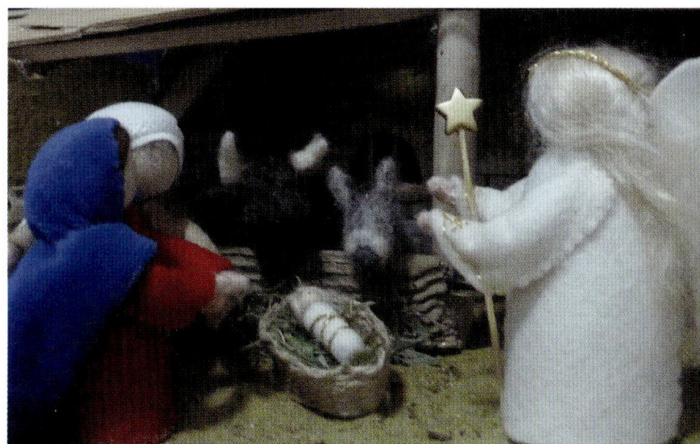

60: Ochs und Esel an der Krippe

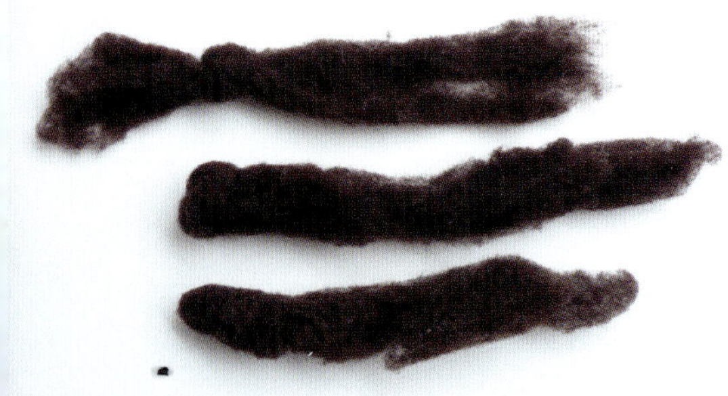

61: Wollstrang mit Knoten

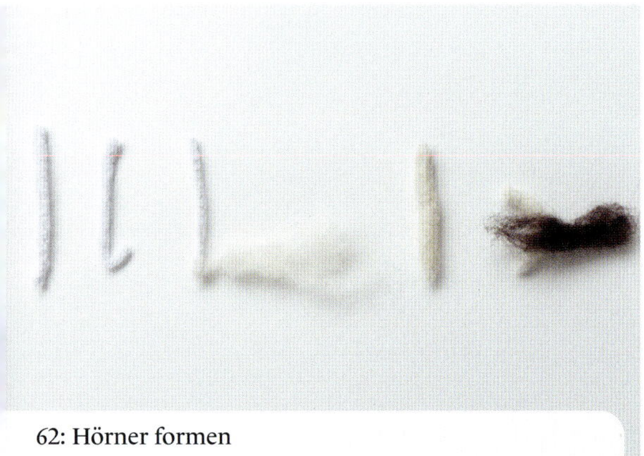

62: Hörner formen

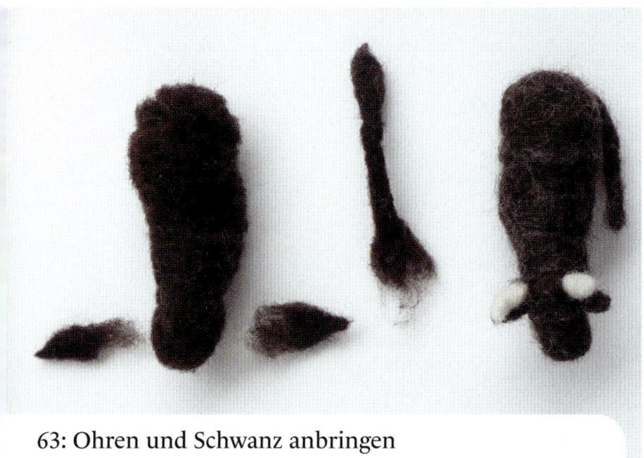

63: Ohren und Schwanz anbringen

Der liegende Ochse

Material

- braune bis braunschwarze Wolle
- helle Wolle für die Hörner
- schwarzes Stickgarn für die Augen und die Schnauze
- ein Stück Pfeifenputzer, 7 cm lang

Die Arbeitsschritte für den liegenden Ochsen ähneln den Schritten, wie sie beim liegenden Esel beschrieben sind. Der wesentliche Unterschied ist der Kopf, der nach unten, an der Schnauze, kräftig ausläuft. Der Ochse hat auch keinen schlanken Hals, sondern den typischen breiten, massigen Stiernacken, der mit Schwung als Linie in den Körper übergeht.

Für den Ochsen einen Wollstrang von 50 x 5 cm nehmen und an einem Ende mit dem Knoten beginnen und nach den Proportionsmaßen arbeiten. Die Maße für den Kopf sind 1,5 x 3 cm. Der Hals hat eine Länge von 2 cm. Arbeiten Sie den Körper ca. 6 cm lang (Abb. 61).

Die Hörner sind hell, so setzen sie sich besser vom Körper ab. Sie laufen spitz aus und sind in der Mitte etwas dicker. Geformt werden sie an einem Stück. Der Pfeifenputzer wird dazu rechts und links 1 cm leicht nach innen gebogen. Zweimal dünn mit Schafwolle um den Knick wickeln. Die Hornenden mit der Zange andrücken. Nun das gesamte Horngestell fertig umwickeln und zur Befestigung am Kopf etwas braune Wolle über die Mitte legen und an Nacken und Kopf mit der Nadel anfilzen (Abb. 62).

Aus je einem 4 cm langen Wollstrang die Ohren formen und unterhalb der Hörner anbringen. Die fertige Länge der Ohren beträgt ca. 1 cm (s. dazu auch das Kapitel «Der Ochse», S. 49). Der Schwanz wird seitlich angefilzt; er hat eine Länge von ca. 6 cm (Abb. 63). Die Augen auf Ohrenhöhe sticken und die Schnauze als gerade Linie.

Das liegende Kamel

Material

- kamelbraune Schafwolle
- schwarzes Stickgarn für die Augen und die Schnauze

Für das zweihöckrige Kamel, das nur etwas kleiner als die Kegelfigur ist, benötigen Sie einen Wollstrang von ca. 50 x 5 cm. Mit dem Knoten für den Kopf beginnen; er sollte 13 cm vom Strangende gemacht werden, sodass 6 cm für den Hals übrig bleiben. Einen schmalen, ca. 2 cm langen Kopf formen. Klappen Sie dazu das kürzere Ende der Wolle um den Kopf und filzen ihn mit der Nadel relativ fest und kompakt (Abb. 64).

Ziehen Sie den Wollstrang für den Hals länglich nach unten. Den Hals rundherum 4 cm lang filzen. Zur Stabilität können Sie den Wollstrang während des Filzens drehen. Falls der Hals zu dünn ist, wickeln Sie etwas neue Wolle quer um den Hals. Er ist unten leicht dicker als oben. Damit der Kopf im rechten Winkel auf dem Hals sitzt, muss er gehalten und mit der Filznadel durch das Einstechen von oben fixiert werden. Legen Sie das Kamel so auf die Filzmatte, dass der Hals etwa 5,5 cm im rechten Winkel zum restlichen Wollstrang liegt.

Die zwei Höcker bestehen aus zwei vorgeformten Wollkugeln (Ø 2,5 cm). Diese nicht zu fest filzen, da sie noch weiter bearbeitet werden. (Für ein Dromedar sollte die Kugel 4 cm im Durchmesser betragen.)

Die beiden vorbereiteten Höcker 1 cm vom Hals entfernt auf die Wolllage des Körpers legen, diesen mit einer weiteren Lage abdecken und den Rücken des Kamels formen. Wenn Sie die Filznadel von unten herein in die Höcker stechen, werden sie spitz und fest (Abb. 65).

Die Ohren sind klein und rundlich. Sie werden separat gefilzt oder aber aus einem Filzrest ausgeschnitten und am Kopf angebracht.

Die Augen werden seitlich mit schwarzem Stickgarn aufgenäht.

Sie können auch Sattel oder Zaumzeug herstellen (Abb. 66).

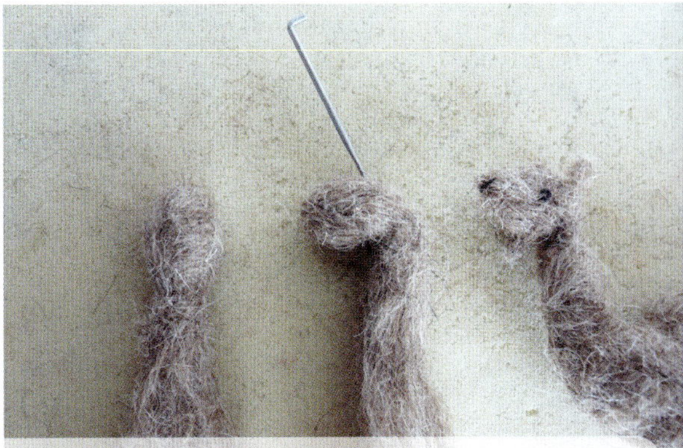

64: Kopf und Hals formen

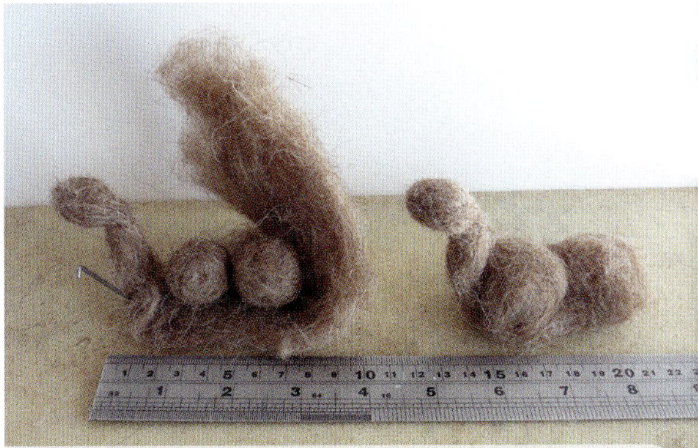

65: Körper und Höcker formen

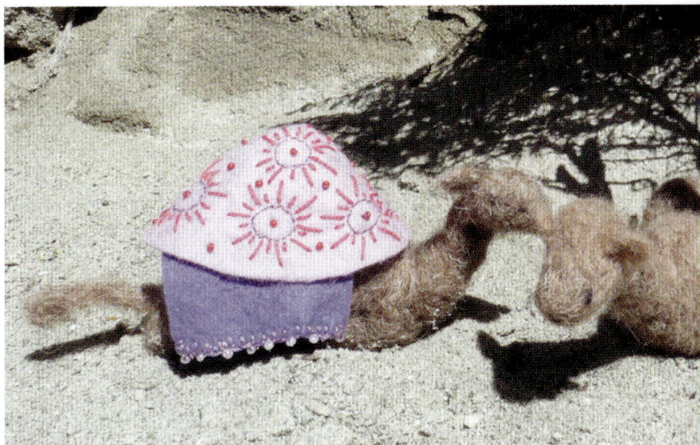

66: Kamel mit Sattel und Decke

Der stehende Elefant

Material

- Plüschpfeifenputzer
- graue Wolle
- schwarzes Stickgarn für die Augen

Der Elefant hat große Ohren, säulenartige Beine und einen langen Rüssel. Der Rücken kann gewölbt oder gerade gearbeitet werden.

Der Elefant ist in dieser Anleitung etwa einen Kopf größer als die Kegelfigur. Da er als stehende Figur gearbeitet wird, benötigt er einen Pfeifenputzer für die Beine, der das Gewicht des Tieres trägt. Es sieht aus, als wären die Vorderbeine länger als die Hinterbeine. Daher werden die Beine in unterschiedlichen Längen gearbeitet.

Beine: Den Pfeifenputzer auf eine Länge von 64 cm und 60 cm abschneiden. Die Pfeifenputzer halbieren und miteinander verdrehen und jeweils die Enden zur Mitte legen. So entstehen Rundungen für die Fußsohlen. Mit Wolle so umwickeln, dass der Draht nicht mehr sichtbar ist. Danach die Beine nicht dicker als 2 cm stark umwickeln (Abb. 67).

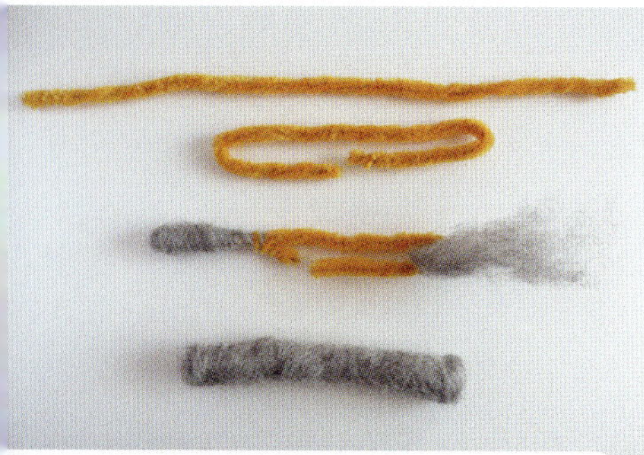

67: Die Beine gestalten

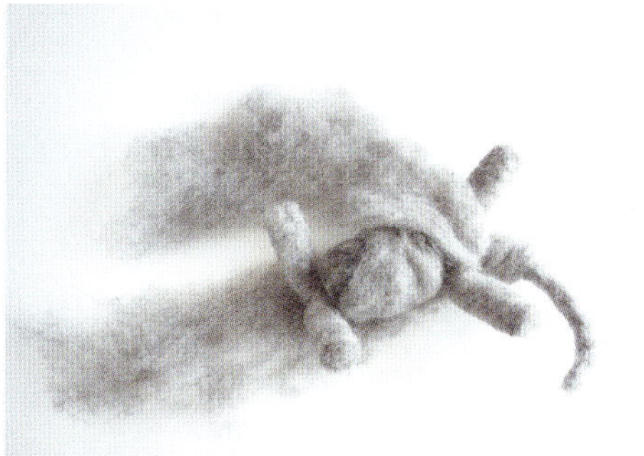

68: Gestaltung des Körpers

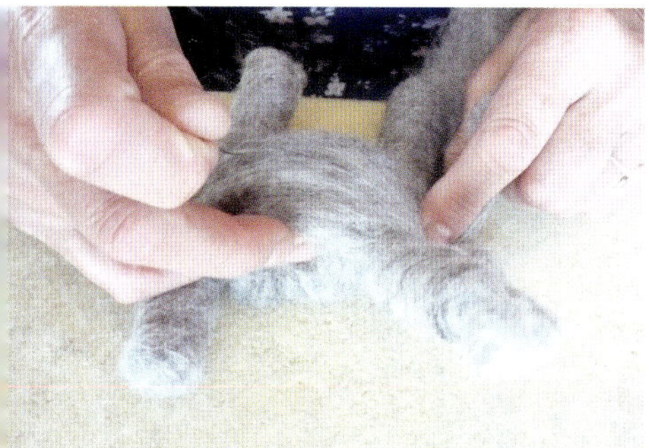

69: Die Beine anfilzen

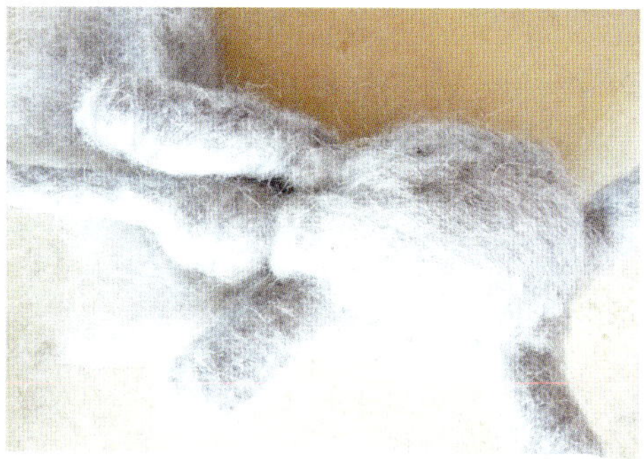

70: Mit zusätzlicher Wolle anfilzen

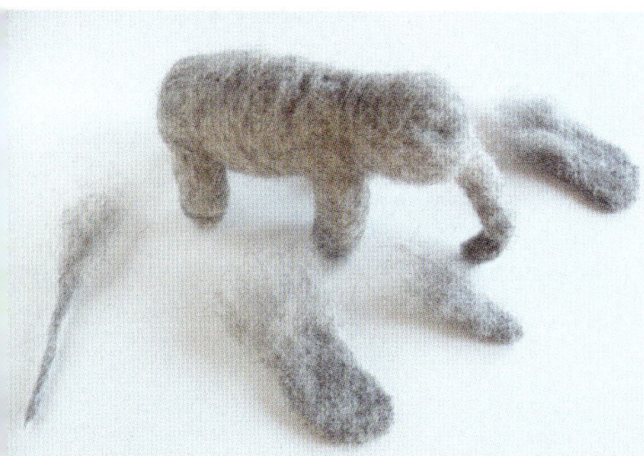

71: Ohren, Schwanz und Maul filzen

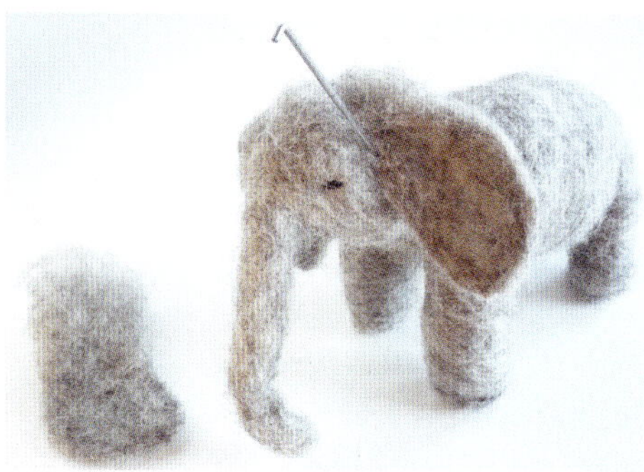

72: Die Ohren anfilzen

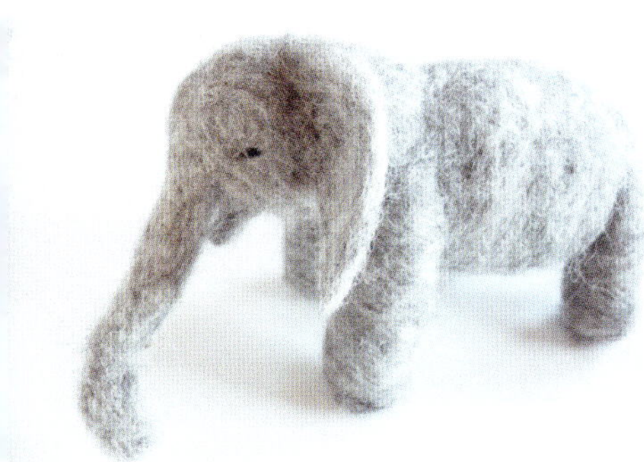

73: Der fertige Elefant

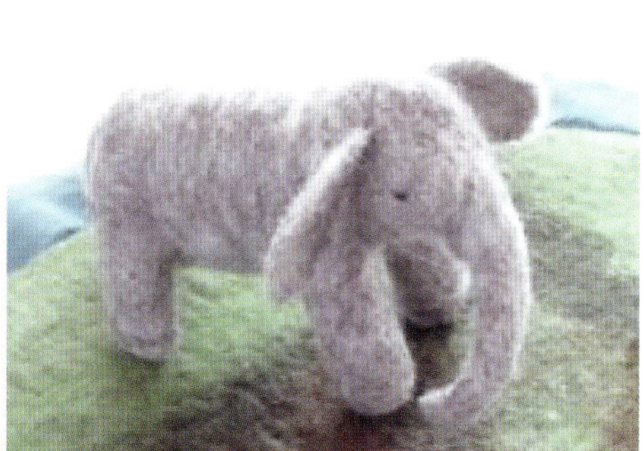

74: Der fertige Elefant

Bauch: Der Elefant bekommt einen entsprechend großen Bauch. Filzen Sie dafür eine nicht zu feste Rolle von 6 cm Länge und einem Durchmesser von etwa 4 cm.

Körper: Für den Kopf und Körper benötigen Sie einen Wollstrang von etwa 50 x 10 cm. Setzen Sie einen Knoten 15 cm vom Strangende entfernt, und formen Sie aus dem kurzen Reststück den Rüssel. Am einfachsten gelingt dies, wenn Sie die Wolle drehen und gleichzeitig mit der Filznadel filzen. Der Kopf wirkt zunächst noch sehr klein, aber später werden noch das Maul und die Ohren angefilzt. Den Wollstrang halbieren und die Beine und den vorbereiteten Bauch dazwischenlegen und den Wollstrang stramm um den Po bis zum Hals legen. Filzen Sie alles etwas an. Eventuell überschüssige Wolle abzupfen (Abb. 68).

Die Beine zurechtbiegen und den Elefanten auf die Seite legen, so lässt es sich leichter arbeiten. Bedecken Sie mit Wolle den Rücken und die Beine, um eine Verbindung zu den Körperteilen herzustellen. Das braucht jetzt etwas Geduld, damit der Elefant stabil wird (Abb. 69 und 70).

Danach das Maul gestalten. Dazu ein kleines Stück ähnlich wie ein langgezogenes Dreieck filzen und genug Wolle zum Anfilzen lassen (Abb. 71). Nun das Maul an den Elefant filzen. Den Kopf noch weiter modellieren.

Ich fand es einfacher, zuerst die Augen aufzusticken, bevor ich die Ohren angefilzt habe, aber das können Sie für sich entscheiden.

Filzen Sie 5 cm lange und 4 cm breite Ohren und dämpfen Sie sie mit dem Bügeleisen an. Nun wie gewohnt die Ohren anfilzen (Abb. 72).

Nach dem Anfilzen des Schwanzes (ca. 7 cm lang) ist der Elefant fertig (Abb. 73 und 74).

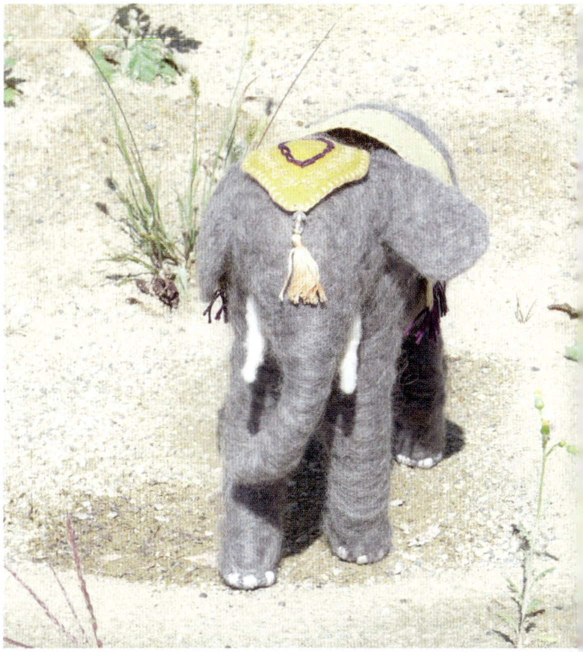

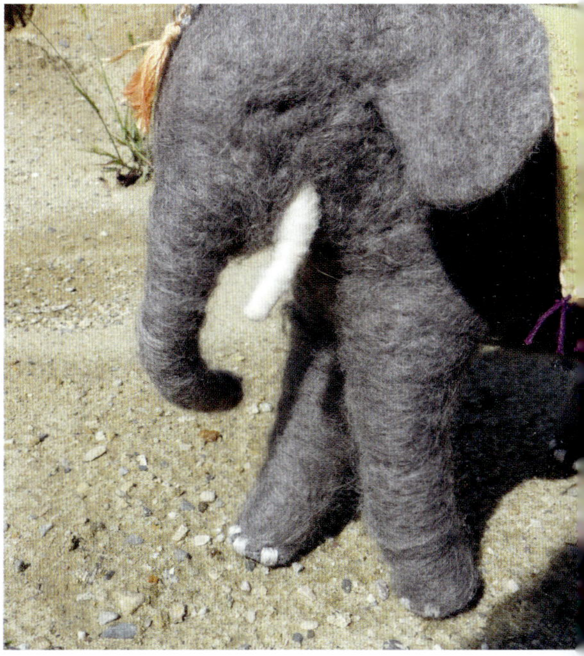

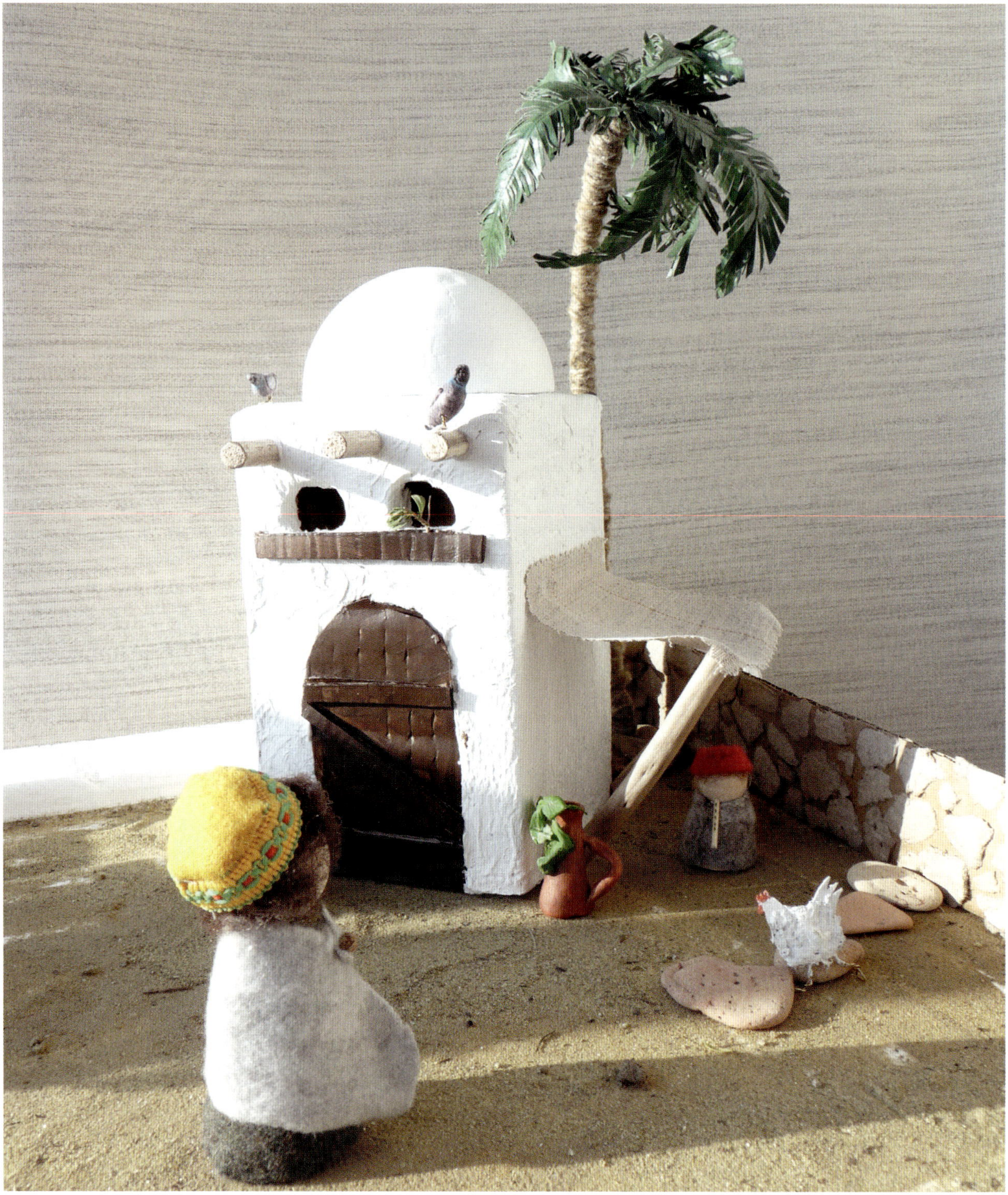

Die Kulisse

Die Gebäude für dieses Kapitel wurden zum Großteil aus stabiler Pappe hergestellt, die als Verpackung diente. Daher beschreibe ich das Haus, das stellvertretend für den Stall und die Kulisse steht, ausführlicher, um die Herangehensweise zu zeigen.

Wer eine Krippenlandschaft bauen möchte, findet beim Spazieren die tollsten Baustoffe: besonders geformte Holzstücke, Steinchen, Sand, Moos, Pflanzen und auf dem Feld vielleicht noch etwas Heu oder Stroh. So lässt sich die Landschaft rund um die Krippe von Bethlehem nachstellen. Bei meiner Kulisse geht es mir nicht um historische Genauigkeit, sondern darum, eigene Vorstellungen umzusetzen und die Kinder in diesen Prozess einzubeziehen.

Eventuell kann der Weg von Maria und Joseph bzw. der Heiligen Familie mit einbezogen werden, indem Sie einfache Kulissenteile bauen und sie mit den Kindern bildlich darstellen. Mit den kleinen Figuren können auf jeden Fall für die häusliche Darstellung mehr Details gezeigt werden, als dies mit den Figuren im ersten Teil möglich ist.

Haus mit Kuppel und einem kleinen Zeltdach

Material

- verschiedene Kartonagen (stabile Schachteln, Eierkartons, Wellpappe usw.)
- verschiedene Hölzer (Äste, Schwemmholz, kleine Wurzeln, Obstkistenreste und Kanthölzer)
- ein Stück Bastmatte o.Ä. für das Zeltdach
- eine Styroporkugel, ca. 8 cm Durchmesser
- Acrylfarbe Weiß
- Leim
- Heißkleber

Zunächst ist es sinnvoll, sich eine Skizze des gewünschten Objektes zu machen (Abb. 74). Dabei gilt es zu bedenken: Wie möchte ich das Ganze gestalten? Soll es eine Grotte, ein gemauerter Stall oder nur ein Unterschlupf werden? Welchen Stil sollen die Häuser bekommen? Gibt es ein Tor, einen Brunnen usw.? Läuft z.B. ein Fluss am Stall vorbei? Vor allem ist es aber wichtig, festzulegen, wie groß ich meine Grundplatte eigentlich machen kann. Wie viel Platz habe ich, und wo möchte ich die Krippe aufstellen? Wenn diese Fragen beantwortet sind, kann ich mich auf die Suche nach alten Kartons und Schachteln und dem anderen Zubehör machen.

Für die hier im Buch beschriebene Szene – das Haus mit einem kleinen Zeltdach – habe ich eine Grundplatte von 50 x 60 cm benutzt. Die Platte

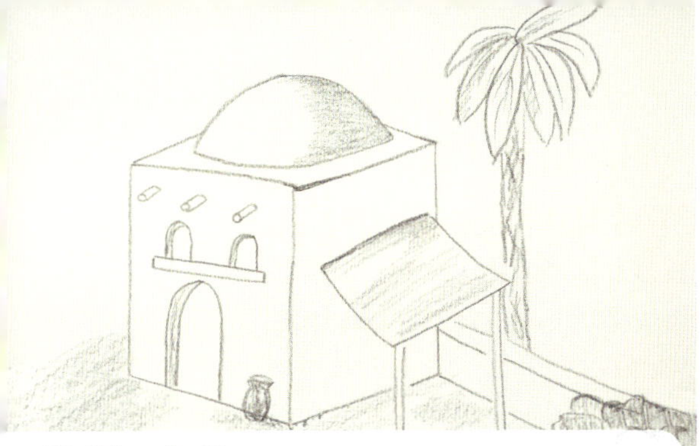

74: Skizze des Hauses

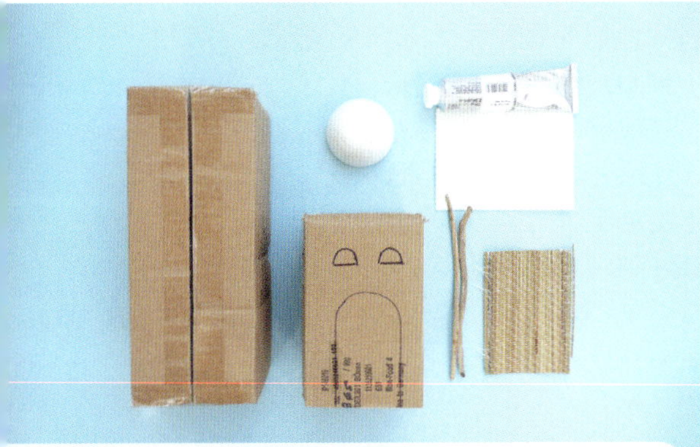

75: Materialien für das Haus

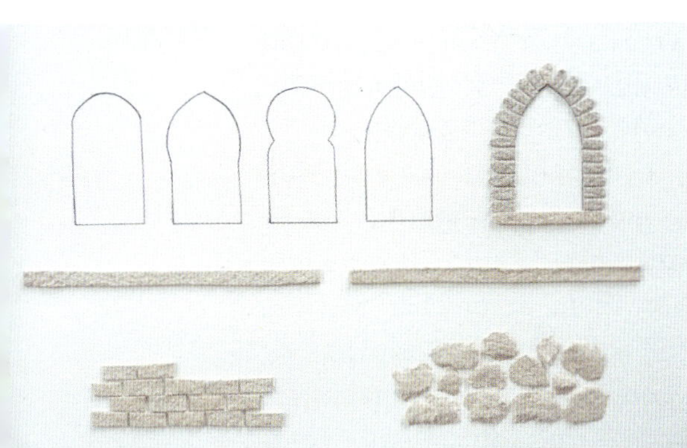

76: Formen für Fenster, Türen und Steine

77: Weitere Ausarbeitung des Hauses

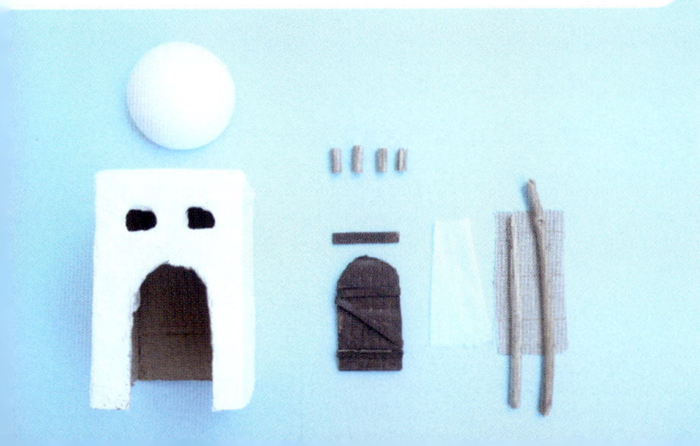

ist aus Styropor und war als Verpackung eines Gerätes vorhanden. Eine Grundplatte dient zum Verkleben des Hauses, des Stalls und der anderen Dinge, die Sie gern zeigen möchten. Dabei können Sie alles nach Ihrer Vorstellungskraft, Ihren Wünschen und Ihrem Können gestalten. In dieser Anleitung beschreibe ich ein Haus mit Kuppel und einem kleinen Zeltdach. Da sich die Arbeitsschritte alle ähneln, können Sie sie auf Ihre eigenen Kreationen anwenden und entsprechend umsetzen.

Meine Schachtel hatte die Maße 10 x 10 cm; ihre Höhe von 25 cm war für die Kegelfiguren allerdings zu hoch, also kürzte ich sie auf 15 cm. Das Dach konnte somit erhalten bleiben. Wenn Sie andere Größen haben, verwenden Sie diese.

Zeichnen Sie sich, wie gewünscht, Fenster und Türen mit Bleistift auf den Karton und schneiden sie mit einem Messer oder einer Schere aus. Die Tür können Sie als angelehnte Tür darstellen; dann nur drei Seiten ausschneiden. Die Höhe der Tür ergibt sich aus der Höhe der Figur plus eine Zugabe, sodass die Figur auch hindurchlaufen könnte (Abb. 75).

Bei Fenster, Türen und beim Mauerwerk haben Sie hinsichtlich Form und Struktur verschiedene Gestaltungsmöglichkeiten. Abb. 76 zeigt ein paar Beispiele.

Um den Karton zu stabilisieren und ihm für das Mauerwerk eine Struktur zu geben, werden zwei Schichten mit Holzleim und großen und kleineren Stückchen von einer Küchenpapierrolle aufgeklebt. Wenn stark durchscheinende Schrift auf dem Karton zu sehen ist, können auch noch weitere Schichten aufgeklebt werden. Die Fensterausschnitte ebenfalls ausarbeiten. Das Haus gut trocknen lassen.

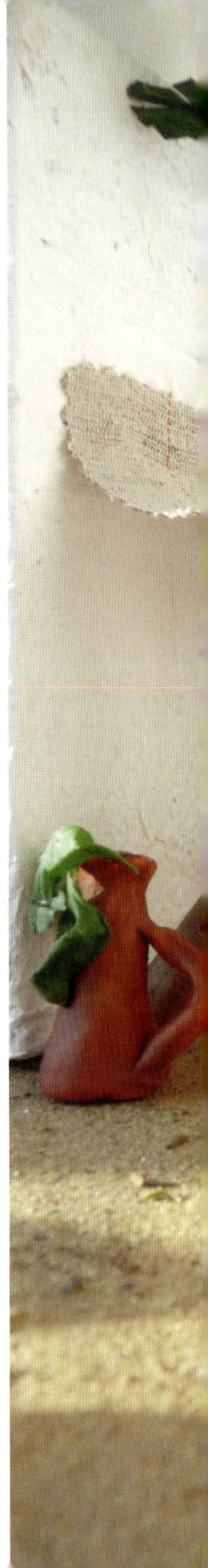

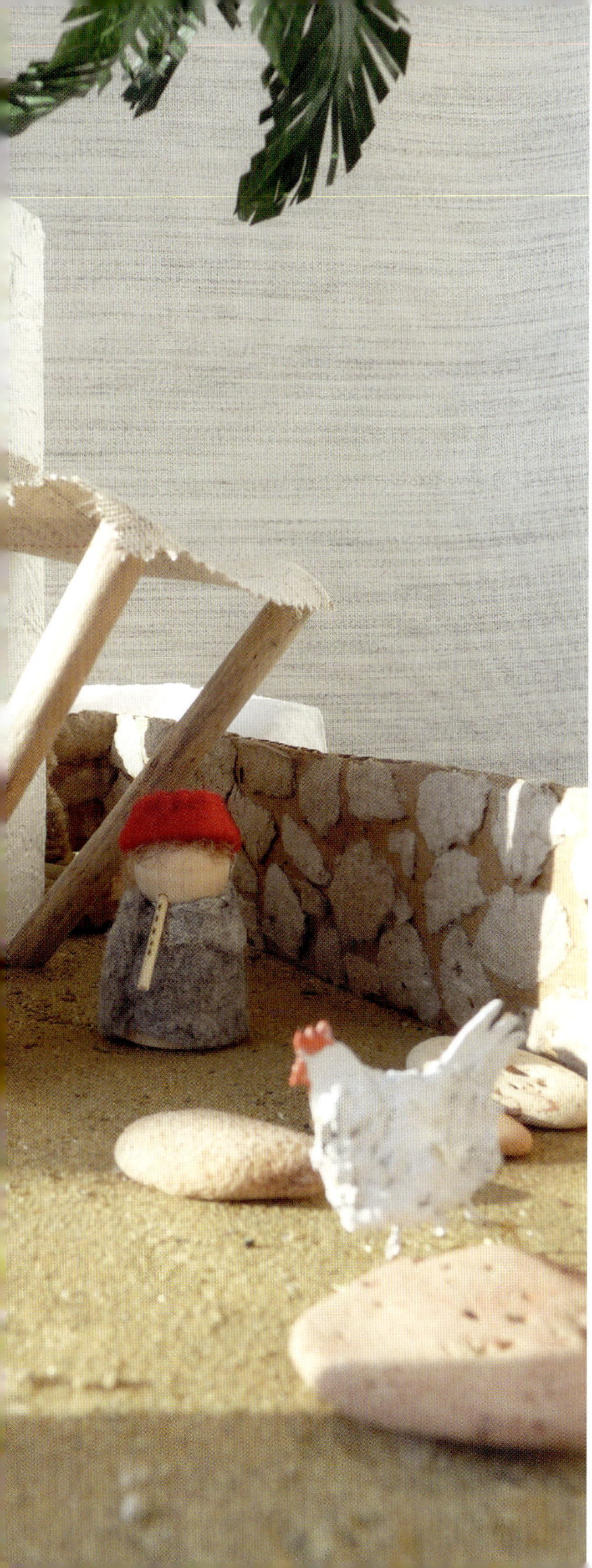

Jetzt ist die Zeit, um Fensterläden, Gaze für die Fenster, Balken, die Tür, das Zeltdach oder Steine aus Eierkartons und die Kuppel vorzubereiten (Abb. 77).

In diesem Beispiel wurden ein Fensterkasten und die Tür mit Querbalken versehen. Dazu die Kartonreste in Form und Größe zurechtschneiden und nach Wunsch bemalen.

Die angedeuteten Dachbalken wurden aus Resten eines Stöckchens in 2 cm lange Stücken gesägt.

Möchten Sie eine Art Fensterglas oder Gitter anbringen, können Sie es aus Knoblauchsäckchen, einer Plastikverpackung oder ähnlichem Material grob ausschneiden und hinter das Fenster kleben.

Für das Zeltdach genügt ein Rest von 10 x 6 cm einer alten Bastmatte oder eines anderen Stoffes.

Bevor das Haus bemalt wird, schneiden Sie eine Styroporkugel in der Mitte durch und kleben sie mittig auf das Dach.

Das Haus kann jetzt komplett mit weißer Acrylfarbe bemalt werden. Wenn Sie Steine aufgeklebt haben, dann diese mit einer anderen Farbe bemalen.

Seitlich das Zeltdach an die Hauswand mit dem Heißkleber anbringen und erst danach die Stöcke anpassen und anleimen oder bei dünnen Stoffen anbinden.

Nun ist das Haus fertig, und es kann mit Blumen, Krügen oder anderen Gegenständen dekoriert werden.

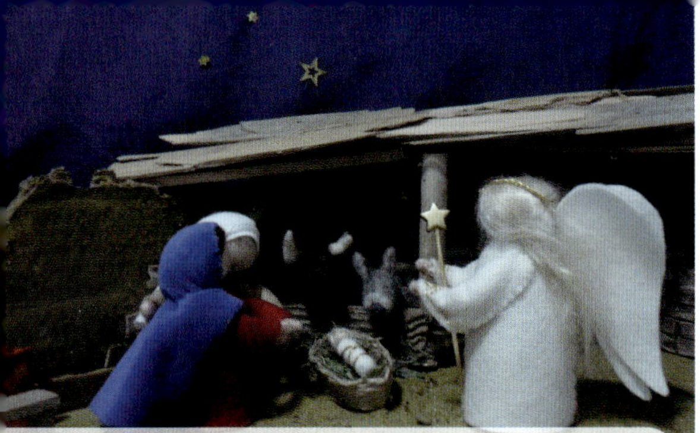
78: Der Stall von Bethlehem

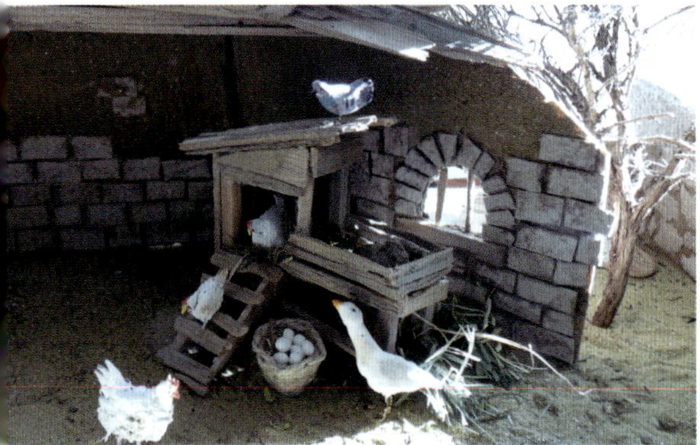
79: Stall mit Fenstern und Mauerwerk

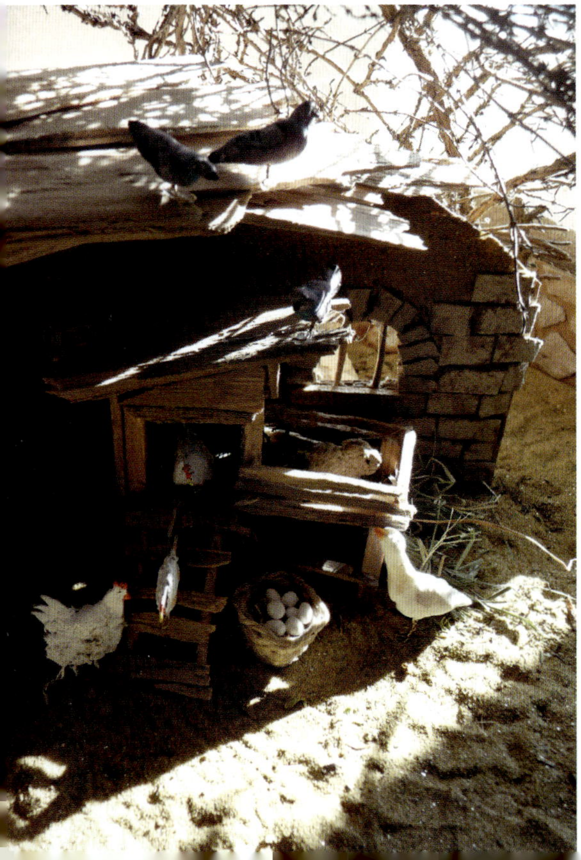

Der Stall von Bethlehem

Der Stall ist schlicht, er hat drei Wände und zwei Fenster und bietet einen Schlafplatz für Ochs und Esel. Das Mauerwerk besteht aus geraden Steinen. Das Dach wurde mit gespalteten Schwemmholzbrettchen gedeckt. Durch die Verwendung von Pappe kann das Gebäude schnell verändert oder erweitert werden.
Die Figuren bilden auch beim Stall den Maßstab für den Bau. Die Größe des Stalls wurde auf die Größe der Figuren abgestimmt, sodass sie harmonisch ins Gesamtbild passen. Die Stalldecke sollte etwa eine Kopfhöhe höher sein als die stehende Figur, aber das ist Geschmackssache (Abb. 78).
Für die drei Wände werden die Pappen mit Klebeband fixiert und, wie beim Haus beschrieben, stabilisiert. Dann können «Steine» aus einem Karton geschnitten oder gerupft werden, um so das stalltypische Aussehen zu erreichen. Fenster werden eingeschnitten, und Leisten o.Ä. werden verleimt (Abb. 79).
Der Putz des Stalls besteht aus Sand, der mit Holzleim aufgebracht wurde. Um den Eindruck zu erwecken, der Putz sei verwittert, wird er mit Acrylfarben bemalt.
Der Stallboden wurde mit Eierkartonsteinen auf einer Grundplatte verlegt. Nach Wunsch kann das Dach auch mit Stroh, ausgeschnittenen Schindeln oder Stoff gedeckt werden.
Den Abschluss bilden die Details: Mit echtem Stroh und Heu im Stall fühlen sich Ochs und Esel wohl. Kleine Säcke mit Getreide, ein Stall für die Hühner und Hasen, ein Korb mit Eiern und die Tauben auf dem Dach laden zum Staunen und Entdecken ein.
Ein kleines LED-Lämpchen an der Stalldecke und ein Stern über dem Stall runden das Bild ab. Maria, Josef und das Jesuskind sind willkommen.

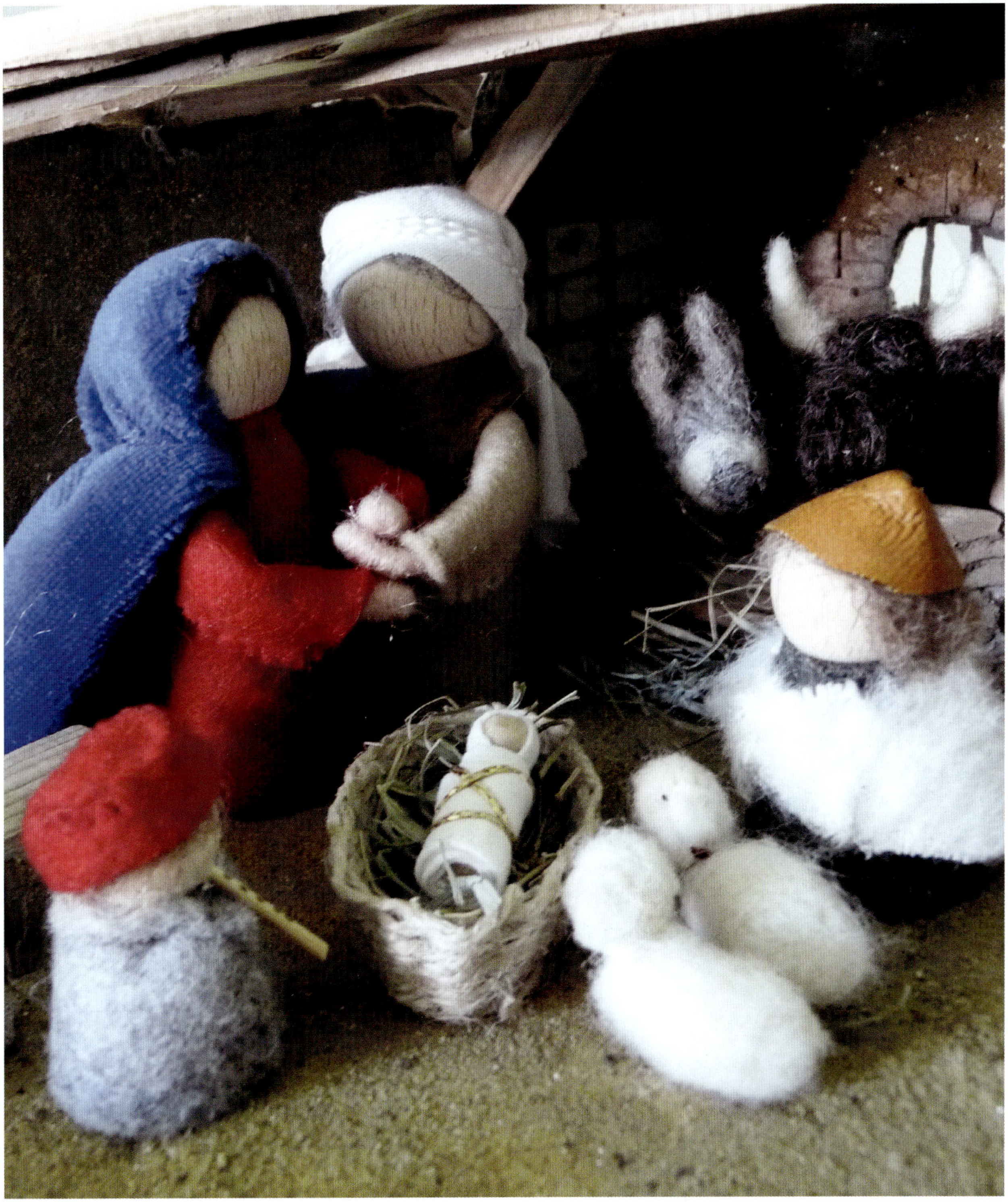

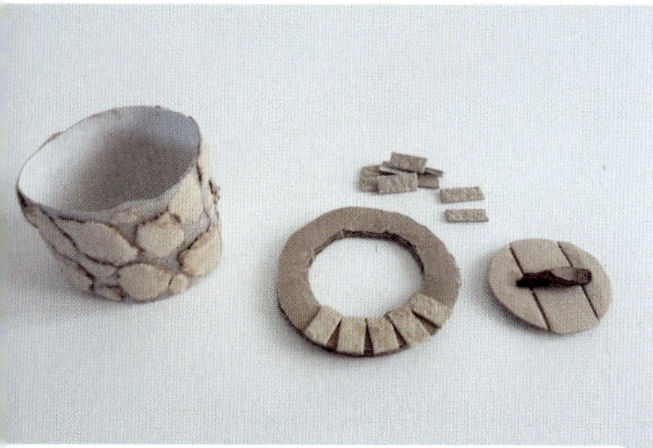
80: Material für den Brunnen

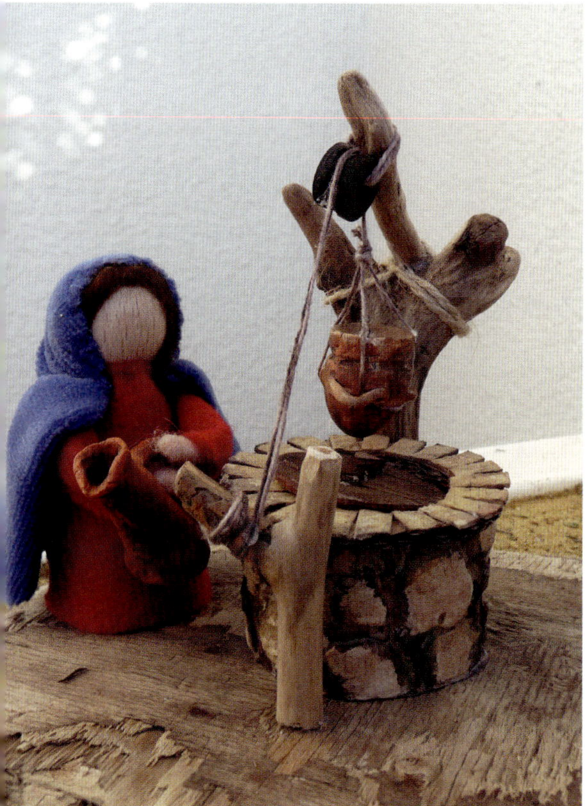
81: Der fertige Brunnen

Marias Brunnen

Um Ihnen mehrere Ideen zur Kulissengestaltung zu geben, entstand dieser Brunnen, an dem Maria das Wasser holte. Er wurde aus einer Klopapierrolle und der üblichen Technik für die Steine hergestellt. Die Grundplatte hier ist ein Schwemmholz, was ich sehr passend dazu fand (Abb. 80).
Eine alte Schraubenabdeckung, die mit lufttrocknender Modelliermasse überzogen ist, stellt den Wasserbehälter dar. Mit Farbe bemalt und mit einem reißfesten Garn an einem Gestell aus Astgabelungen befestigt, sieht es ganz funktionstüchtig aus (Abb. 81).

Zelt für die Könige

Material

- stabile Pappe
- Hölzer, etwa 5 mm stark
- ein fertiges Platzdeckchen, ca. 45 x 35 cm
- Holzleim
- Sand für den Boden

Abb. 82 zeigt das benötigte Material für das Zelt. Zunächst aus der Pappe ein Rechteck von 32 x 25 cm für den Boden und für die Decke ein Rechteck von 17 x 10 cm ausschneiden (Abb. 83 und 84). Dann nach Vorlage mit einem spitzen Gegenstand, z.B. einem Pfriem, die Löcher in die Pappe stechen. Für die Zeltstangen vier Hölzer mit einer Länge von 11 cm und zwei Hölzer mit einer Länge von 15 cm zuschneiden.
Zur Vorbereitung wird der Boden mit Holzleim gleichmäßig eingestrichen und dann mit feinem Sand bestreut; den Rest abschütten. Den Boden jetzt gut trocknen lassen (Abb. 85).

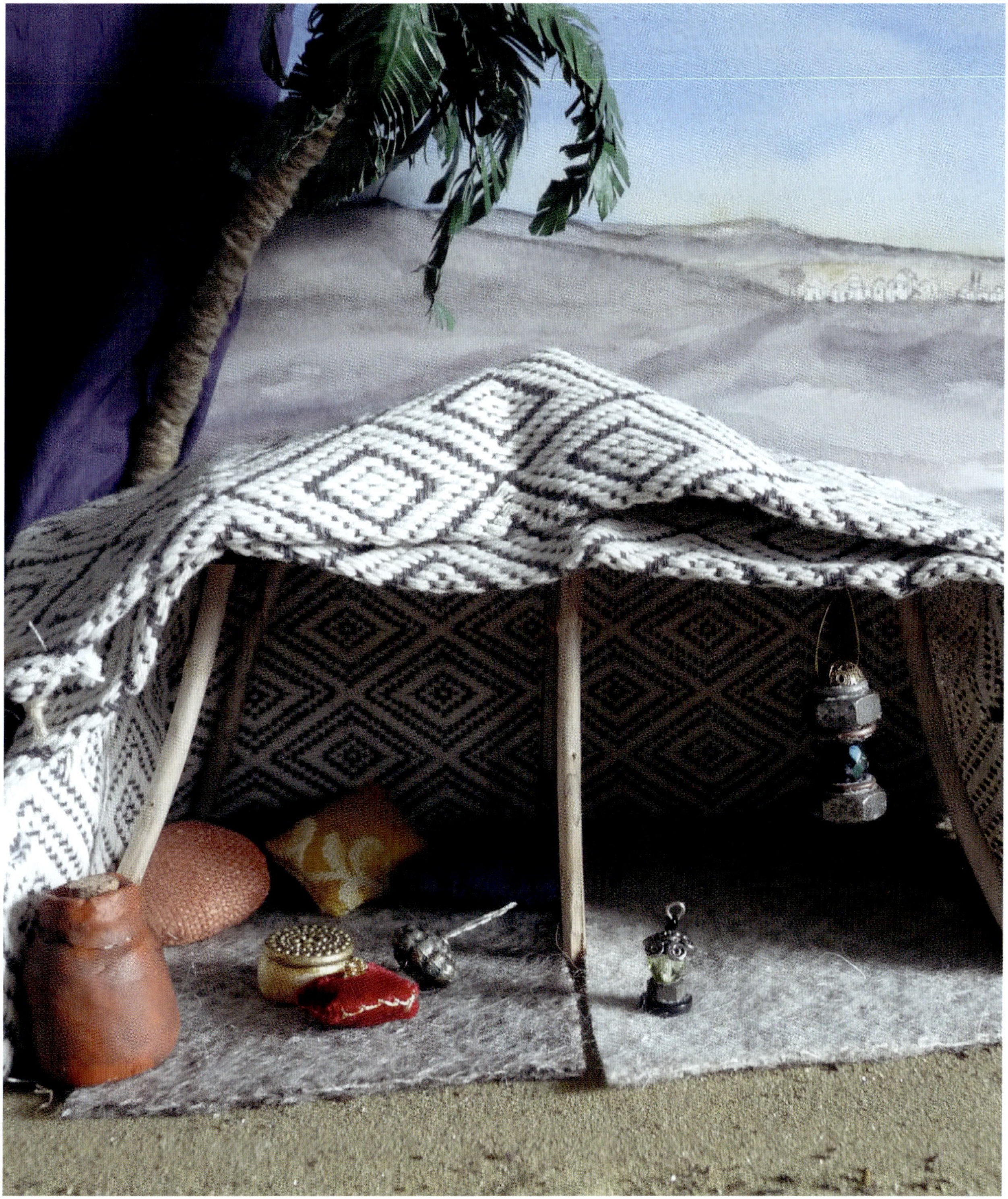

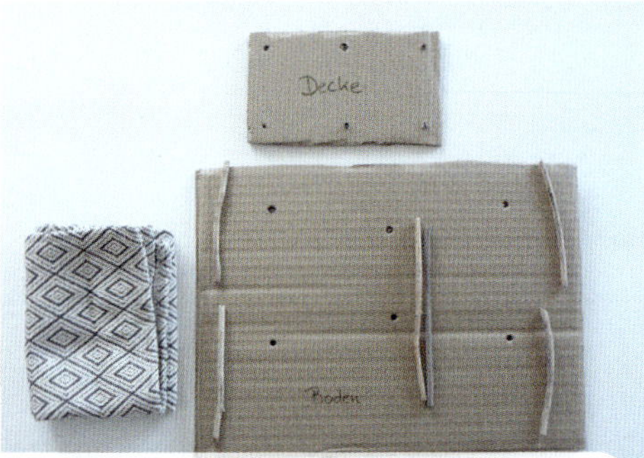

82: Material für das Zelt

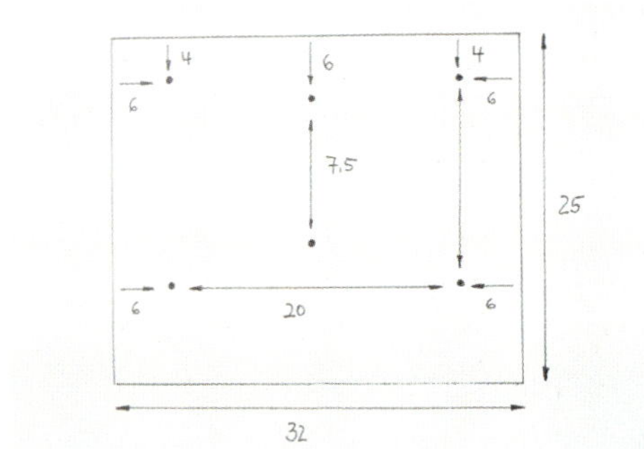

83: Maße für den Zeltboden

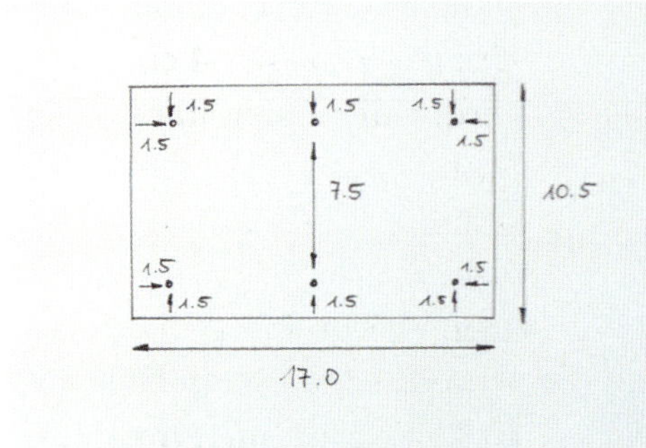

84: Maße für das Zeltdach

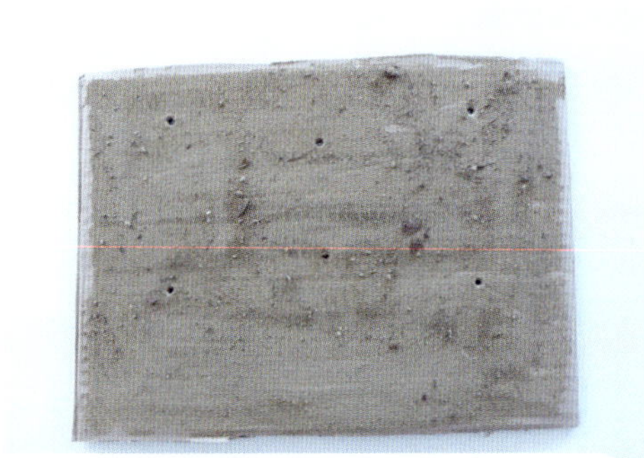

85: Zeltboden

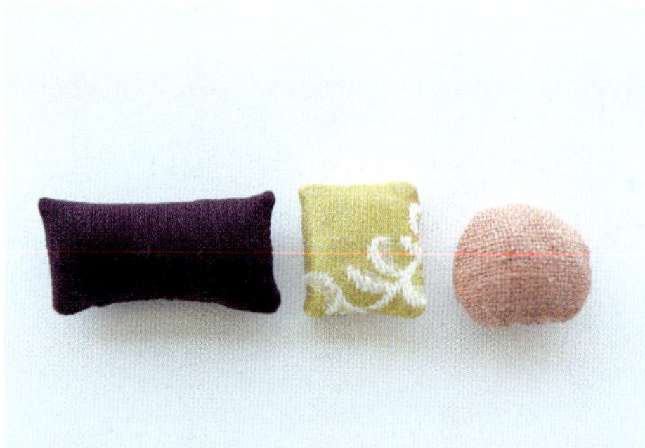

86: Kissen für die Könige

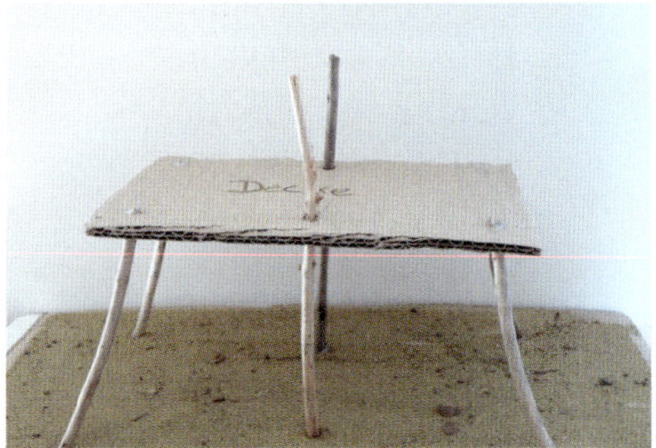

87: Zeltdach mit Stöcken befestigen

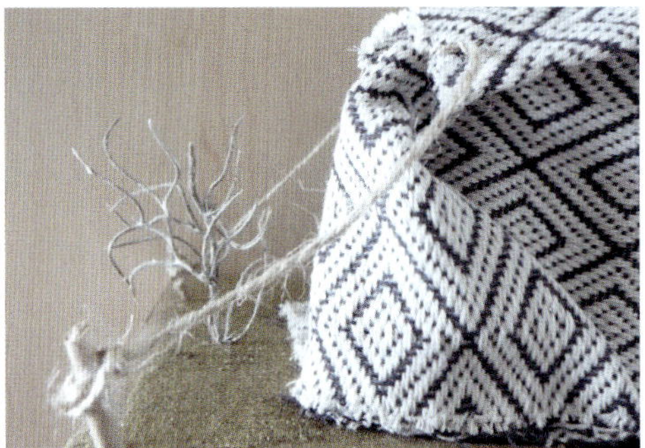

88: Schnüre an den Stoffecken befestigen

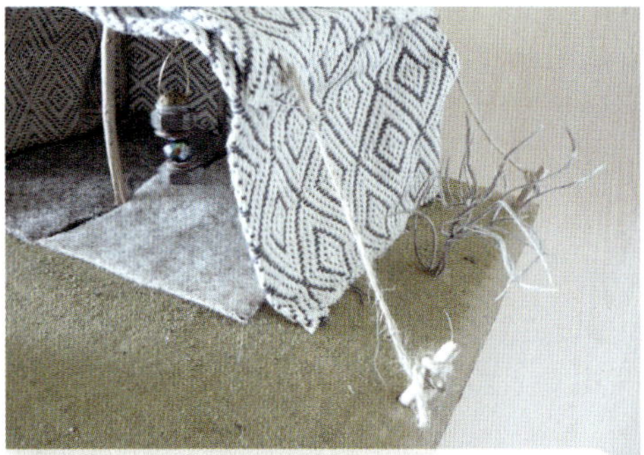

89: Die Heringe in den Boden stecken

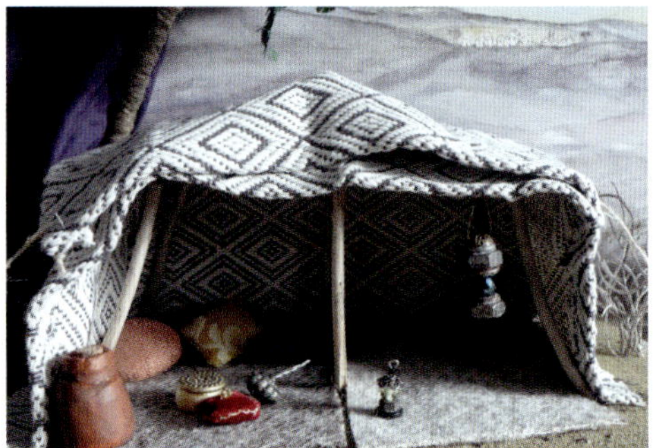

90: Das fertige Zelt

Währenddessen können Sie kleine Kissen nähen – z.B. in den Größen: 6 x 3 cm, 4 x 4 cm oder ein rundes Kissen (Ø 3 cm). Gefüllt werden die Kissen mit Schafwolle (Abb. 86).
Auch Teppiche können gewebt, genäht oder nur aus Filz ausgeschnitten werden.
Weiter geht es nun mit dem Zeltdach. Hier wurden die vorbereiteten Stöcke in die jeweiligen Löcher verbracht und festgeklebt (Abb. 87). Da ich ein fertiges Platzdeckchen verwendet habe, sind die Maße nur eine Empfehlung.
Drapieren sie einen Streifen von ca. 40 x 22 cm über das Zeltdach. Die bereits versäuberte Kante habe ich nach vorn gelegt und darauf geachtet, dass die Pappe nicht mehr sichtbar ist.
Wenn rechts und links sowie an der hinteren Zeltkante der Stoff gleichmäßig verteilt wurde und genügend am Boden ist, können Sie die zwei Löcher für die Zeltstangen einschneiden. Den übrigen Stoff habe ich hinten ähnlich wie ein Geschenk eingeschlagen und befestigt. Den Stoff eventuell noch an manchen Stellen mit Heißkleber bearbeiten.
Nun das kleinere Dach mit dem Maß ca. 16 x 23 cm zuschneiden. Ich hatte den Stoff nicht als Ganzes zur Verfügung, daher habe ich einfach in der Mitte eine Naht gemacht.
An den vier Ecken werden mit einer Stopfnadel die Paketschnurstücke angebracht. Am besten einen Stich mit der Schnur ausführen. Am anderen Ende der Schnur die Heringe in Form von einem kleinen Holzstück befestigen. Gegebenenfalls Leim zu Hilfe nehmen. Zum Schluss die Heringe in den Boden stecken und verleimen (Abb. 88 und 89).
Das Zeltinnere dekorieren – und schon können die drei Könige kommen (Abb. 90).

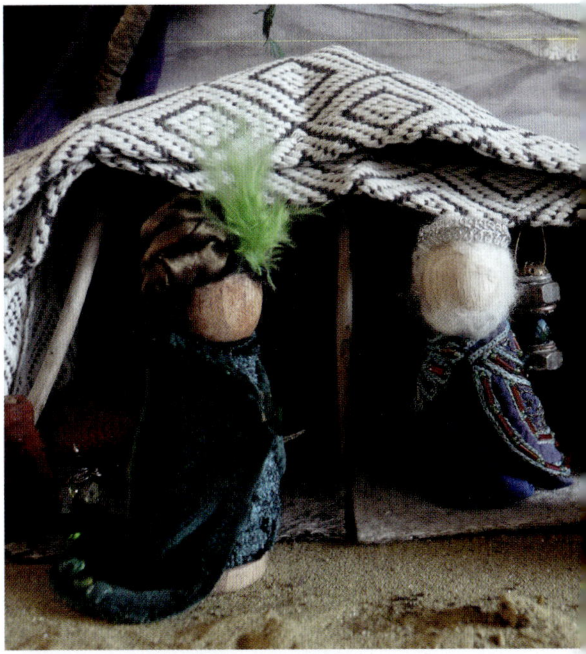

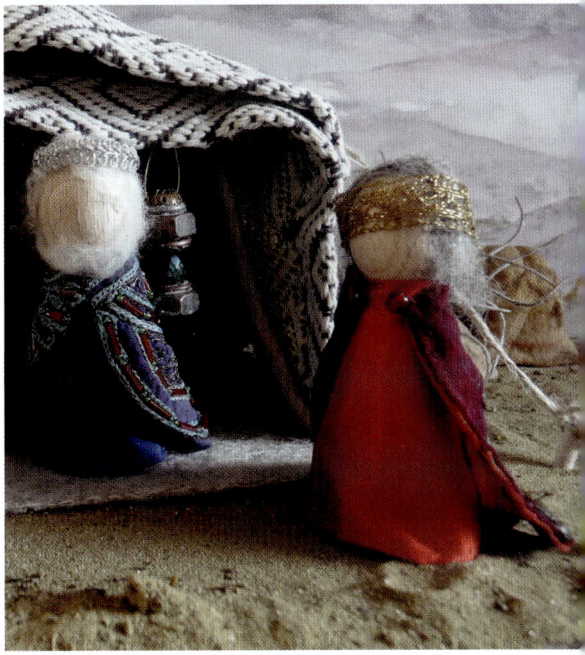

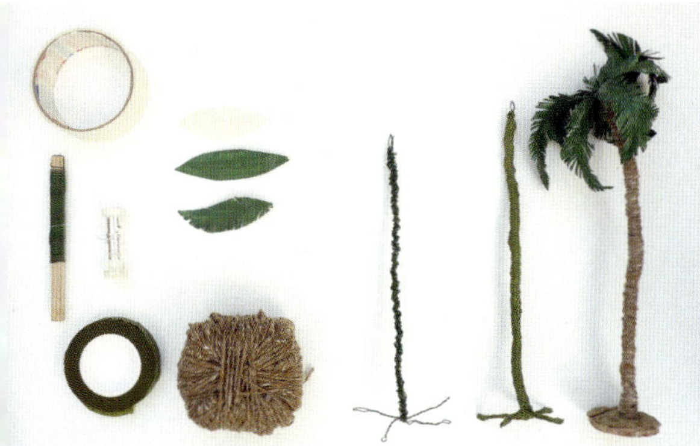

91: Material für die Palme

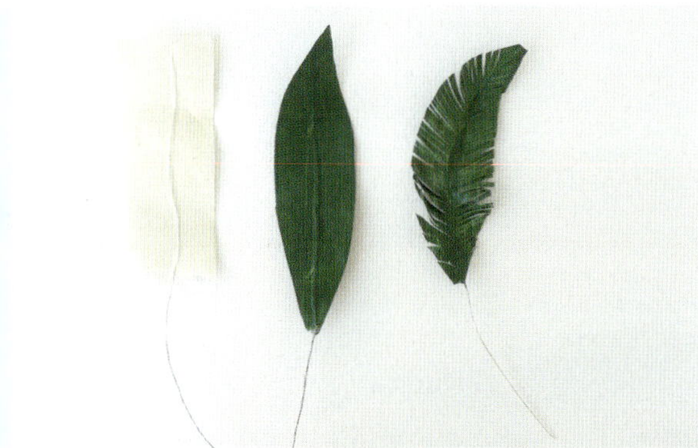

92: Blätter vorbereiten und ausschneiden

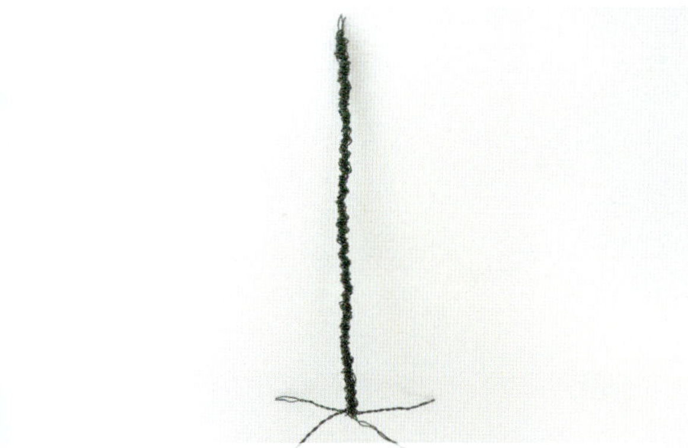

93: Den Stamm gestalten

Die Palme

Die Palme passt nicht nur gut in das orientalische Landschaftsbild, sie war auch ein wichtiger Lebensmittel- und Rohstofflieferant für die Menschen damals. So nutzten sie den Saft der Blüten und aßen die Früchte. Das Palmholz war auch ein guter Baustoff für die Häuser, Tische, Stühle und Zäune. Aus den Palmwedeln wurden Matten, Besen, Körbe und andere lebensnotwendige Dinge hergestellt.

Die Palme nennt man auch den Baum des Friedens, der Vitalität und des Lebens. So werden heute noch an religiösen Feiertagen zur Wertschätzung der Palme und in Erinnerung an den Einzug Jesu in Jerusalem die Palmblätter zum Schmücken genutzt.

Material

- Malerkrepp, 3 cm breit
- grüner Blumendraht
- einen etwas dünneren Draht für die Palmblätter
- Blumenkrepp grün
- grüne Acrylfarbe für die Palmblätter
- braune Wolle oder eine Paketschnur für den Stamm
- Holzleim
- Heißkleber

Suchen Sie sich das Material für die Palme zusammen (Abb. 91).

Die Palme soll lebendig aussehen, daher ist es wichtig, bei den Blättern und beim Einschneiden freihand zu arbeiten. So sind die Maße auch nur ungefähre Angaben. Die Palme wird mit Blättern ca. 30 cm hoch. Meine Palme hat 12 Blätter, die 8–10 cm lang sind. Je nach Geschmack können es längere und breitere, aber auch mehrere Palmblätter sein.

Zu Beginn bereiten Sie die Palmblätter vor. Dazu vom dünnen Draht 20 cm lange Stücke abschneiden und diese zwischen das Malerkrepp legen, sodass der Draht die Blattader bildet. Achten

Sie darauf, dass unten mindestens 5 cm Draht zum späteren Befestigen der Palmblätter herausschauen.
Die Blätter der Palme sind lang, in der Mitte breit und an den Enden spitz zulaufend. Ihren fedrigen Charakter erreicht man durch schräges Einschneiden. Die Blätter nach Gefühl ausschneiden und mit grüner Acrylfarbe beidseitig bemalen. Nach dem Trocknen die Palmblätter V-förmig, schräg bis zum Draht hin, in schmalen Abschnitten einschneiden (Abb. 92).
Nun gestalten Sie den Stamm der Palme. Dafür vom grünen Blumendraht zweimal 1 m abschneiden und die Drähte mit den Enden zusammenlegen. So entsteht auf einer Seite eine Schlaufe, die zum Befestigen der Blätter nötig ist. Verdrehen Sie anschließend die Drähte bis auf 2,5 cm miteinander. Die vier verbliebenen Drähte umklappen und als Wurzeln einzeln verdrehen. So steht die Palme dann stabiler und hat auch eine größere Auflagefläche (Abb. 93).
Der Stamm ist jetzt noch zu dünn, umwickeln Sie ihn deshalb mit dem Blumendraht mindestens dreimal. Mit dem Blumenkrepp den Stamm mehrere Male umwickeln. Vor der letzten Runde die Blätter durch die Öse fädeln und den restlichen Draht um den Stamm wickeln. So alle Blätter anbringen (Abb. 94).
Im nächsten Arbeitsschritt wird Stück für Stück der Stamm mit Wolle und Holzleim ummantelt.
Für die Standfläche der Palme können Sie eine Holzscheibe oder eine dicke Pappe verwenden. Mit Heißkleber die Palme auf die Standfläche kleben und die Blätter ausrichten (Abb. 95).

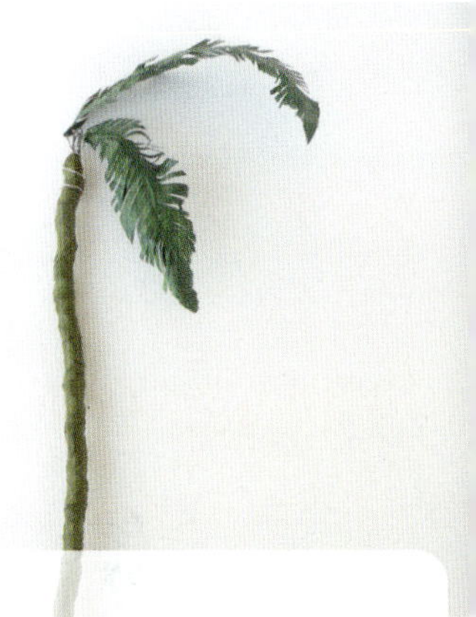

94: Die Blätter anbringen

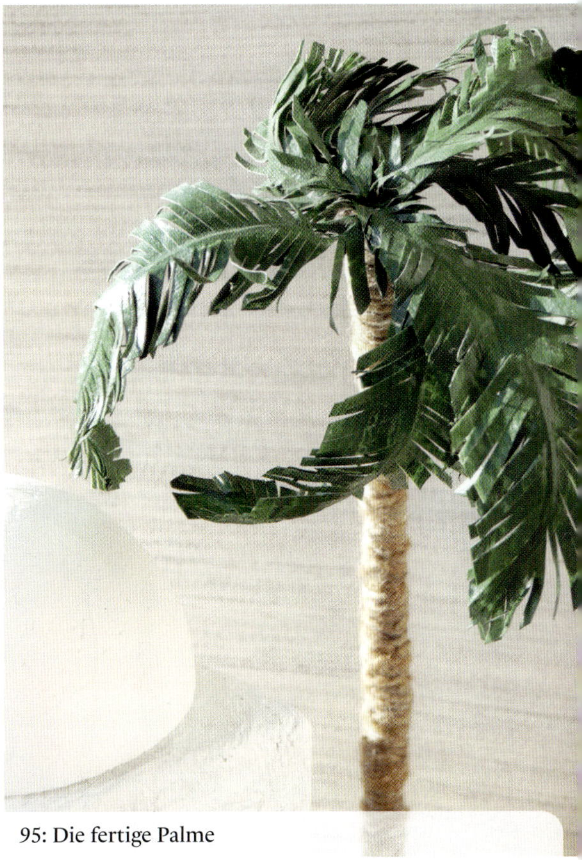

95: Die fertige Palme

Kulissenvariante: bemalter Schuhkarton

Eine Variante, um bei wenig Platz die Illusion einer Landschaft zu erzielen, ist es, mit gemalten Bildern das Innere eines Schuhkartons zu bekleben. Danach kann auch diese Kulisse dekoriert werden (Abb. 96–97).

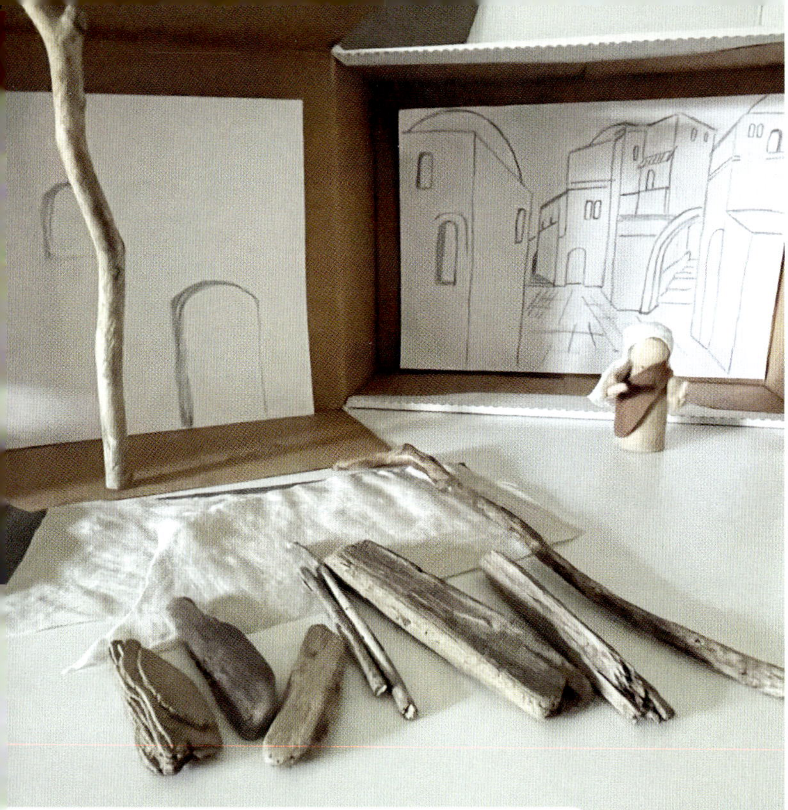
96: Skizze zur Festlegung der Proportionen

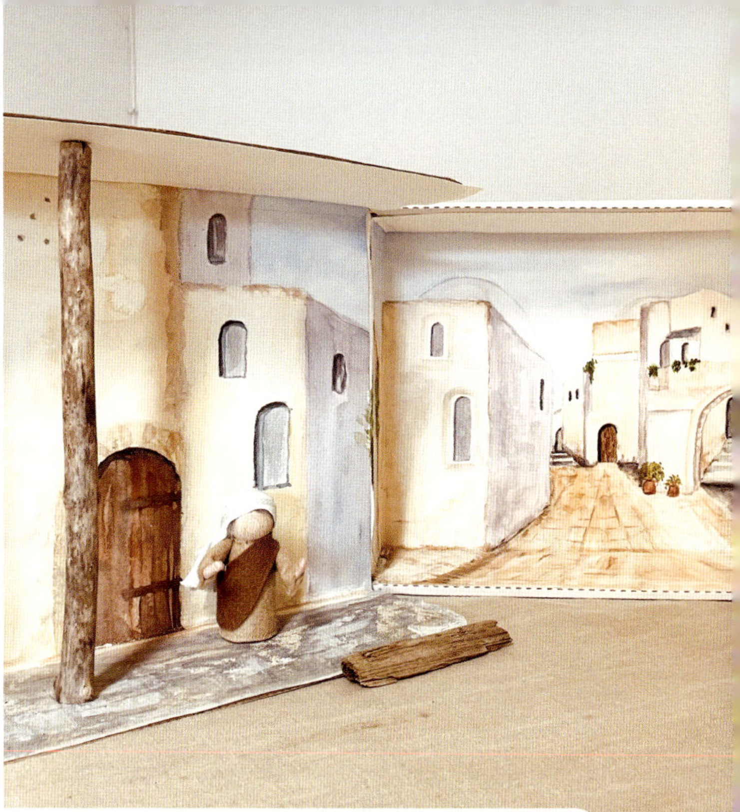
97: Die gemalten Bilder werden eingeklebt

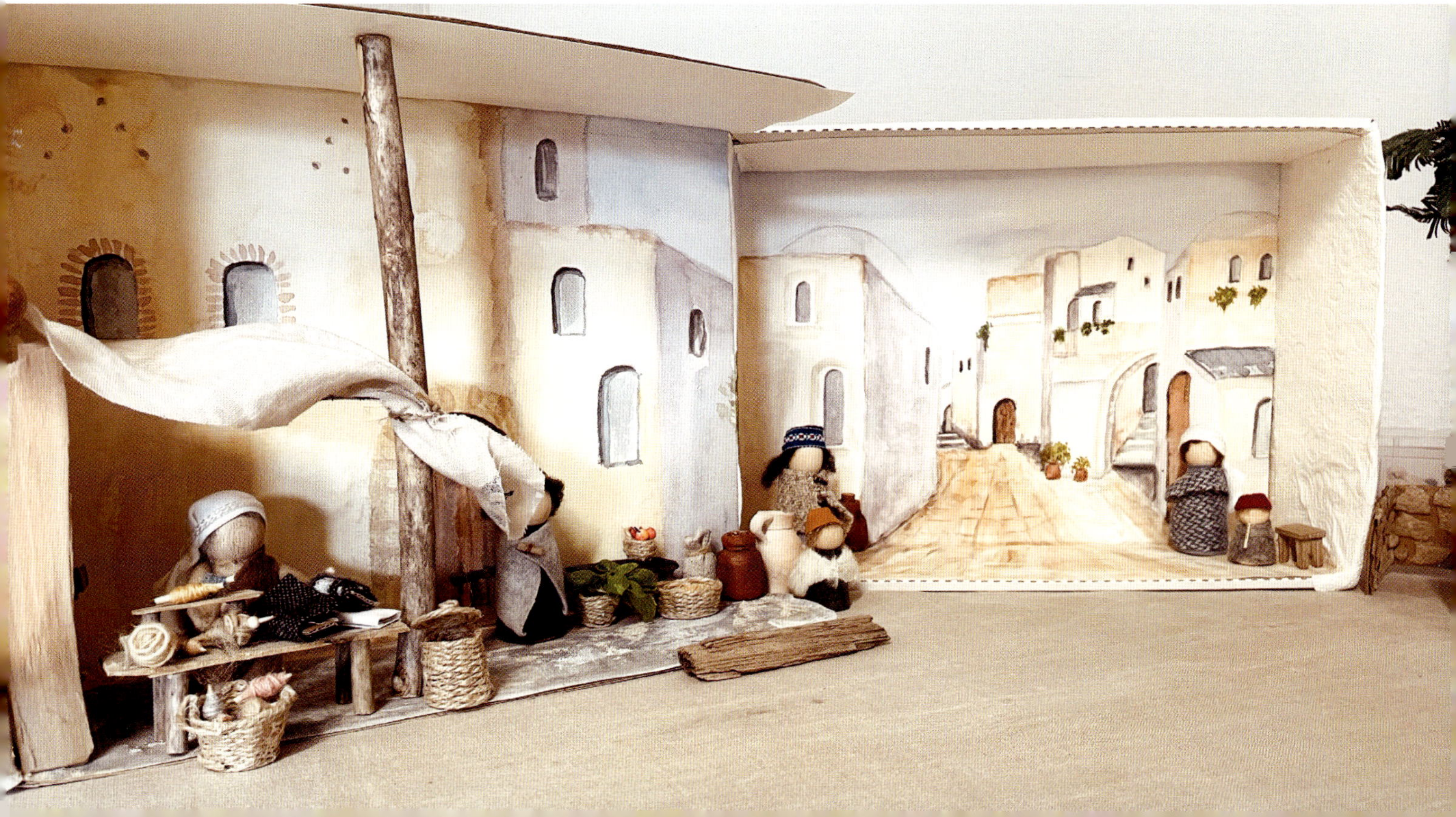

Materialkreise zu den Kegelfiguren

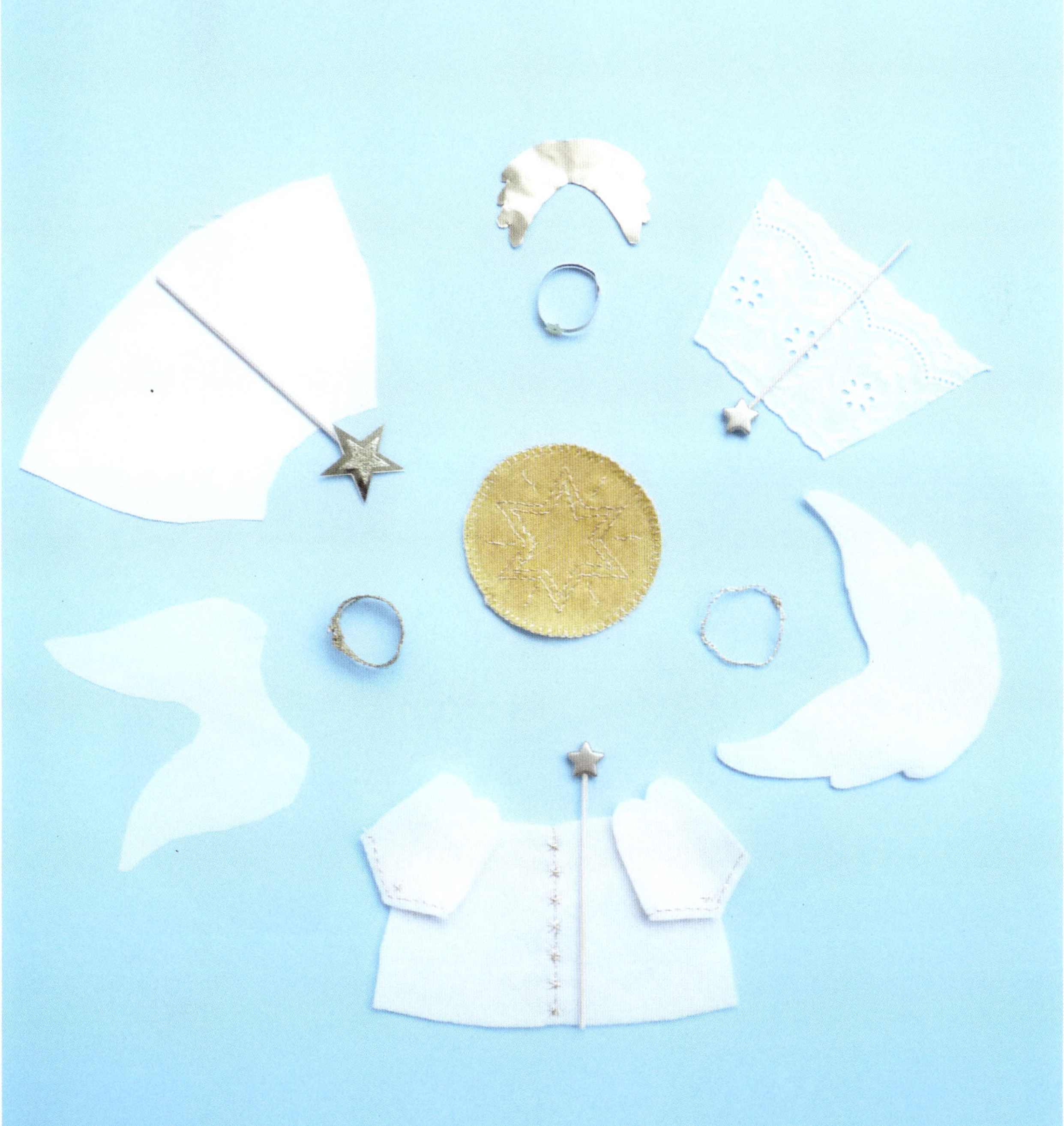

Materialkreis für den Engel

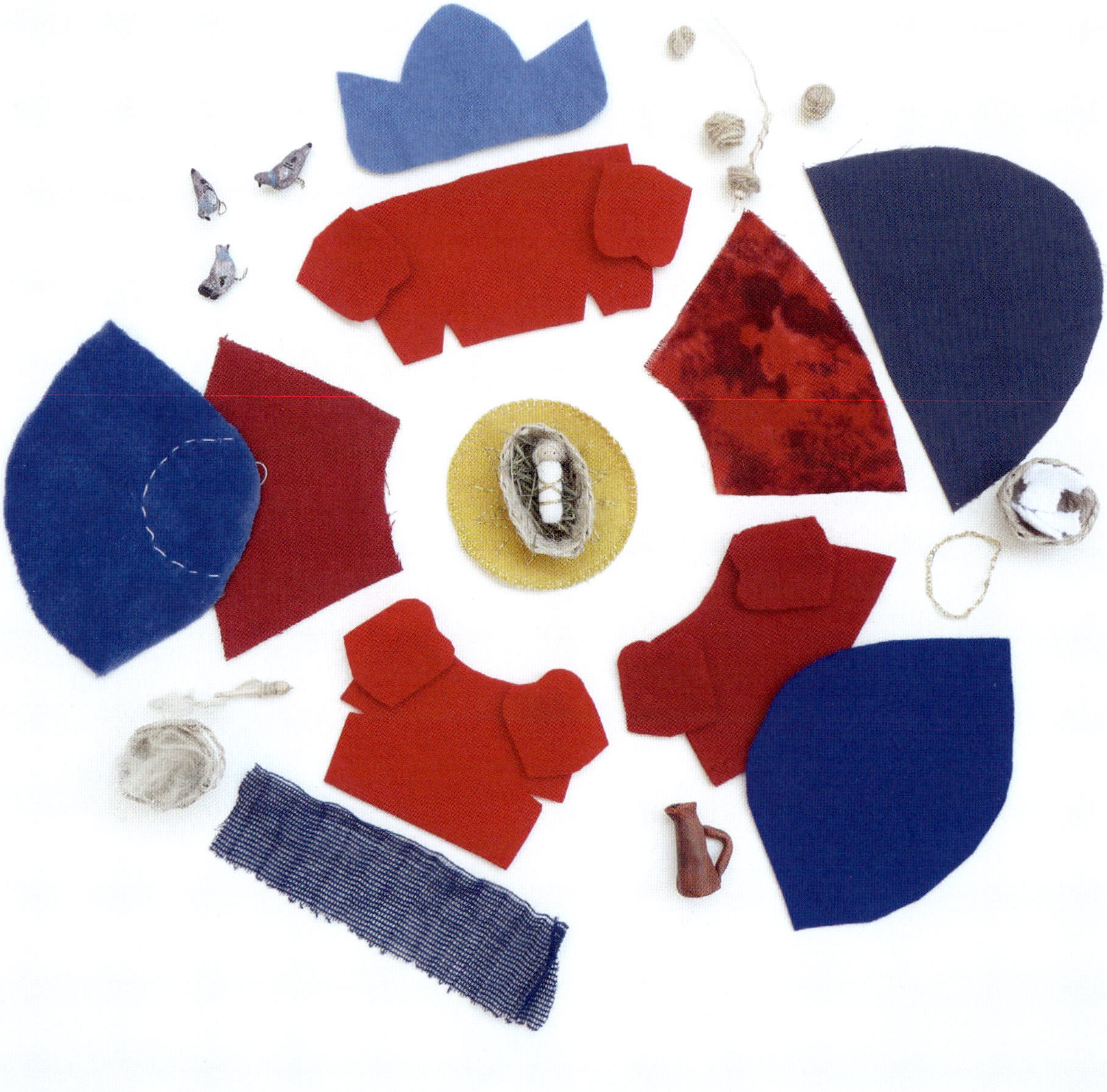

Materialkreis für die Maria

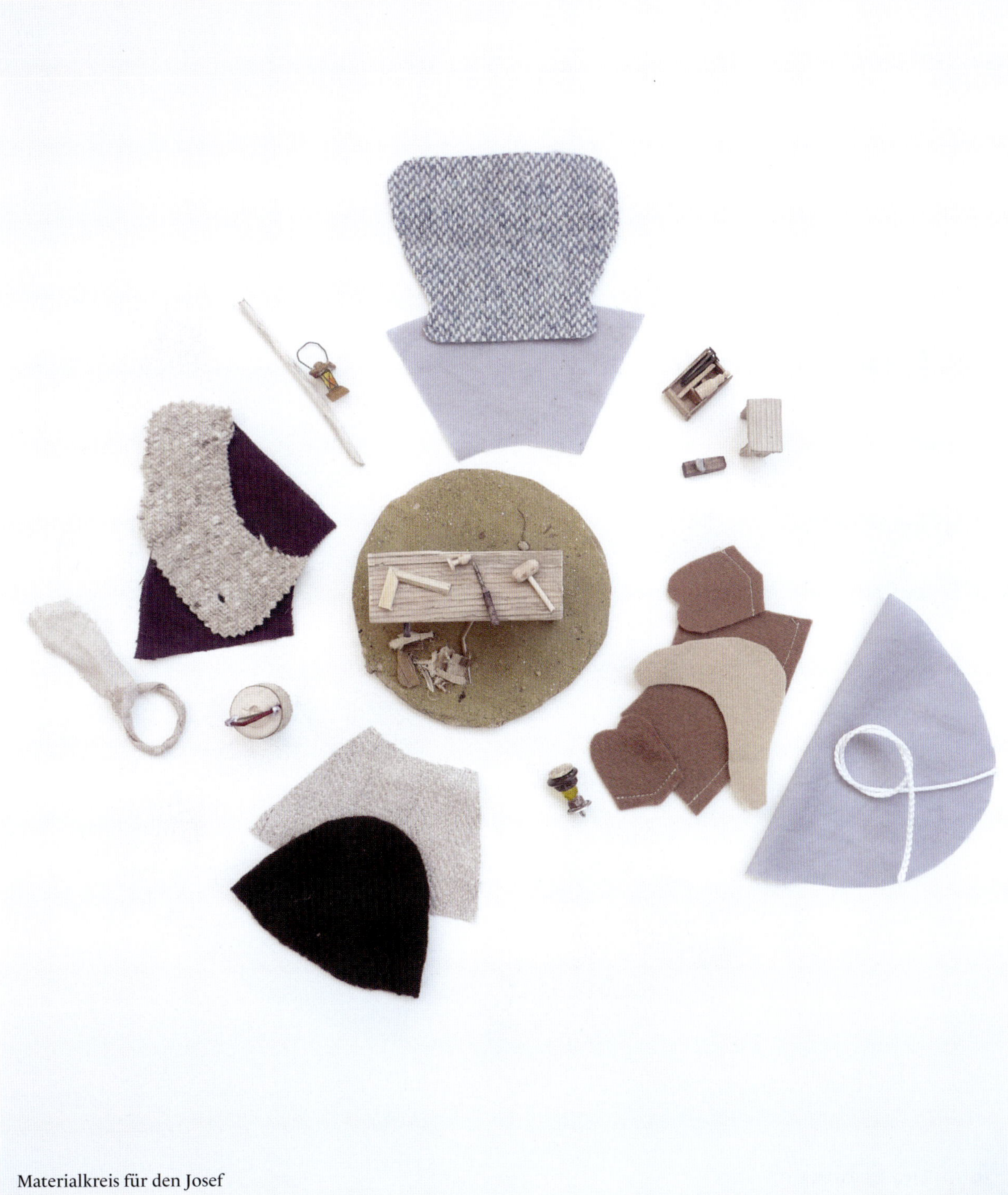

Materialkreis für den Josef

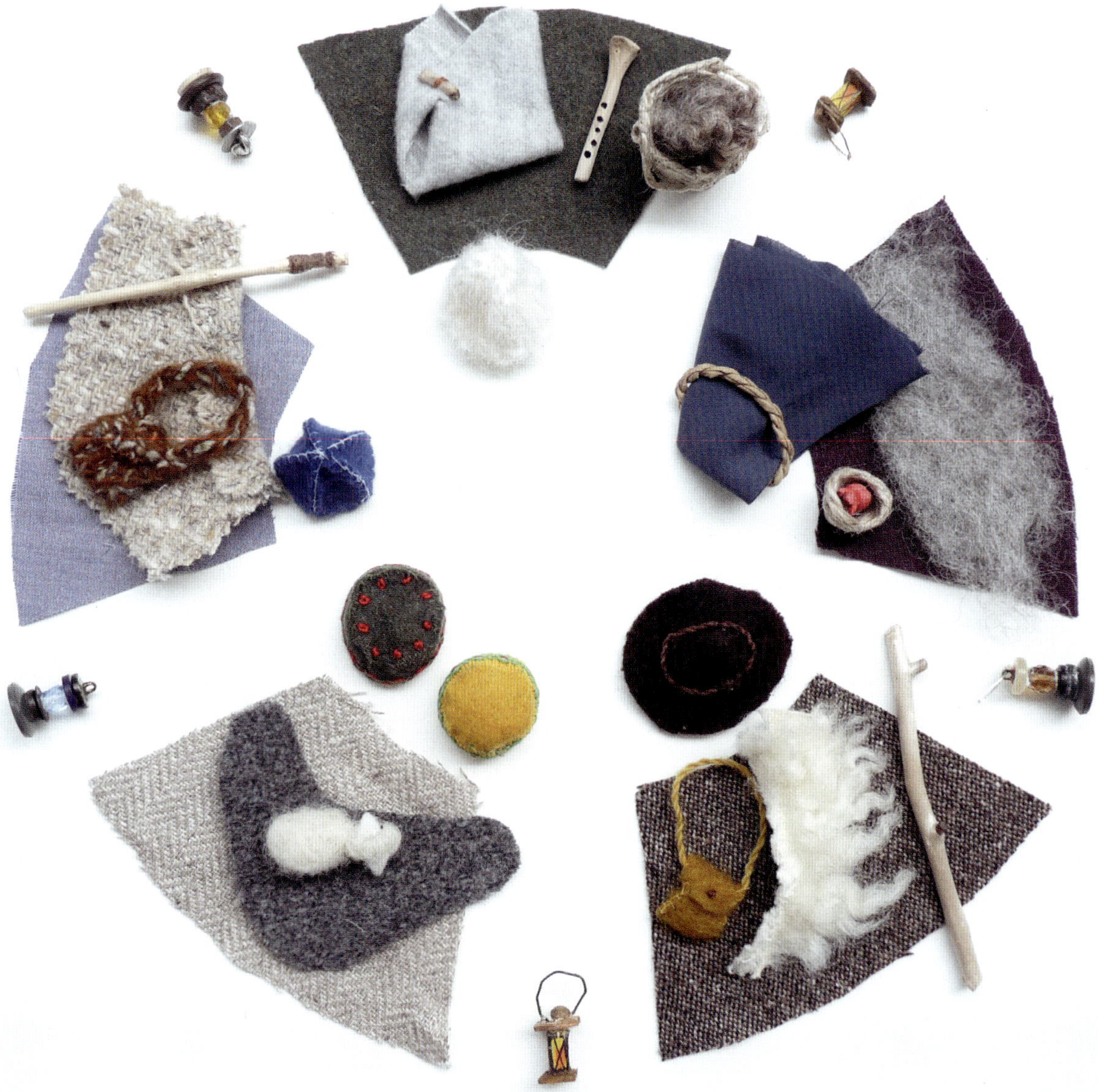

Materialkreis für die Hirten

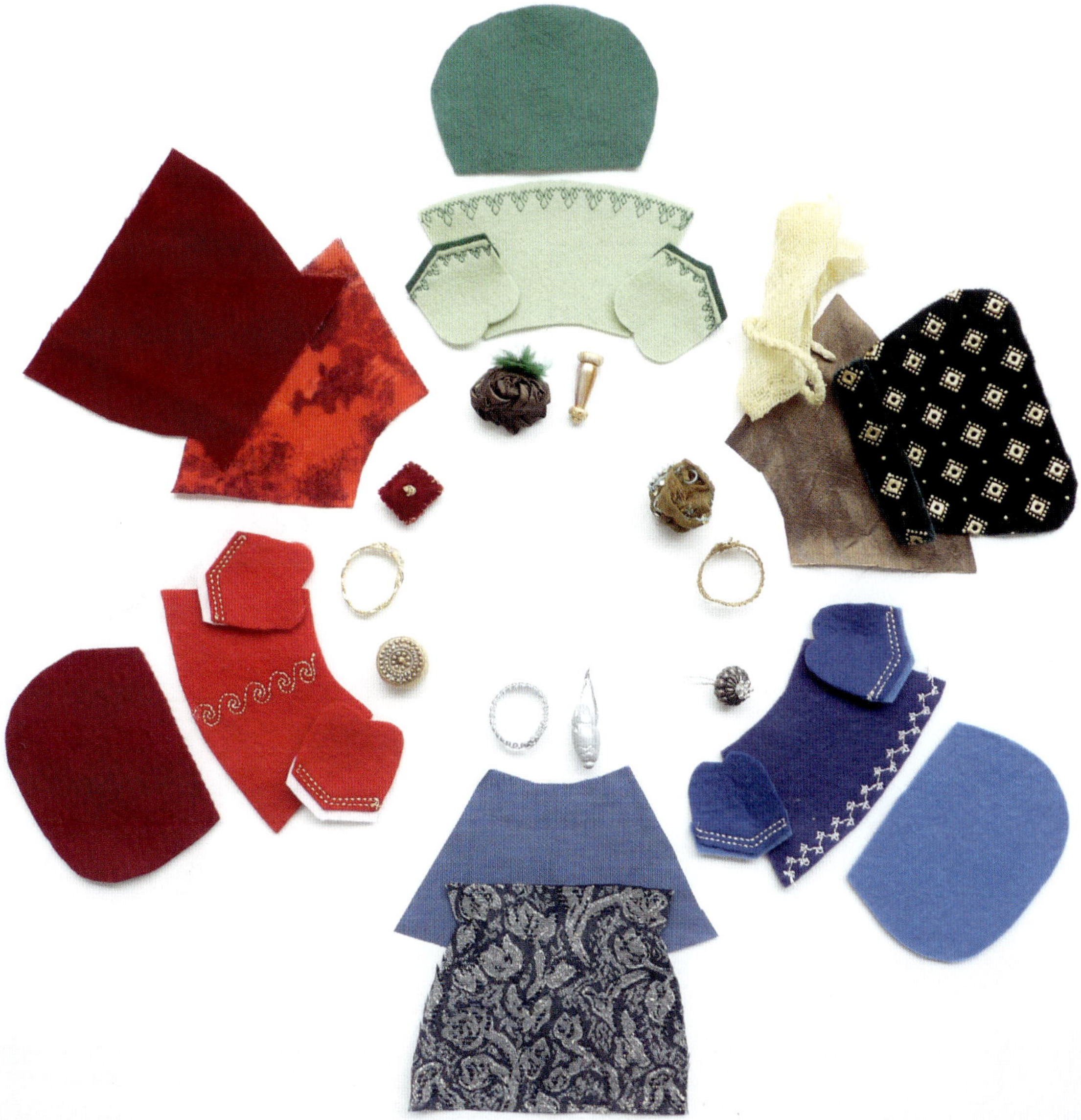

Materialkreis für die Könige

Schnittmuster für die Figuren von Teil 1

(in 50 % der Originalgröße)

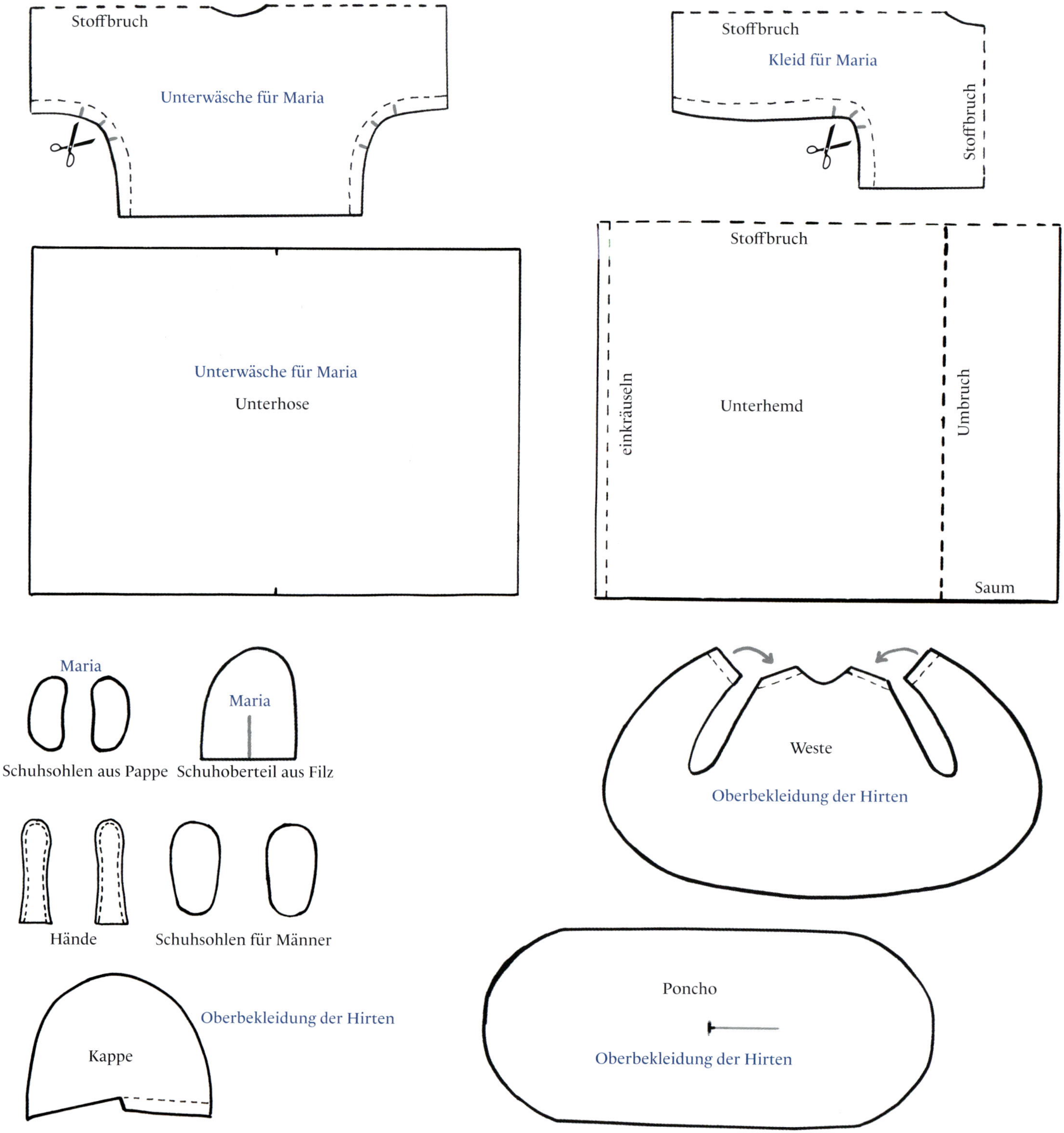

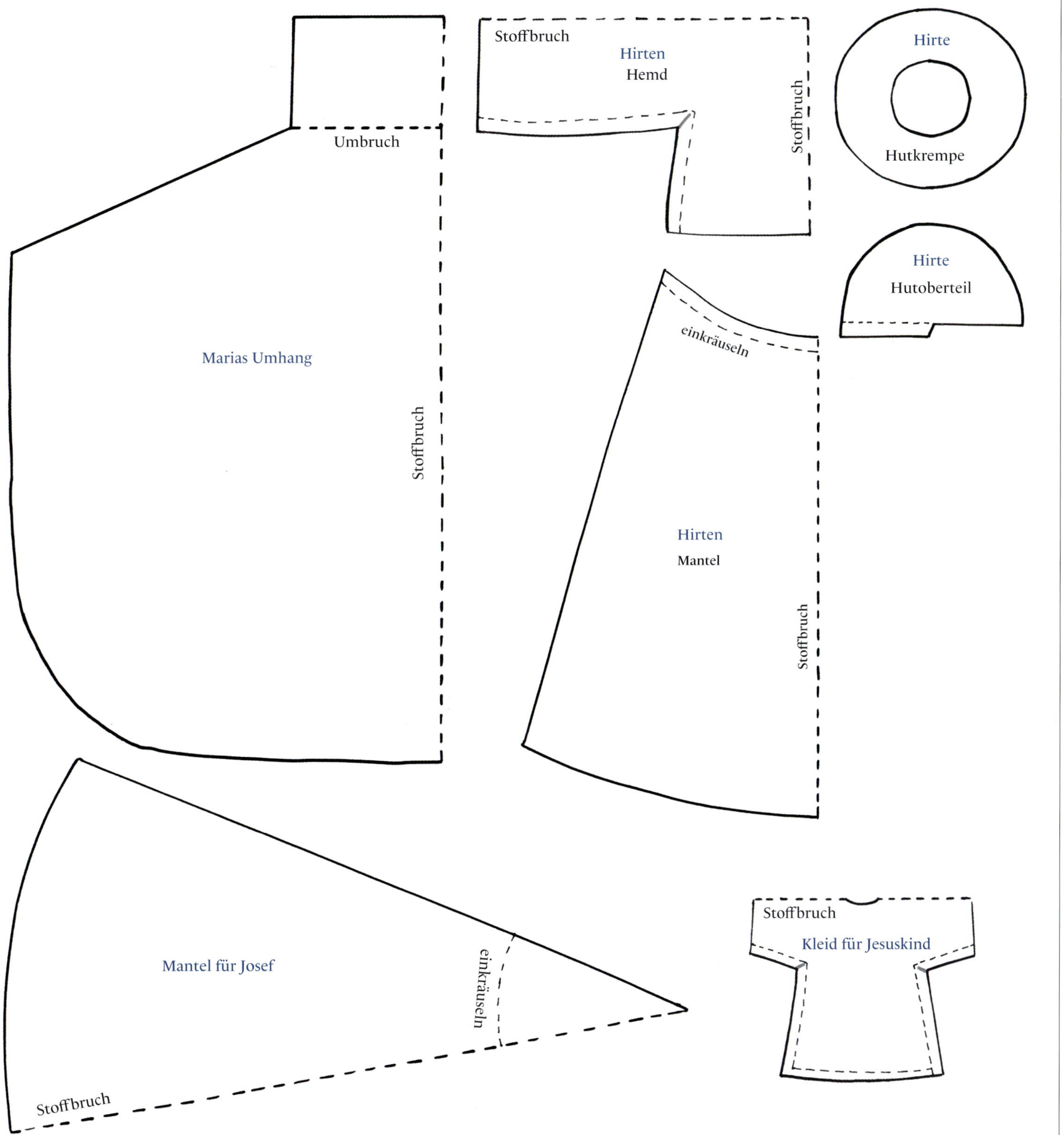

Umbruch
Stoffbruch
Marias Umhang
Stoffbruch
Hirten
Hemd
Stoffbruch
Hirte
Hutkrempe
Hirte
Hutoberteil
einkräuseln
Hirten
Mantel
Stoffbruch
Mantel für Josef
einkräuseln
Stoffbruch
Stoffbruch
Kleid für Jesuskind

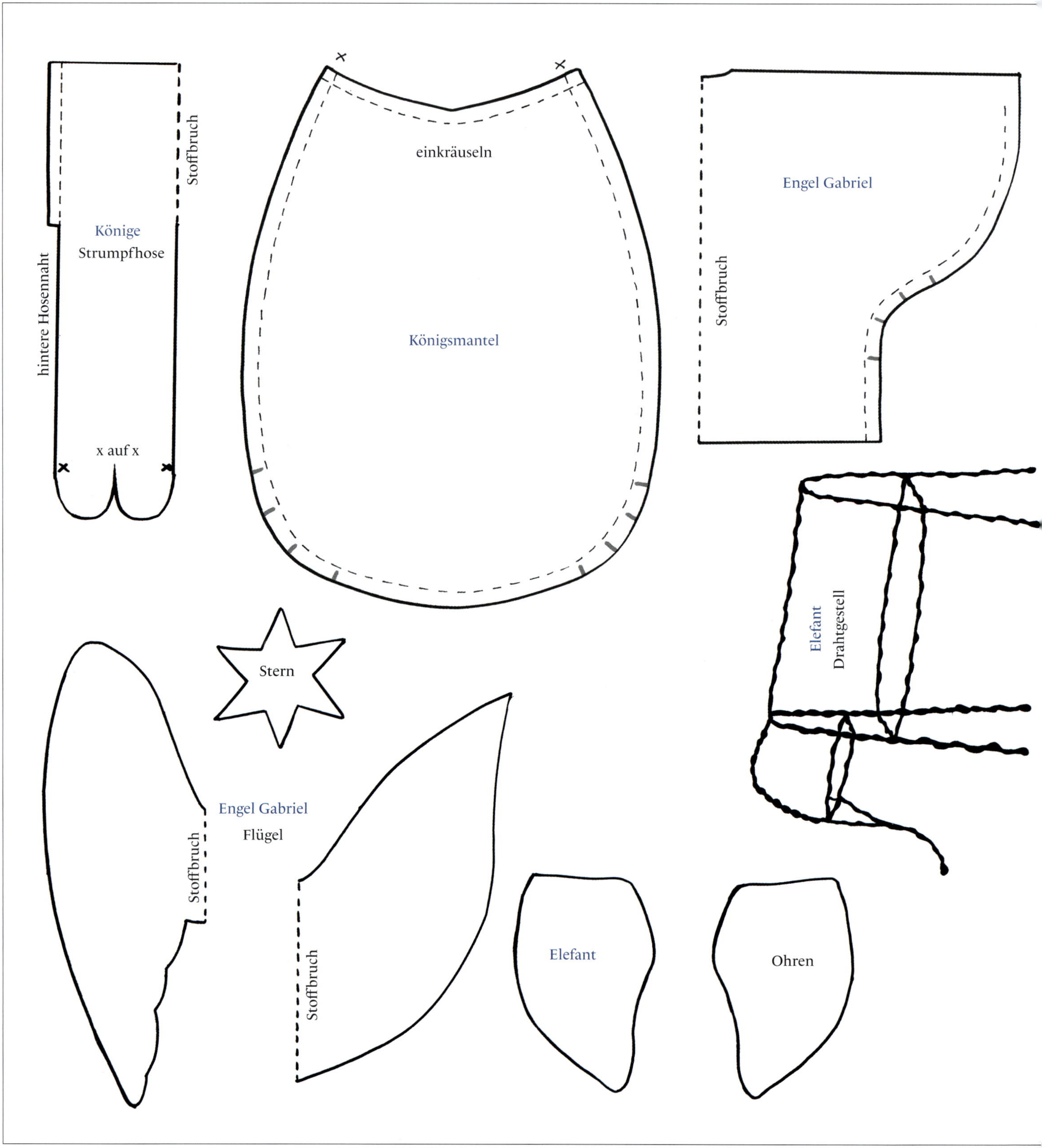
Könige
Strumpfhose
hintere Hosennaht
Stoffbruch
x auf x
einkräuseln
Königsmantel
Engel Gabriel
Stoffbruch
Elefant
Drahtgestell
Stern
Engel Gabriel
Flügel
Stoffbruch
Stoffbruch
Elefant
Ohren

Schnittmuster für die Figuren von Teil 2

(in Originalgröße)

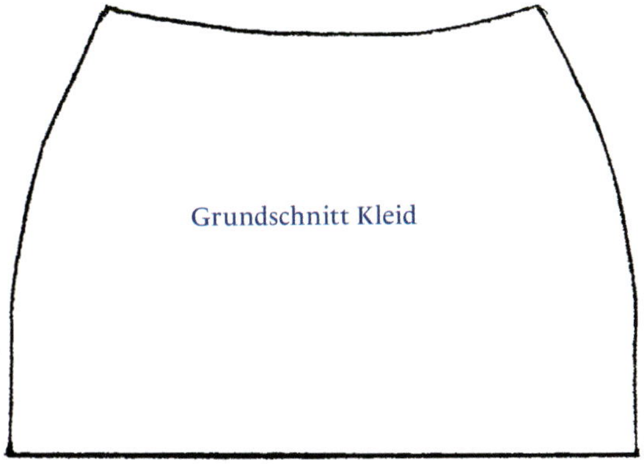

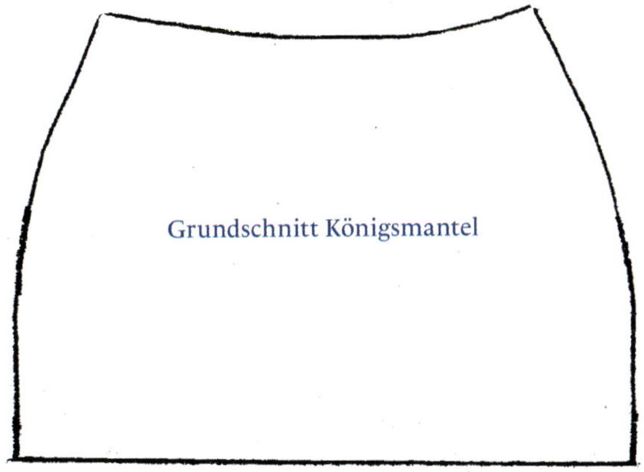

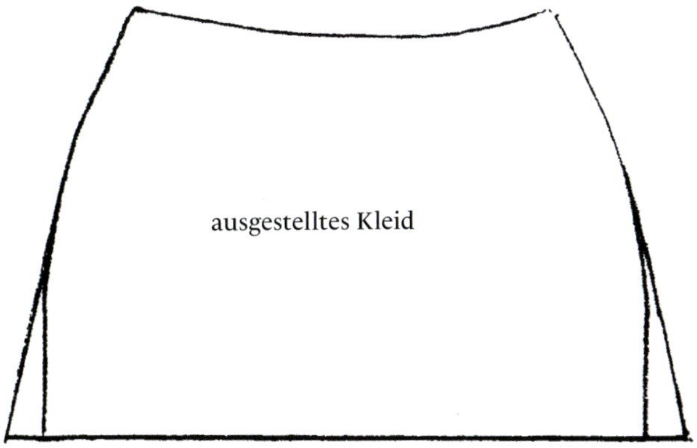

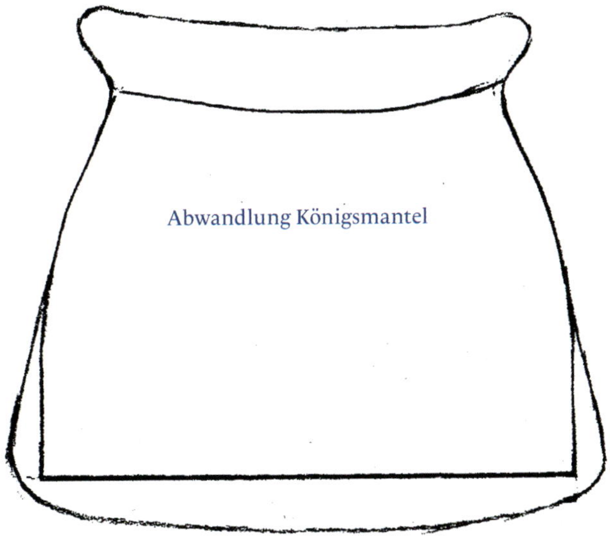

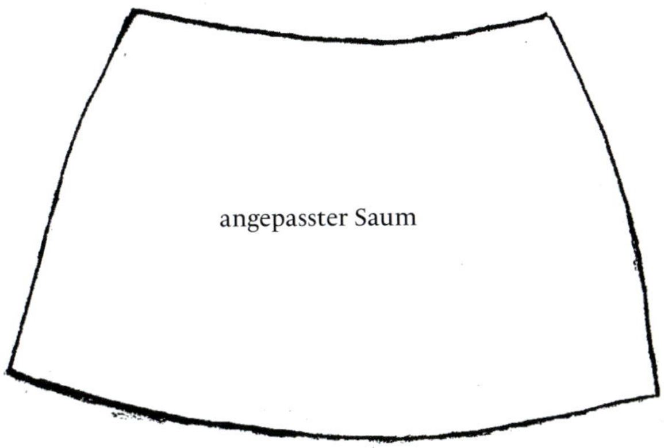

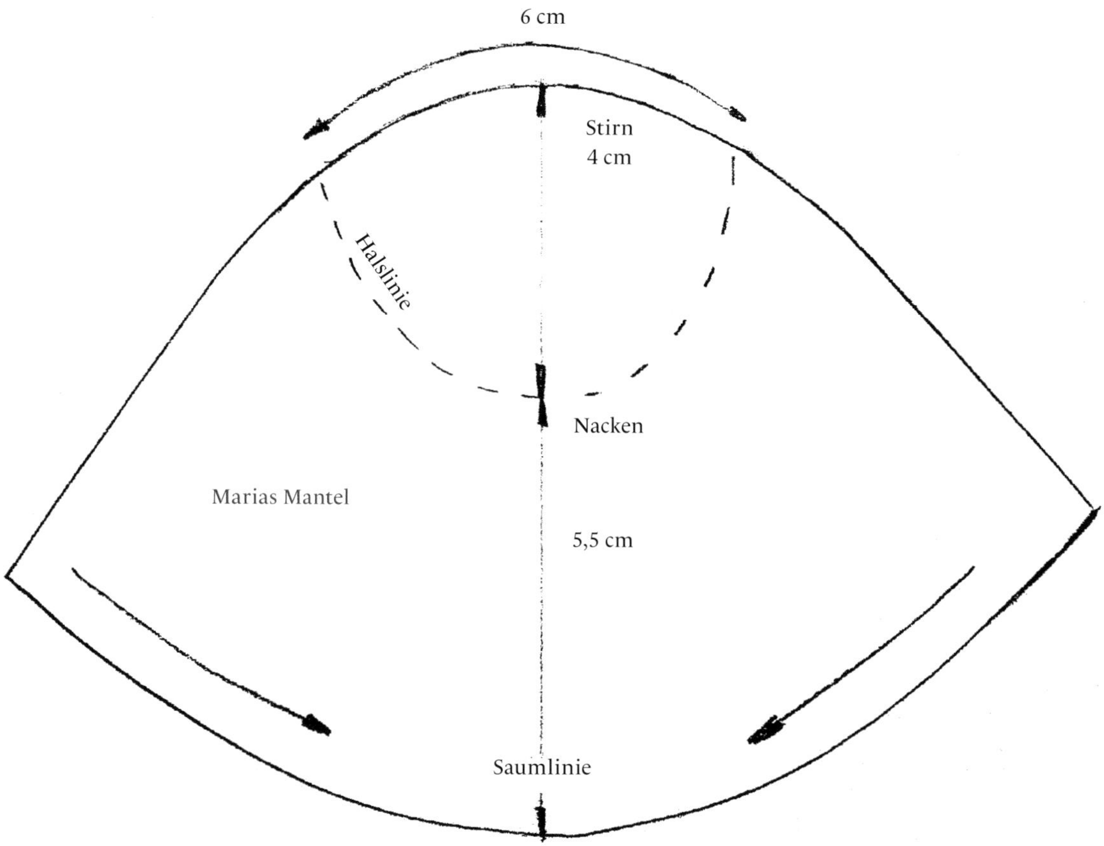
6 cm
Stirn
4 cm
Halslinie
Nacken
Marias Mantel
5,5 cm
Saumlinie

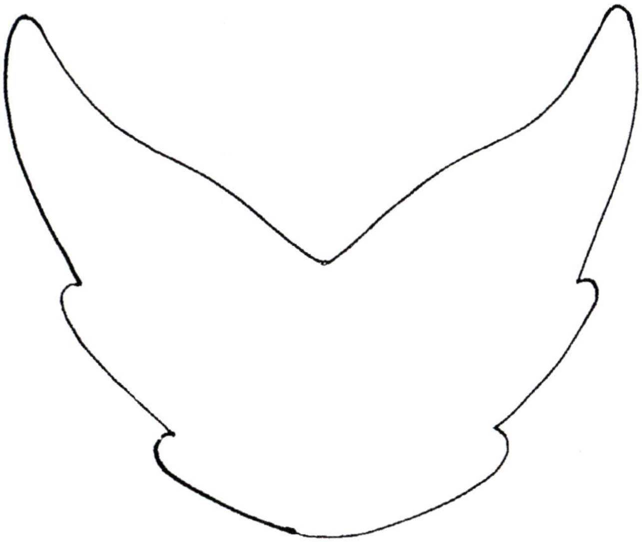

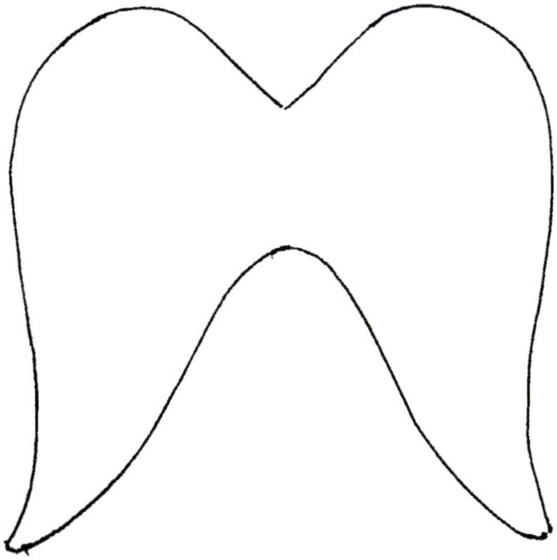

Engelsflügel

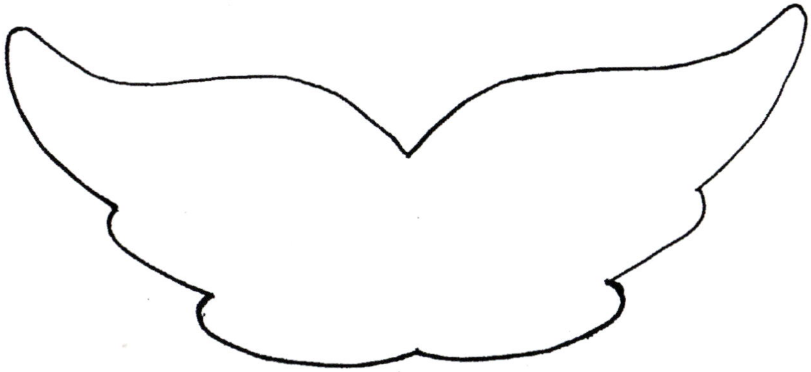

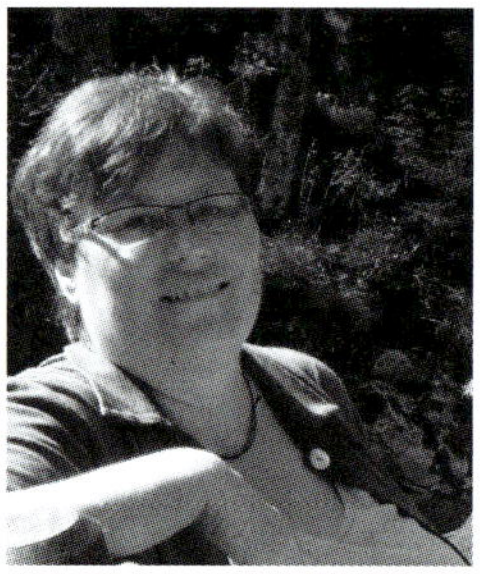

Viola Ulke wurde 1970 in Elsterwerda geboren und ist in Sachsen aufgewachsen. Heute lebt sie am Bodensee. Sie arbeitete zunächst als Herrenmaßschneiderin, später absolvierte sie eine Ausbildung zur Arzthelferin.

2., vollständig überarbeitete und erweiterte Auflage 2023

Verlag Freies Geistesleben
Landhausstraße 82, 70190 Stuttgart
www.geistesleben.com

ISBN 978-3-7725-2133-1

Fotos und Illustrationen: Viola Ulke
Gestaltung & Satz: Bianca Bonfert
Druck: DZS Grafik, Ljubljana
Printed in Slovenia

MIX
Papier aus verantwortungsvollen Quellen
FSC
www.fsc.org
FSC® C106600

Klimaneutral
Druckprodukt
ClimatePartner.com/13357-2307-1001

Mehr Ideen für ein kreatives Leben:
geistesleben.de/kreativbuch

Bleiben Sie mit unserem Newsletter auf dem Laufenden:
bit.ly/3NwkUmi